企業の社会的責任遂行論

社会的課題マネジメントの理論と実証

吉田哲朗　YOSHIDA Tetsuro

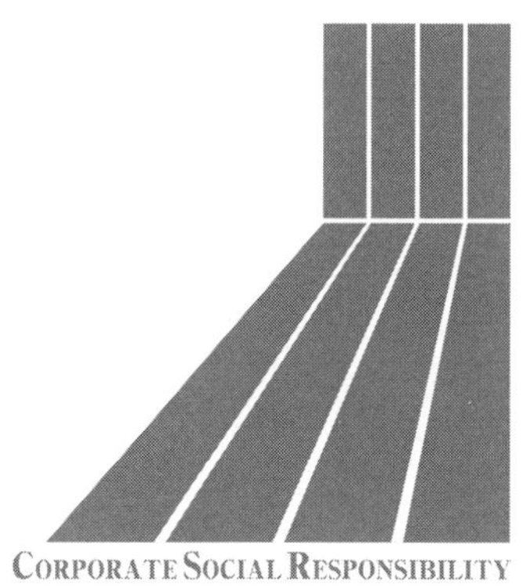

東京　白桃書房　神田

はじめに

近年，社会・環境問題（以下，社会的課題）への関心がかつてないほど高まっている。特に2015年に国連サミットでSDGs（持続可能な開発目標）が採択されたことだけでなく，実際にそれが浸透し市民権を得たことが象徴的である。SDGsは2030年までの目標ではあるがその後も同様な枠組みで突き進んでいくだろう。その意味で2019年に米国の経営者団体であるビジネス・ラウンドテーブルが株主（シェアホルダー）重視から利害関係者（ステークホルダー）重視へと舵を切ったことは感慨深い。また2020年初めからのCOVID-19まん延は，公衆衛生の問題のみならず環境問題の重要性をも各国に可視化させると共に再認識させることになった。例えばCOVID-19のまん延によって世界中の国境をまたぐ移動が制限されたが，このような状況が後10年続かないと産業革命前からの気温上昇を1.5度にとどめるパリ協定の目標を達成できないと，国連環境計画（UNEP）の報告書に記されている[1]。筆者はこのあたりから各国が地球環境問題の解決に真剣に注目したように思っている（相対的に特に先進国において社会問題はあまり表に出にくかったともいえよう）。そして各国共に2020年の終わり頃から財政出動を計画，実施し始め，多くの予算が化石燃料代替のエネルギー開発に振り向けられたことで，企業の新たなビジネスチャンスにもなっている。一方で従来の責任投資原則（PRI）に加え，2021年には責任銀行原則（PRB）が発足し，企業が化石燃料関連への投融資をうけることは厳しくなっている。また2021年のエクソンモービルの株主総会で見られたように，株式を大量保有しているわけではない環境団体と株式を大量保有する機関投資家が手を組んで，環境団体が推挙する人材を同社の役員とする株主提案が可決された事例も出てきている。すなわち，これまで環境問題を軽視して環境団体等の主張を少数保有の株主の意見と聞き流せた企業も，それらに取り組むよう強制される現実に直面し始めたのである。このように実務面では特に環境面を中心に企業の社会的課題への取組みが，様々な方法で進み始めていることが見て取れる。

一方で理論面に目を向けると，企業の社会的課題の取組みに係るマネジメントは2000年代を最後に停滞している。それは「社会的課題の解決を企業にすべて平等に求める」とする現行の「企業と社会」論[2]の立場と「企業は利益の出る範疇で社会的課題に取り組むべき」とする経営戦略論の立場が対立して拮抗して，両者の主張とも企業が100%受け入れられる議論ではないからである。前者が企業に受け入れられないことは自明だろう。なぜなら企業は社会的課題を解決するための主体ではないからである。すなわち社会的なインパクトを与えることを重視しようとも，資本主義自由市場経済体制の私企業である以上は，財・サービスの継続的な提供を避けることはできない。グラミン銀行がその高潔な意志にもかかわらず高利貸しと評される所以である。

後者の立場は，Porter, M.E. and Kramer, M.R. が2006年に戦略的CSR（corporate social responsibility：企業の社会的責任）の概念を出したことをきっかけに日本ではブームとなった。経営戦略論の系譜につらなるPorter and Kramer（2006）は「利益を直接的に目的にしないが企業の存続に貢献する」という既存のCSR活動を会計的に利益計上できないとして否定し，「利益を直接的に目的にして企業の存続に結びつく」活動を戦略的CSRの活動と呼称して推奨する。そしてこの考え方に多くの日本企業が飛びついたのである。当時の多くのCSR部門の管理者は，収益部門からCSR部門は利益を生まないという理由でお荷物と揶揄されることもあったと聞くが，そこに「儲かるCSR活動」という響きはいかばかりのものであっただろうか。2003年に経済同友会が「経済性」だけでなく「社会性」や「人間性」を含めて市場評価をすべきと議論した報告書「『市場の進化』と社会的責任経営」[3]の内容は，その後2007年に出された報告書「CSRイノベーション」[4]では結果的に軽視されている。この報告書では，市場メカニズムの作用を前提として社会的インパクトを生む活動を「市場での事業活動を通じたCSRの実践」として提言し，多くの日本企業が追随している。しかしながら海洋プラスチック問題のように，現在は法的に定められていなくとも企業が対処すべき費用のみかかる社会的課題は多い。戦略的 CSR 活動の考え方では最低でも会計的に費用対効果が明確でなければその課題に対応しないことになるので，対応すべき多くの社会的課題への対応が結果的に軽視され，それらは潜在リスクとなって企業に混乱を与えただけでなく，一部の研究者もその混乱に巻き込んだのである。なお Porter and Kramer（2011）は戦略的 CSR の概念を共有価値創造（CSV：Creating Shared Value）の概念で置換えて[5]発展させることで“CSR”の議論から逃れている。そして戦略的 CSR を推奨していた論者は CSV という言葉で議論するようになっている（詳細は後述するが本書では必要のない限り，戦略的 CSR や CSV の活動等を「CSV 等の活動」と呼称する）。本書は CSV 等の活動を否定するものではないが，CSV 等の活動は CSR 活動とは異なること並びに経済活動とも似て非なることを明確にすべきと考えている。そしてこれらの定義や分類をしっかり行わない限り，企業が社会的課題の解決に係る様々な個別活動に適切なマネジメントを適用できない可能性が高いことを懸念する。実際に 2019 年に経済産業省がまとめ，名だたる企業や機関投資家が参加した『SDGs 経営ガイド』でも「SDGs は挑むべき事業成長の機会として捉えることができる」として SDGs に係る個別活動の対象を CSV 等の活動に限定してしまっている。

さて SDGs は 17 の目標と 169 のターゲットを提示しているが，その具体的アプローチは企業や組織に一任している。SDGs は 開発途上国から先進国までを網羅すると同時にあらゆる組織を対象としているため，個別企業のアプローチ方法を提示する性格を有していないからであり，この傾向は 2030 年以降も同様となろう。すなわち企業は自ら，SDGs やそれに続く目標をどう推進するかマネジメントの方針を設定することが求められる。一方で CSR 活動は本来「直接的な利益を目的にしないが企業の存続に貢献する」活動なので業種や企業によってまちまちであって比較（標準化）が難しい。同じ植林活動であっても損害保険業と製紙業では意味合いが異なる。そこで本書の第 I 部は主に企業の社会的課題の取組みに関するマネジメントを考察している。CSR の理論的問題点をクリアにしたのち，CSR 活動の定義や CSV 等の活動の定義と効果について述べ，最終的に CSR 活動と CSV 等の活動を中心とするマネジメントモデルを提示している。

なお，本書では先述したCSR活動を「将来の法制化を根拠に企業に対応を要請する社会からの圧力（法規制バイアス）」の有無で区分している。前者は前述の海洋プラスチックのような事例が当たる。後者は利益を目的とせず，法規制バイアスによる潜在リスクもなく，社会的課題の取組みで企業の存続に寄与する活動をいう。第Ⅱ部では後者の法規制バイアスのないCSR活動が企業の存続に寄与する効果について仮説を立てて質的・量的に検証している。

さて2023年の中頃から実務面で社会・環境問題への対応を見直すべきだとする動きが活発化している。そこには米国のシェールオイルの産出州とそれを支持母体とする共和党の立場や特に欧州と中国のEV（電気自動車）の動向にみられる理念先行に対する揺戻しが見られる。それらが様々な分野で影響を及ぼすのは仕方がないが，揺れ動かない企業も存在する。

読者の皆様には，企業の社会的課題の取組みに係る「時流に混乱しないための理論と実証」を本書で体感し，自社・自組織の問題あるいは研究者の立場として考えてほしいと思う。なぜならそれこそが，私がこの研究を始めた動機だからである。

2023年12月

吉田哲朗

---

1 詳細は2020年6月18日付日本経済新聞「パリ協定達成には…大規模移動制限，10年継続が必要」を参照。日本経済新聞HP：https://www.nikkei.com/article/DGXMZO60525730Y0A610C2EE8000/（2022年4月17日参照）

2 原点の「企業と社会」論と現行の「企業と社会」論の違いは後述する。

3 詳細は経済同友会・「市場の進化と21世紀の企業」研究会（2003）を参照のこと。なおこの報告書は川村（2003）が「2003年は日本のCSR経営元年」と謳いあげた根拠になった。

4 詳細は，経済同友会・2006年度社会的責任経営推進委員会（2007）を参照のこと。

5 中野目・広野（2011）では，Poterへの取材の中で彼自身が戦略的CSRとCSVは同質と述べた旨が記されている。

目　次

第2章 原点の「企業と社会」論と本書で対象とする企業活動の分類

第3章 企業活動の独立性と正当性

第4章 企業の社会的責任の遂行の定義とその具体的なマネジメント

第5章　企業活動とその動態的マネジメント

第Ⅱ部：実証分析
積極的なCSR活動の効果と具体的なマネジメント

第6章　質的な実証分析とマネジメントの特徴に関する考察
―日本のベストプラクティス企業3社の個別活動から

第7章 量的な実証分析
—日本のベストプラクティス企業K社の全従業員アンケート調査から

終章 結　語

序章

本書の目的と構成

1 本書の目的

本書は企業の社会・環境問題（以下，社会的課題）の取組みに係るマネジメントの考え方や具体的方法を提示することを目的としている。そこには，現在のところ実務面のみが先行して理論面が停滞した状況であるのに対して理論と実務を整合させることや，企業の社会的責任（CSR：corporate social responsibility）の遂行（以下，CSR 活動）やステークホルダー等の曖昧なまま用いられてきた用語を明確に定義することも含んでいる。このことにより，次々に新しく生まれる同じような用語や様々な社会からの要求に振り回されることなく，企業人が自社・自組織にとって真に必要な社会的課題の取組みを見定めたマネジメントをするための一助となり，かつ初学者が陥りやすい様々な混乱（筆者もそうであった）を低減したいと思っている。

詳細は後述するが，本書は，企業が利益のみを重視する主体とは考えていない。確かに企業利益の追求は重要である。しかし，3 代にわたって社長が権力闘争を行い利益至上の経営を徹底して，あるいは利益のために産地偽装を行い，死に体となった企業もある。本書の中核をなす小林（1978, 12）の議論を踏襲し，かつ企業価値の概念を加えると，企業とは株主・従業員・顧客・取引先等の企業経営に関わるステークホルダーの利益を達成する主体とされる。すなわち給料や売買代金等の金銭で評価できる財務価値だけでなく，従業員における帰属意識ならびにロイヤルティ（loyalty：忠誠心）や働きがい等に加え顧客におけるブランド選好や取引先における信用といった，金銭で評価できない非財務価値に関わる便益を誘因として提供し，その対価として労働力や商品の継続的購入や原材料の前渡し等の貢献を得る関係を継続することで企業は機能・存続すると同時にステークホルダーの利益も達成する。すなわち，企業の目的はその存続にあるといえる。したがって本書では，この議論により企業の存続とは「企業経営に関わるステークホルダーに誘因を提供し，彼らから貢献を得る循環が成立し続けること」と定義する。このような企業観をもとにすると，企業の社会的課題の取組みに係るマネジメントには利益以外を目的にする「CSR 活動」が必要になる。本書ではこれらの理論的説明を行うと共に，一部の企業内で共有しているが一般的にはあまり知られていない CSR 活動の効果を可視化して，すべての企業が利用可能な CSR 活動のマネジメントモデルを提示することを目指す。またCSV 等の活動に求められるマネジメントを明確にしたうえで，CSR 活動のマネジメントモデルへの接合も行う。第 I 部で詳述するように CSV 等の活動は CSR 活動と別物であるが，企業がその存続を目的とする以上，企業が社会的課題の解決と利益を目指す CSV 等の活動を否定する理由はないと考える。

なお，本書で対象とする企業はあくまでも資本主義自由市場経済体制における民間出資の私企業であって共産主義体制の企業や国営企業，公営企業等は対象としていないことを最初に明言しておきたい。

2 リサーチクエスチョン

本書では以下のリサーチクエスチョンに応えていく。

【リサーチクエスチョン 1】

なぜ，企業の社会的課題への取組みは実務面が先行して理論面が停滞しているのか。どうすれば理論面と実務面が整合し，実際に利用できる理論が生まれるのか。

【リサーチクエスチョン 2】

企業の目的を企業の存続とすることは正しいのか。

【リサーチクエスチョン 3】

本書で対象とする企業活動＝企業の目的を果たす活動とすることに独立性

と正当性があるのか。

【リサーチクエスチョン 4】

本書で対象とする企業活動の個別活動がCSV等の活動を含めて5つに分別されるが，それは正しいのか。

【リサーチクエスチョン 5】

企業の社会的課題への取組みに係るマネジメントモデルを提示できるか。

【リサーチクエスチョン 6】

利益を直接目的としない法規制によるバイアスのない積極的なCSR活動が企業の存続に寄与する効果とは何か。

3 本書の構成

本書の構成をリサーチクエスチョンに対応させながら俯瞰する。

第I部では企業の社会的課題への取組みに焦点を当て，リサーチクエスチョン1~5に回答している。第1章は主にリサーチクエスチョン1に対応している。企業の社会的責任の理論は当初は新古典派経済学の価値観に基づく社会システムにおいて，Davis and Blomstromの「企業が社会的責任を放棄すれば自らの社会的権力も減衰し，存在できなくなる」とする権力と責任の均衡論に依拠していたといえる。本書ではこれを原点の「企業と社会」論に依拠していたという。しかし，第二次世界大戦後にケインズ経済学の価値観に基づく社会システムを企業や企業経営者が受け入れたことを主張したMcGuireの「企業あるいは企業経営者が社会の一員としての自覚のもとで企業の社会的責任を引き受ける」という「社会内企業の前提」に移行している。本書ではこれを現行の「企業と社会」論に依拠したという。ケインズ経済学の価値観に基づく社会システムではない現在でも同社会システムを前提としたMcGuireを踏襲するCarroll and Buchholtzの「CarrollのCSRの4要素の定義」が理論面の主流であり，そこに理論が停滞した理由があると考える。本書は，現在の状況下では原点の「企業と社会」論とそれに基づく企業の社会的責任論が復権すべきと考えている。

第2章では上記の問題を解決すると同時にリサーチクエスチョン4にも対

応している。原点の「企業と社会」論の持つ企業の立場＝企業の存続を足すことで「Carroll の CSR の 4 要素の定義」は原点の「企業と社会」論と整合する。なお，法的責任は法規制の順守として外部要因となる。その場合 Carroll and Buchholtz が規定している一般的な CSR（倫理的責任と慈善的責任）は将来の法制化を根拠に企業に対応を要請する社会からの圧力の有無で「予防的な CSR 活動」と「積極的な CSR 活動」に区分される。ここで，市場メカニズムが作用する経済責任の遂行は，企業の利益のみを考えるか企業と社会全体の利益への寄与を同時に考えるかによって「経済活動」と「CSV 等の活動」に区分される。

第 3 章は本書の前提でもあるリサーチクエスチョン 2 と 3 を中心に回答している。すなわち，企業の目的は企業の存続であって企業利益もその中に含まれること，そして本書で対象とする企業活動を企業の目的を果たす活動とすることに独立性と正当性があることを提示している。

第 4 章はリサーチクエスチョン 2〜4 をまとめると共にステークホルダーの定義や 5 種類の企業活動の定義を行う。すなわち，企業の社会的課題への取組みの個別活動が，やる / やらないに関するマネジメントの余地がある経済活動，CSV 等の活動，予防的な CSR 活動，積極的な CSR 活動，そして余地のない（外部要因となる）法規制の順守の 5 種類に分別できることを明示している。

第 5 章はリサーチクエスチョン 5 に対応している。前章の議論をふまえて企業の社会課題の取組みの個別活動を決定したのち，それが時代等の背景によって変化するため動態的に移行する必要があるとして「CSR 活動の動態的マネジメントの 3 過程モデル」を提唱する。また Porter and Kramer が提唱する CSV 等の活動（戦略的 CSR の活動等を含む）が経済活動や CSR 活動と異なり固有に求められるマネジメントがあることや CSV 等の活動と相互補完関係にあることを提示して，CSR 活動と CSV 等の活動を統合した「統合的な動態的マネジメントモデル」を提示している。本書では経済活動は CSV 等の活動の入口とするのみでそのマネジメントは対象としていない。また法規制の順守は企業がやる / やらないに関してマネジメントの余地はない（外部要因）ので出口として扱う。したがって経済活動を入口，法規制の

図 序.1　本書の構成の概略図

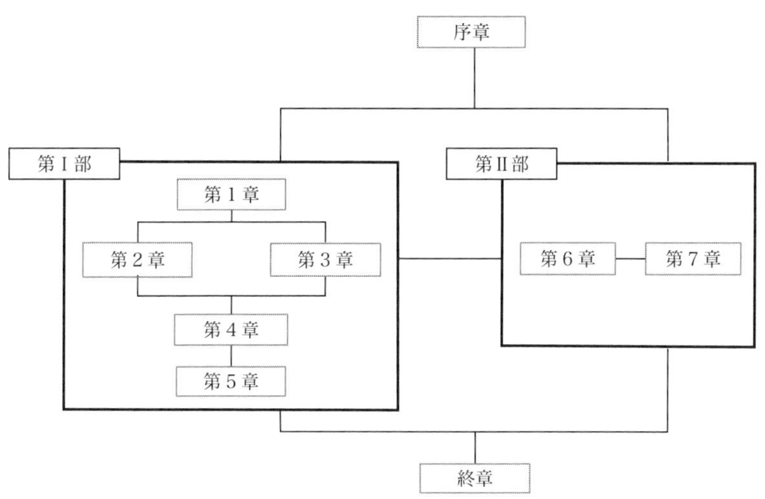

順守を出口とする統合的な動態的マネジメントモデルは，企業の目的と整合する企業が優先すべき活動５種類を網羅するマネジメントモデルとなる。

第Ⅱ部（第６章と第７章）はリサーチクエスチョン６に対応している。予防的なCSR活動は「将来法規制されたときに対応していなければ被る予測できない多大な費用や社会的信頼の欠如を現在の比較的安価な費用で補う」という法規制バイアスがあるためにその効果は可視化しやすい。しかし，積極的なCSR活動は法規制バイアスがなく，利益を直接目的としない方法で企業の存続へ貢献する効果を見せなくてはならないが，その効果は見えづらいので第Ⅱ部の２章で当該効果を質的・量的な実証分析で検証している。そして一定の条件を満たすベストプラクティス企業において，本業に依拠した積極的CSR活動に効果があることを論結している。

終章では今までの議論をまとめ，現在から未来にかけての意義や展望を評価者となる機関投資家の議論も踏まえて明確にするとともに本書の議論の限界にも触れている。（図 序.1）は本書の全体像を図で示している。

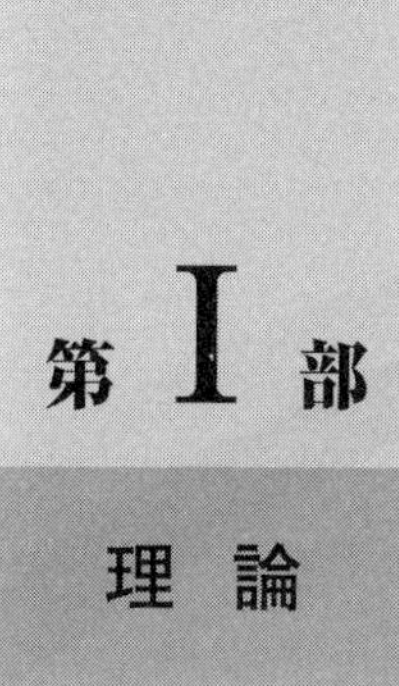

CSR 活動の概念整理とそのマネジメントのフレームワーク

第1章

「企業の社会的責任論」の理論的系譜と内在する問題の解消

近年パリ協定やSDGs（Sustainable Development Goals）等が世界的に認知され，企業も社会・環境問題（以下，社会的課題）に自主的に取り組むよう求められている。しかしながら企業が社会的課題への取組みを行う場合にその枠組みとなるはずの企業の社会的責任（corporate social responsibility）の概念は，このところ新聞・雑誌等であまり見かけなくなりつつある。それは企業がCSR概念を利用しなくなってきていることに他ならない。

ここではその原因を探索し，実務で利用できるよう理論面を修正し，その修正が今度は現在の実務面で適用できることも確認しようと思う。

CSRに関する理論は，経営戦略論と現行の「企業と社会」論の立場で分かれ，両論とも企業が100%利用できない性格を持ったまま対立している。前者は企業の利益を第一義とする点で一貫性があるが，後者は原点と現行とで乖離が見られる。すなわち原点の「企業と社会」論では「企業と社会の建設的な関係を見出し，発展させ，指導づけることを課題とする」（Swanson, 1999, 506）ものだったが，現行の「企業と社会」論は「社会からの要請に企業が平等に応答する」ものに変わっている。換言すると，原点の理論では企業の立場（企業の存続）に配慮があったが現行の理論では社会からの要請のみに重点が置かれ企業への配慮がないという点で変質が見られる。そこでまず本章では「企業と社会」論の理論的変遷の調査から始める。

「企業と社会」論における企業の社会的責任の概念は，当時政治・経済の最先進国であった英国のSheldonが1923年に*The philosophy of management*で提唱した「マネジメントの社会的責任（social responsibility of management)」がその嚆矢とされる（高田, 1970, 104; 森本, 1994, 115）ので，まずSheldonの議論から理論的変遷を見ていこう。

1 Sheldonの「マネジメント[1]の社会的責任」

Sheldonはマネジメントの社会的責任を考察しているが，その中でマネジメントの概念を「本質的に人間の活動を管理する技能である」と規定して「単に機械，レイアウト，会計，科学的手法に関する機能を意味するものではなく，指導と調整によって管理する技能」であり「人間的技能（human art)」であると述べている（Sheldon, 1923, 70-71)。彼はそこでマネジメントを規定した文の直後に「科学は補完的なものである」と強調するが，この場合の「科学」とは1912年にTaylorが提唱した科学的管理法[2]を意味する。Taylorの科学的管理法とは，遂行されるべき仕事（課業）を設定して作業を分業化して標準的な作業手順と時間を設定し，標準課業の達成/未達成で賃金率を変えることによって従業員にその達成を促すマネジメント手法である（Taylor, 1911, 30-40)。大月・高橋・山口（2008, 22）は「工学的アプローチを意味し，人間を機械の一部としてみなすもので，従業員は経済的報酬によって動機づけられることを前提にする生産管理の方法」と科学的管理

1 Sheldon（1923, 32-33）は，第2章「マネジメントの基礎」で，経営（administration）を「企業政策の決定，財務・生産・分配の調整，組織の範囲の設定，経営責任者の究極的な監督に関わる企業の機能」，組織（organization）を「個人または集団が遂行すべき仕事とそれを遂行するための能力を結合させる方法」，固有のマネジメント（management proper）を「経営（の機能）が設定した限度内で政策を実行し，経営（の機能）が設定した特定目的のための組織の運営に関する企業の機能」と規定し，一般的なマネジメント（management, in this general sense）を経営，組織，狭義のマネジメントをすべて含む概念と規定する。しかしながら，Sheldonは「マネジメントの社会的責任」のマネジメントがいずれの意味を示すかを明示せず，ふたつの概念を文脈によって“management”の一語で表現している。高田（1970, 105-110）はこのことを認識し，Sheldonが双方とも「人間という存在の活動の管理」という共通の概念で利用し，明確な区分を意識しなかったと指摘するが，それ以外の解釈が難しいと考える。よって，本書では，社会的責任で用いられる「マネジメント」を「人間という存在の活動の管理」として広義・狭義の双方を含意として持つものと考える。

2 小原（2007, 16-21）も指摘するように，Taylorは人間的要素を重要視する側面を持っていたと考えられるが，Sheldonは当時の工場労働者の実情等から科学的管理法の持つ非人間的な側面を強調している。それはTaylor（1911, 7）がその序文で「最高のマネジメントとは，真の科学であることを証明する」と述べていることに呼応していると考えられる。

法を規定するが，これは科学的管理法に対するSheldonの解釈を端的に表すと考えられる。

Sheldon（1923, 200-205）はこのようなTaylorの科学的管理法が産業の発展に寄与した側面を認めるが，従業員を機械と同列に原価計算における費用として扱うことを批判して，人間的要素を重要視するマネジメントの必要性を強調する。そのようなマネジメントとは，まず，納得できるリーダーシップと公平な規則によって個人と集団の努力の効果を促進すること，従業員のロイヤリティや懸命な努力に対する集団的な精神を開発することや，従業員が自らの能力を発揮できるよう訓練して適切な仕事を用意することという「仕事」の側面があるとする。また，仕事に就くにあたって条件の決定とその維持にすべての関係者が参加できるようその手段を規定すること，文明社会で適切な生活水準を保つのに十分な賃金を提供すること，心身の健康と個人の能力を向上するのに必要な余暇を承認すること，自発的失業の防止，一定の経営参加を可能にすること等の「生活」の側面もあるとする。彼は企業がこれらの人間的要素を重要視する「倫理（ethics)」に基づくマネジメントを行うことを「マネジメントの社会的責任」(Sheldon, 1923, 84-102, 289-300）と規定したのである。

またSheldon（1923, 285）は，企業が共同体の快適な生活のために必要な財・サービスを提供する経済的存在であることを認めるが，同時にその財・サービスは最も安価な価格で提供しなければならず，そのためには共同体への奉仕の動機に基づく確かな原則で統治されなければならないとする。その原則とは第一に企業の方針，規定，方法は，共同体の安寧に貢献すべきであり，そのために倫理的尺度による評価をマネジメント業務の一部とすること，第二にこの倫理的評価をいかなる集団や階級の利害関係とも切り離して共同体の最高の道徳的拘束力を理解する努力をすること，第三に共同体において適法な賃金や利潤のような問題の決定における主導権にマネジメントを発揮すべきことであるという（Sheldon, 1923, 72-74)。彼は企業の共同体への奉仕とは自社の利益を単体で考えて財・サービスを独占・寡占価格で共同体へ提供するのではなく，最も安価になる市場価格で提供すること，その価格形成においては従業員の働く意欲と努力を引き出し，その安寧を担保するコストも含まれることとしており，このような倫理的な企業の方針，規定，方法で共同体の安寧に貢献することもマネジメントの社会的責任と主張するのである（Sheldon, 1923, 200-205）。

このようにSheldonはマネジメントの社会的責任について従業員と共同体の双方を対象としている。前者について彼は，労働を機械と同様の生産手段ととらえて，動機を賃金とする経済合理的なシステムを批判する。そして自らの興味のある仕事を行うことが労働の動機となるように訓練と機会を与え，かつ心身の健康（休暇）や文明社会で適切な生活水準を保てる賃金の提供等を基盤とする人間的要素を重視した倫理的マネジメントを提唱する。後者について彼は適正な品質の財・サービスを市場価格で提供することで共同体の利益に奉仕するという新古典派経済学的な役割を認める。そのうえで「共同体への奉仕は，商品の生産だけでなく，その商品に適切に支払うことができる価格にすること，満足させるよう意図された要求を適切に満足できるような性格を持つ商品とすることを求める」（Sheldon, 1923, 73-74）と述べる。すなわち彼は，企業の共同体への奉仕を劣悪な品質の財・サービスを独占・寡占価格で市場に提供するのではなく，適正な品質の財・サービスの提供を市場価格で提供すること，提供される市場価格は価格競争のために労働者の安寧のためのコストを削らないことを所与の条件とすることを主張するのである。

Sheldonはマネジメントにおける新古典派経済学的なアプローチの限界を見極めて企業と社会の関係性を再考し，単純な経済合理性を超えた「倫理（ethics）」に基づくマネジメントを企業活動全体（management, in this general sense）と運営（management proper）の両側面で果たすことを企業の社会的責任として展開する。この議論は自由権に基づく新古典派経済学の価値観を基盤とする社会システムで巨大企業が跋扈し，貧富の格差が拡大して失業問題や経済の動態的不安定性が社会問題となっていた19世紀～20世紀初頭の時代背景で生まれている。その環境下で当時まだ認知されていなかった「健康で文化的な最低限度の生活を営む権利[3]」＝「社会権」を加えた倫理的

3　日本国憲法第25条第1項の規定。本書は，以降，社会権をこの規定で表す。

マネジメントを企業の社会的責任の要点のひとつとしたところに彼の議論の特徴がある。すなわちSheldonのマネジメントの社会的責任の概念は，自由権に基づく新古典派経済学の価値観で企業的責任と考えられる利益活動と法規制の順守[4]を超え，社会権を加味した企業活動の必要性を提言しており，企業の社会的責任の概念の嚆矢とする議論には説得力があると考える。

一方でSheldonの議論では企業の社会的責任の遂行の軽視あるいは無視が企業にもたらす弊害にまでは言及していない。よって新古典派経済学の理念に忠実で，企業の目的を利益の極大化のみと確信する企業（あるいは企業経営者）に方向転換を促すには問題が残る。そこでその理論的根拠を提示したのがDavis and Blomstrom（1966, 166-181）の「権力と責任の均衡論」とされる（高田, 1970, 177-195; 小林, 1977, 11-13; 櫻井, 1991, 2-15; 森本, 1994, 4-5）。高田（1970, 177）は当該議論を企業の社会的責任の概念に関する最も重要な理論的根拠と位置づける。

2 Davis and Blomstrom 及び Davis の「社会的責任論」と「権力と責任の均衡論」

高田（1970, 177）も指摘するようにDavis and Blomstromが*Business and its environment*を発刊する前，執筆者の一人であるDavisは同様の議論を論文で著している。本書ではDavis and Blomstromに代表される企業の社会的責任の概念や権力と責任の均衡論を中心に考察しながら必要に応じてDavisの論文も参照する[5]。

Davis（1960, 70-71）は社会的責任の概念を「企業の直接の経済的・技術的な利益を少なくとも部分的には超えた理由とみなされる企業経営者の意思決定と活動に言及するマネジメント上の文脈」と定義してふたつの要素を持つとしている。ひとつは企業経営者が公共の福祉（完全雇用，インフレ，競争環境の継続等）に影響する経済発展について共同体に広範囲な義務を持つ

4 詳細については，後述するFriedmanの企業の社会的責任論を参照されたい。
5 Davis（1960）及びDavis and Blomstrom（1966）の議論はかなり重複して全く同じ文章も多い。なお高田（1970）も同様の方針で議論している。

ことである。もうひとつは人間的価値（労働意欲，協働，モチベーション，仕事による自己実現）の育成と発展に関する義務を企業経営者は持つが，それはは経済的尺度では測れないことである。よって彼がSheldonの「倫理（ethics）」に基づくマネジメントを「競争環境の継続」と「人間的価値の育成と発展」として継承しているとわかる。なお，Davis and Blomstrom（1966, 167-171）の社会的責任論では直接的にこの議論に触れていないが，後述する社会的責任の概念がDavisの定義と同義であることから齟齬は生じないと考える。

2.1 社会的責任の概念―私的個人から企業経営者へ概念の転化

Davis and Blomstrom（1966, 167-169）によれば，社会的責任の概念は「自分の意思決定や行動が社会全体のシステムに与える影響を考慮する人間の義務（person's obligation）」と定義され，その本質は「その結果が他者の利益に影響を与えるという意味で，個人活動の結果に関心を持つことからくる」とされる。そしてこのような考え方は「世界のほとんどの宗教や哲学に存在する」ために社会的責任は人間が本来的に持つ資質と捉えられる。そのうえで彼らは個人の資質としての社会的責任を組織の活動として社会全体に対する影響も含める概念へと拡張しなければならないと主張する。そうでなければ「個人と企業の活動が乖離する」からであり，具体的には「私的に模範的な生活をしていても，個人の生活では水質汚濁に関する直接的な重要性を認識できないため，自分の会社が水質汚濁を続けることを，公的な活動で解決される公共問題と片づけて，正当化し続けてしまう」（Davis and Blomstrom, 1966, 167-169）からである。さらに彼は「社会的責任は，人間に対し，そのシステム内のいずれにおいても自分の行動の影響について責任を持つような社会システム全体の観点で自らの行動を考慮するよう要求する」と述べるが，「すべての活動をもっぱら公的利益であるように要求するならば，すべての個人は，自分の利益のために行動するという心理学的な事実を否定する」ことになるとして，「社会的責任は人間を作りかえようとするものではない」という（Davis and Blomstrom, 1966, 167, 169）。すなわち彼らは社会的責任と個人の利益は対立関係にないことを強調したうえで「常に他者の利益を見つけようとするのであれば，自分自身の利益のために行う活動は社会的責任といえる」と続け，すべての活動を公共の利益のみのために行うことを要求すれば，政府等の権力による一方的な規制等に反対する米国市民の哲学である多元主義を壊すと指摘する（Davis and Blomstrom, 1966, 166)。よって，彼らの企業の社会的責任の概念について「社会的責任は私的自由・私的利益への関心を否定するのではなく，それに公共利益をあわせて考慮することが肝要である」とする高田（1970, 180）の解釈が成立すると考える。Davis and Blomstrom（1966, 166-169）の主張する社会的責任は，人は自分の利益のために行う活動を遂行する前にそれが公共の利益に及ぼす影響を常に配慮する責務があるという人間の資質を原点として，その責務を制度的存在である企業活動まで拡張するよう求めることが始まりになるとわかる。

なおDviasあるいはDavis and Blomstromの議論はどちらも，「個人」とは企業経営者を意味する。Davis（1960, 71）は社会的責任の重要性を「企業経営者の意思決定やその結果としての活動に影響を与える事実に由来する」として「社会的責任のある決定は，常に企業経営者である」，「企業経営者のみが社会的責任のある意思決定ができる」と述べ，企業の社会的責任の主体が企業経営者であることを何度も強調している。この主張はDavis and Blomstrom（1966, 167-168）でも同様である。すなわち社会的責任を企業経営者の社会的責任として，企業経営者は自社の利益のために行う企業活動が社会全体の利益にどのような影響を与えるかを意思決定の段階で考慮し，社会全体の利益に反しないよう配慮すべきと示唆している[6]。このことは彼らが1975年に出版した *Business and society: Environment and responsibility* で，社会的責任を「社会的責任とは，自らの利益とともに社会全体の福祉を保護し，改善する行動を行う意思決定者の責務」(Davis and Blomstrom, 1975, 39）と定義していることからも伺える。

6　ただし，Davis and Blomstrom（1966, 168）は，企業経営者に社会全体の利益を意思決定過程で配慮することを求めるが，結果論としてそれが社会全体の利益に反してもそれは問わないという立場をとっている。

2.2 経営者の社会的責任と企業の社会的責任

このように Davis and Blomstrom（1966, 168）は経営者と企業の関係について「(筆者注：社会的責任のある）決定を下せるのは企業経営者であり，企業組織は企業経営者に文化的枠組み，政策的指針，特別な利益のみを提供する」と述べ，社会的責任の主体が企業経営者にあると考えている。一方で「社会的に責任のある決定を下せるのは企業経営者のみであることが真実としても，企業経営者は，社会的権力を自らの権限として時代を超えて受容した企業組織の目標や政策の観点で意思決定を行う。したがって，各企業やすべての企業システムは，結局，社会的責任の信念と行動を支持するようになる」として，企業経営者の社会的責任に基づく意思決定が企業の組織内で受容されて企業経営者の意思決定と企業の在り方が一致するとしている(Davis and Blomstrom, 1966, 168)。よって彼の主張を「経営者は企業の代理人として前提とされ，経営者と企業の利害は一致している」と解説する高田（1970, 184）の議論には妥当性があると考える。時代の変遷によって所有と経営が分離して専門経営者が企業経営を担う場合でも Davis and Blomstrom（1966, 171）は「企業経営者は，孤立主義の中に閉じこもり，社会的責任の問題を避けることはできない。また，企業経営者は企業が道徳や責任への配慮と無関係であるよう主張することはできない」と述べる。そしてその理由として「企業は主要な社会制度であり，社会的価値に重要に関連するという単純な事実」をあげて「企業は生活の主流であり，価値の主流なのである」(Davis and Blomstrom, 1966, 171）と述べる。

以上の議論から Davis and Blomstrom は「企業の社会的責任」の概念自体を明確には定義していないが，経営者の社会的責任と同じ文脈で使用し，どちらかといえば経営者が行うマネジメントを経営者の社会的責任，そのマネジメントの結果として表出する企業活動を企業の社会的責任と使い分けていると考えられる。すなわち Davis and Blomstrom の「企業の社会的責任」は，「経営者の社会的責任」の延長線上にある同等の概念で企業外部との関係性を中心とした概念として取り扱えると考える。

2.3 企業の社会的責任と「権力と責任の均衡論」

Davis and Blomstrom（1966, 171-172）は，企業経営者が強大な社会的権力（social power）を保持することを自明として議論を進める。そこでは社会的権力を「企業経営者の忠言は，政府や共同体によって採択され，彼らの言動は自分の共同体に影響を与える。このタイプの影響力が社会的権力である」と規定している。そして彼らは「企業経営者であろうとその他の集団であろうと社会的権力を持つ限り，歴史的教訓[7]が示唆することは，彼らの社会的責任は，社会的権力と均衡させるべきということである」と主張し，「人間は，権力と責任の均衡の概念に正義に必要な前提を一般的に求めている。この概念は『理性と論理』の源泉である」と付け加えている（Davis and Blomstrom, 1966, 171-172）。

Davis and Blomstrom（1966, 174）は「責任が権力から生じ，長期的にはふたつの状態が均衡するような傾向があるならば，社会的責任を回避すれば徐々に社会的権力を喪失していく」のを鉄則として，それを企業に適用して「経営者が社会的責任を受け入れなければ，結局，その限りにおいて，他の集団がそれを引き受けることになる」とする。Davis（1960, 73）はより端的に「企業経営者が彼らに生じた社会的責任の機会を受け入れない限り，他の集団がこれらの責任を引き受けるために踏み出してくる。歴史的に見れば政府と労働者が企業の力を削ぐ役割において最も積極的であり，今後も主要な抵抗勢力になり続ける」と述べる。そして「19 世紀の雇用主は，一般法の保護のもとで労働者の安全にほとんど気にしなかったが，20 世紀になって安全と労働者賠償法の圧力に直面して雇用主は現実として安全責任を受け入れた」こと，あるいは「20 世紀の第一四半期に企業が技術的そして市場によるレイオフに無頓着であったため，企業は失業補償を管理されることで政府に対する権力のいくつかを失い，厳しい年齢条項，補足的失業給付制度等々の手段によって，労働組合に対する権力を制限された」と事例を挙げている（Davis, 1960, 73）。すなわち彼らは企業が自ら失業に関する社会的責任を果たさなかったが故に，今度は企業が自ら制御できないやり方でその費

7　高田（1970, 60）は，歴史的教訓を，社会責任を果たさなかった権力主体が長続きしなかったという歴史的事実と説明する。

用を負担させられることになったと論結している[8]。

以上の議論からDavis and Blomstromの企業の社会的責任の概念は，企業が自己利益のための活動を行う場合にその活動が社会に及ぼす影響を事前に認識し，社会全体の利益に反しないような方法で活動する責任を意味する。そのうえで彼らは「権力と責任の均衡論」を提示して，強大な権力を持つ企業は自らの存続のために社会的権力の量に均衡する社会的責任を負わなければならないこと，そうでなければ放棄した社会的責任の分だけ社会的権力を失ってその分の権力が他の主体に移管されると述べている。そして企業が自らの社会的責任を果たさなければ自ら制御してマネジメントできないような負荷がかかり，当時の状況では労働組合や政府がその主体になると述べている。それは企業の社会的責任の遂行の軽視が企業の自由裁量を奪いその存続に弊害をもたらす可能性があることを強く示唆するものである。実際に全米自動車労働組合が米国の自動車産業に大きな影響力を持つことは周知の事実であるが，進藤（1960）は1950年代に彼らが企業の存続を無視して労働者と消費者の立場からのみ賃金交渉を行っていたことを指摘している。このことも企業がその社会的責任の遂行を行わなければ，他の主体が企業の社会的権力を奪うことの論拠になると考えられる。

3 Friedmanの企業の社会的責任論―企業の社会的責任を反対する立場から

この議論に対してFriedman（1962, 133）は企業の社会的責任を「市場経済において企業が負うべき社会的責任は唯一無二のひとつしかない。それは，嘘や偽りのない開かれた自由な競争を行うというゲームのルールを守り，資源を有効活用して利潤追求のための活動に従事することである」と規定する。そのうえで「自らの株主のために可能な限りの富を得ること以外の社会的責任を企業の役員が受け入れること以上に，我々の自由社会の基盤を

8　なお，Davisは，一連の失業問題の記述において，主語をbusinessmanではなくbusinessと記述している。これは企業経営者（businessman）の意思決定の結果としての企業（business）の活動が失業問題を放置したことを示唆し，本章2.2項の議論と整合する。

徹底的に傷つける風潮はほとんどない」(Friedman, 1962, 133) として，今まで述べてきた企業の社会的責任の議論を批判する。彼はまず「独占者は目立つ存在で権力を持つ。我々は独占者が自らの権力を単に将来の自己利益に使うのではなく，将来の社会の望ましい目標のために使うべきということに同意しがちである。しかし，そのような教義の広範囲な適用は自由社会を崩壊させる」(Friedman, 1962, 120) と述べる。次に彼は競争の概念が観念的で民間企業に強大な独占が存在するという見解自体に誤解があると示唆する。例えば，独占の定義が明確ではなく欧州では「競争的」とされる状況が米国では「独占的」とされるためそこに誤解が生じていることや，1939年の時点で米国の全産業における民間企業の独占の程度は約15%であること等の事例を挙げる。そして政府の独占とそれに伴う権力の集中とを比較すれば企業の独占と権力の集中は限定的であるとの旨を暗喩するのである (Friedman, 1962, 121-122)。

さらにFriedmanは「仮に企業経営者に株主利益の最大化以外の社会的責任があるとして，企業経営者が何をすべきかを知る手段があるのか，企業が選んだ一個人が社会全体の利益を決められるのか，そして何よりも厳密な私的集団によって選ばれた，特定の企業を今だけ運営するに過ぎない一個人に，税率，予算配分や統制といった公共の機能を任せてよいのか」(Friedman, 1962, 133-144) と疑問を呈す。そして公共の機能を担うのは「選挙で選ばれて任命される公務員であるべきで，企業経営者が（筆者注：株主の）従僕というよりも公僕であるならば，企業経営者も選挙と任命による公的手続きで選ばれるようになる」(Friedman, 1962, 133-144) と論結する。彼は企業の権力への集中は限定的で企業経営者には主として市場メカニズムを円滑に機能させるための法規制を順守する存在で，企業利益を極大化させるという株主に対する責任以外の責任を引き受ける実務能力も社会的正当性も持たないとする。そして1962年にUSスチールが政府の圧力で値上げ撤回に追い込まれたことを「社会的責任の教義が宣言するように，もし鉄鋼価格が公的な決定になれば，企業が鉄鋼価格に個別の価格をつけられなくなる」として「このような価格統制が実務的に導入されれば，自由企業制度は崩壊して中央集権的な制度になる」と批判する (Friedman, 1962, 134)。この議論で彼は企業が株主のために会計上の利益を極大させることを目的として経済合理性に基づく価格決定を行うことを価格決定権として捉えている。よって法規制による強制ではなく企業が（Friedmanの示す新古典派経済学の教義ではない）「社会的責任論」に従って自主的に価格設定を行った場合も，経済合理性に基づく価格決定でないのでそれは企業が価格決定権を手放したことに他ならず，価格統制に他ならないと主張している。換言すれば，一般的な企業の社会的責任の理[9]に則った企業経営者の自主的な判断であったとしても市場経済の理に反する価格決定を行えば価格統制を受け入れることを意味するので，自由企業制度の崩壊をもたらすと警告する。そして価格統制を受け入れた全体主義的な社会体制では，商品供給は止まってインフレは抑制されないので闇市場が暗躍する旨を述べている（Friedman, 1962, 135）。

Friedmanの議論は企業の独占は部分的で企業への権力の集中も限定的であること，そして企業経営者も市場経済の一機関の機能以上の社会的責任を持つ実務能力も社会的正当性もないことを強調する。また（主に市場メカニズムを維持するための）法規制の順守と企業利益の極大化という株主に対する責任のみを企業の社会的責任として企業活動の範囲を限定し，企業は自らの果たすべき責任の範囲を逸脱した活動をすべきではないとしたことに特徴がある。そして実務能力も社会的正当性もない企業が株主の利益に寄与する責任を超える責任を引き受ければ，経済合理性が担保されずに市場の効率的な財の再分配機能が混乱して最終的には資本主義自由市場経済体制を崩壊させることとなり，全体主義的な社会体制への移行につながると主張していると考えられる。彼の議論を踏襲すればSheldonが提唱する企業の社会的責任としての倫理に基づくマネジメントもDavis and Blomstromの「企業が自己利益のための活動を行う場合にその活動が社会に及ぼす影響を事前に認識し，社会全体の利益に反しないような方法で活動する責任」とする企業の社会的責任の考え方も（それが企業経営者あるいは企業の自主的な判断であろ

9　ここで述べる一般的な企業の社会的責任の理を端的にいえば，後述するMcGuireが規定する株主のための利益極大化のための企業活動と法令順守を超えた社会的責任を引き受けることを意味する。具体的にいえば，Davis（1960, 71）の「自動車の大手企業が，インフレーション抑制に良い効果があるという理由で自動車価格を上げなければ，そこには社会的責任が含まれている」という考え方である。

うと）経済合理性を超えているという理由で否定される。このようにFriedmanは企業の独占に伴う権力の集中も引き受けるべき責任も限定的とする議論を展開する。換言すれば彼は，権力・責任の均衡論を縮小均衡させていると考えられる。

Friedmanは政府等の公共分野への企業の進出によって社会的権力が企業に集中して企業による社会的支配が生まれるため，多元主義的社会（様々な組織や集団間に権力が拡散すること）が崩壊する可能性を危惧している。多元主義的な社会存在が必要不可欠であると主張する点でMcGuire（1963, 148）の主張と整合しているが，企業に対するアプローチは真逆になる。Friedmanは企業権力の範囲を自由競争（市場競争）の範囲内に抑えて矮小なものあるいはないものとしようとする一方，McGuireは一定以上の社会的権力を持つ必要があると認めるからである。すなわちMcGuireは，より優れた民主主義を守るために社会は変化し，それに伴い企業経営者は多元的な社会の一員となろうとするので，企業もその枠組みの中でのみ利潤の極大化を行うため，Friedmanの懸念は不要とするのである（McGuire, 1963, 148-149）。つづいて，McGuireの企業の社会的責任論をFriedmanの考え方との差異を明確にして俯瞰する。

4 McGuireの企業の社会的責任論―多元主義的な社会の擁護

4.1 民主主義社会の擁護と多元的な社会

McGuire（1963, 129-133）は米国流の世態を「民主的で，人々が相当量の自由を享受できる環境を創出し，他の政治社会システムよりも平等を提供し，人々に進歩の機会と一定の安全を与えるという理由で優れており，そのために戦う価値がある」として，それを「多様な組織や集団間に権力が拡散すること」を意味する多元主義と述べている。そして「権力が分散し，集団や組織への忠誠心が拡散している限り，個人は自分が言動の自由を保持していることがわかるため，多元的な社会の概念は我々の種類の民主主義の基本と歴史的に考えられてきた」（McGuire, 1963, 130）と述べる。そのうえで「ひとつの社会制度が他の社会制度を支配することで我々の多元主義を破壊し，完全に統制された社会をつくる危険がある」(McGuire, 1963, 131)，あるいは「権力の単独集中は民主主義の対極である。そのような権力が，政府，企業，労働者あるいは教会の手に帰するのであれば，我々の民主主義的な生活は破壊され，社会主義，全体主義あるいは共産主義にとってかわる」(McGuire, 1963, 132)，として多元的な社会を擁護し，それを破壊するものとして権力の一極集中の傾向に強い危機感を持つ。さらに「これらの脅威に対抗するために，自由主義者と保守主義者は，完全に統制的な中央集権化した政府と長年戦っている」として彼が時に政府への権力集中に強い不信感を持つことが伺え，この点では Friedman と意見が一致する。しかし，McGuire の議論は民主主義社会を維持するために企業が一定の社会的権力を持たねばいけないとする点で Friedman の議論とは決定的に異なる。このことを深堀しよう。

4.2 多元主義的な社会の維持を脅かす企業の脅威

McGuire (1963, 133-142) は多元主義が絶えず権力主体によって脅かされているとまでは考えていないがその危険性を認識している。彼は企業が多元主義的な社会にとって脅威になる可能性を「権力の問題」,「合法性の問題」,「官僚主義革命」で示している。「権力の問題」とは権力者が自分の要求が制限されない限り他者の権利や利益を侵害する傾向にあることを前提にして「もし，権力の集中が米国企業に存在するならば，権力の使用あるいは濫用は，社会の他の部分の継続性と安全性を脅かす大きな変化を引き起こす可能性がある」(McGuire, 1963, 135) と説明される。権力の問題で想定されるのは経営者の権力と企業の権力であり，前者は企業の重役がその部下に及ぼす力，後者は企業としてその外部環境に及ぼす力と規定される。彼は「企業権力が我々すべてを飲み込み多元主義的な社会を破壊すると信じていない」が「企業権力が無害だとも考えていない」とする (McGuire, 1963, 138)。そして企業の巨大化によって所有と経営が分離し，企業の所有者の代表ではない専門経営者に経営者の権力と企業の権力の双方が集中していることを「合法性の問題」として取り上げ，米国企業の 2/3 を占める巨大企業に責任を持つのはほんの 2，3 千人の経営者集団であり，新しい経営者が古い経営者によって専門経営者の小集団内から選ばれることを問題視する（McGuire, 1963, 138-141）。彼は「我々の企業社会に支配力を行使し，我々すべてに相当の権力を持つ巨大企業の経営者がどのように選ばれるかを問われれば，取締役会の長老たちの禿げ頭から引っ張り出されるようだとの答えが返ってくる」（McGuire, 1963, 140）として，企業の所有者である株主は経営者を選出する法的な権利を持つが実効性は伴わないことを問題視する。すなわち経営者集団の構成員を選出するに当たり一般の人々に発言権がなく，そのような専門経営者の存在は多元主義的な社会の原則に反するため，比較的少数の経営者集団の人々に企業権力を保有させることは非合法的と述べている（McGuire, 1963, 138）。また専門経営者が誰に責任を負うべきなのかが不明瞭なため，これを企業の「合法性の問題」としている（McGuire, 1963, 141）。最後にMcGuire（1963, 142）は，企業内が官僚主義化することを「官僚主義革命」として多元主義的な社会への脅威になると説明する。この議論は経営者の権力が増大してそれを上意下達で徹底するような徹底した官僚組織ができ上がれば，経営者の暴走を止められない完全に統制された組織になることを意味する。彼は「官僚階級がその企業のみに属し，社会もしくは社会における他の制度のより広範囲の目標を排除し，おそらく反社会的な目的を提供する人で作り上げられる危険性がある」と指摘し，「ひとつの制度が支配的で，その制度の構成員が他の制度の目的に無関心か反対するのであれば，多元主義の社会は存在できない」と述べる（McGuire, 1963, 142）。

以上よりこれら３つの問題は以下のようにまとめられよう。まず，権力者は彼らの要求が制限されない限りは他者の権利や利益を侵害する傾向にあることを前提に，巨大化した企業には自らの利益のために他の集団の権利や利益を蔑ろにしながら社会を統制することができる企業権力が存在する。そして企業権力は，誰にも責任のない少数の専門経営者の仲間内で選ばれる合法性の問題を抱えた経営者によって行使される。その行使の際は，企業内で官僚主義革命による上意下達のシステムを介して，経営者の要求はつつがなく実行される。よって少数の経営者集団は誰に対する責任を負うこともなく巨大企業の社会に対する権力を行使して，他の諸集団の権利や利益を侵害しながら自由に自己利益の追求を行うことになる。すなわち巨大企業とそれを運営する少数の専門経営者集団（あるいは階級）は，他の社会集団や制度を支配して自分達自身に権力を集中させることになり，多元主義的な社会は崩壊し，民主主義は統制された社会へと置換される。このような経路で企業は多元主義的な社会への脅威になる危険性があると彼は考えているのである。

ここまではFriedmanと新古典派経済学の権力の独占を忌避する議論とも整合しよう。しかし，民主主義を守るために企業に一定の社会権力を認めるMcGuireの議論は，ここから大きく変化する。

4.3 企業の脅威と企業の社会的責任

McGuire（1963, 143）は上述のように企業が多元主義的な社会に対する脅威となりうるとするが，それらの問題の解決策は「社会的責任の概念の中に具現化されている」として，「この概念の提唱者は，本質的に大企業の現実を容認し，この容認した現実の枠組みの中で，もし，企業経営がより責任あるものになるのであれば，多元主義への脅威はたいしたものではないと主張する」と述べる。彼は企業の社会的責任の遂行が企業の多元的社会に対する脅威の抑止として有効であると，以下のように展開する。

まずMcGuire（1963, 144）は「今日そしてこの時代において，現代企業がもはやそのテーブルマナーを全く無視して，利益という単一の目的を貪るように追求することはできないと認めるべきである」として社会的責任の概念を「企業は経済的，法的な義務だけでなく，これらの義務を超えた社会的な責任を持つと想定される」とする[10]。次に「ここで意図されるという意味での責任は，自らの同胞に対する共感の感覚を内包し，それは特別の階級の人々に対するものではない」として「社会的責任の概念は，節度のある利潤動機を結果としてもたらす。今日の企業は，通常，盲目的に金銭の追求を冷淡に行うわけではない」と続ける（McGuire, 1963, 144-145）。そのうえで彼は企業の権力を担う企業経営者が社会的責任を受容していることを所与として，その動機を「社会的責任が長期的に見てより大きな利益をもたらす」という事実[11]もあるが，それ以上に「企業経営者が社会的責任の視点を受容し

10 後述のCarroll and Buchholtz（2003, 35）は，これをMcGuireのCSRの定義としている。
11 McGuire（1963, 67-68）は，Mayoのホーソン実験が経営者に「労働者を人間らしく扱うことは利

た最も重要な動機は，単純に経営者も我々と同様に同じ社会の一部ということであると思う。社会の構成員として，経営者も社会の一員としての信条や目的による影響を受ける。経営者も社会と倫理の規則に従う必要があると感じている。経営者も企業組織が，その仕事を正しく遂行するのであれば，企業の経済的効用だけでなく企業の社会的効用も証明しなくてはならないと感じている。社会は，責任のある企業組織を好んでいる」としている(McGuire, 1963, 145)。彼は1960年代前半に「社会の一部として，企業経営者はこの問題における公共的な思考を認識し，それに応答している。過去100年の企業の歴史が示していることは，古い時代の『冷徹』という言葉の意味での私益の追求から離れ，何が何でも利益を極大化することから離れ，利益に対してより思慮深くて意味のある文脈で捉えられてきたということである」と述べている。さらに彼は「利益はある種の制限なしには決して極大化しなかった。人々は社会の枠組みの中で利潤最大化に努めている。企業経営者は，彼の競争者達を殺したり，その企業の建物を燃やしたり，彼らの従業員を鞭打つようなことはほとんどなかった。社会の法的制裁が当該行為を防止しただけではない。そのような活動は社会的に受容されないということが，相対的に少数のほんの一握りの人たちの心に入り込むようになったためだ」としている(McGuire, 1963, 145-146)。

ここが重要な分岐点となるがMcGuireは「経営者は，社会の一員として社会との関係性を無視して，企業に利潤追求行為を行うことはない」ことを現実として，企業が多元的な社会を破壊するような行動には出ないと考えるのである。それは，企業の社会的責任が多元主義的な社会への脅威を抑止するということについて以下のように結論していることからも理解される。

「社会的責任と利潤あるいは統制化された社会と多元的な社会のいずれかを選択するということではない。利益は社会的慣習や政治的制度の存在を全く無視して冷徹に極大化することはできない。利益は社会的な文脈の中でしか極大化することはできない。近年，この文脈は経営者に責任あるやり方で

益になる」と理解させたことを評価し，Taylorが「科学的管理法の父」ならば，Mayoは「人間関係の父」であると述べ，このことが長期的な利益と利他主義の荒っぽい混合物としての初期の社会的責任の概念を形成したと考えている。

振舞うよう強制する。社会が変わったということは，以前より利益が重要ではなくなったということを意味しない。しかしながら企業経営者は新しい変異を考慮して新しい社会的枠組みの中で利益を追求しなければならない。この種の行動は完全に統制された社会を導くことはなく，今までもそうではなかった。私見ではあるが，多元主義的な社会が企業経営者によるこのような行動によって破壊される危険性はほとんどない」。

この文脈で，McGuireはFriedman等の新古典派経済学の価値観と決別したと共にDavis and Blomstromの「権力と責任の均衡論」の議論からもずれることになる。

4.4 McGuireの企業の社会的責任論―多元主義的な社会の擁護

McGuireは企業の社会的責任を「法規制の順守と経済活動を超えた活動」として，民主主義社会を守るために必要不可欠な多元主義的な社会を維持する要諦と捉えている。そのうえで企業経営者は社会の一員として企業の社会的責任を引き受けるため民主主義は維持される，としたところに特徴がある。すなわち企業（企業経営者）が社会的責任を遂行するため，無差別に利益を追求するのではなく社会の枠組みの中で利益を極大化することが求められ，企業経営者は自分が社会の一員でありたいという自覚があるので社会的責任を引き受けるとするのである。この議論はSheldonの労働者に対する人間性の尊重に関する議論に直接・具体的には関わらないが，企業の利益極大化を追求することを超えた倫理に基づくマネジメントを行うことを「企業の社会的責任」と規定する点で共通している。

さてMcGuireの企業経営者が社会の一員であることを自覚することで企業が多元的な社会を破壊しないという考え方はDavis and Bloomstromの主張と共通する。すなわち経営者が自らの利益に係る行動を行う場合にはその意思決定や行為が社会全体に与える影響を事前に考えるとする経営者の社会的責任と，経営者の意思決定の結果が外部に表出することを企業の社会的責任の遂行とする点で共通する。McGuireは企業が強大な権力を持つことを再確認してその権力を濫用できる立場にあることを前提とするが，企業経営者が冷徹に企業利益の極大化を追求することはできないので自己利潤の追求のためであっても社会の一員として行動すると考える。つまり彼は企業がその権力に相応の社会的責任を果たす存在と考えるので，Friedmanの議論とは相容れない。またDavis and Blomstromが「企業あるいは企業経営者が社会的権力と同等の責任を果たさないと企業は存続できない」と警笛を鳴らすのに対して，McGuireは「企業あるいは企業経営者は必ず社会的責任を果たすことを前提とする」ので問題は起きないとして，彼らの警笛は不要としている。

本書ではこのようなMcGuireが想定する前提を「社会内企業の前提」と規定する。社会内企業の前提の裏には，自由権だけでなく社会権を引き受けたケインズ経済学の価値観に基づく社会システムを経営者が認めたことがあると考えられるが，詳細は後述する。彼は企業を権力と責任を均衡させる権力主体と捉えているので，権力と責任の均衡論の意義は大きく減価する。

4.5 McGuireの主張の展開

以上のようにMcGuireは，企業経営者が社会の一員であると自覚していることを前提に，企業または企業経営者が社会的責任を受容するので多元主義的な社会は崩壊しないと主張する。そして，彼の議論を踏襲したCarroll and Buchholtzは，企業あるいは企業経営者が企業の社会的責任（CSR）を引き受けることを前提として，実務での運用を目的としたCSRの定義を行いそのマネジメントに言及している（Carroll and Buchholtz, 2003, 35-36）。つまり，企業の社会的責任の議論がMcGuireの議論からCarroll and Buchholtzへと受け継がれる中で，“Why”の議論から“What”と“How”の議論に移っている。実際にCarroll and Buchholtzは，Davis and BloomstromやMcGuireの定義を含む過去の主要な企業の社会的責任の定義を評価しつつも，企業が具体的に対応するには不明瞭と批判したうえでそれを明確にする定義としてCarrrollのCSRの4要素の定義（＝What）を提唱し，そのマネジメント方法をCarrollのCSRピラミッドと総合的CSR（＝How）で提唱している。櫻井（1991, 3-5）は「企業と社会」論はMcGuire（1963）の考え方が以降の議論のすべての起点となると述べている。すなわち「企業と社会」論とその中心的課題である企業の社会的責任に対する研究は，McGuire の議論以降は必ず企業は社会的責任を引き受けるものとして "Why" の議論から "What" と "How" への議論へと舵を切ったと考えられる。そこで次に本書は，Carroll and Buchholtz の議論を俯瞰し，その意義と問題点を考察する。

5 Carroll and Buchholtz の企業の社会的責任論とその展開 ―McGuire の議論を継承した独自概念の提示

Carroll and Buchholtz（2003, 33-35）は Davis and Blomstrom（1975, 39）の定義や McGuire（1963, 144）の定義を含む CSR の定義を秀逸で汎用的であると列挙してその意義を評価する。一方でそれらの定義に使用されている用語が，経営者による解釈の余地が広く曖昧さを避けられないため，これらの CSR の概念を実務に適用させようとしたときに経営者やその他の人々が混乱してしまうと指摘する。そこで彼らは McGuire 等の定義をベースに企業が負うべき社会的責任の類型に着目した「Carroll の CSR の 4 要素の定義（Carroll's four-part definition of CSR)」を提唱する。この定義は「企業の社会的責任は任意の時点で社会が組織に持つ経済，法，倫理そして任意の期待を内包する」もので企業の経済的期待と法的期待をより「社会指向的な関心」に結びつけようと試み，社会指向的な関心には倫理的責任と任意かつ自主的な慈善的責任を含むとされる（Carroll and Buchholtz, 2003, 35-36）。

Carroll and Buchholtz（2003, 36-38）は CSR を経済的責任，法的責任，倫理的責任，慈善的責任の 4 要素で構成されるとする。企業の経済的責任は「社会が必要とする財・サービスを生産して適正価格で販売すること」と規定され，適正価格は「提供される財・サービスの真の価値を表していると社会が考えている価格で，企業の存続と成長を確実にし，投資家に報いることを可能にする利益を企業に提供できる価格である」と説明される。この文脈から適正価格とは効率的で公正な完全競争市場における価格調整の結果としての均衡価格を意味すると考えられる。法的責任は「成文化された倫理」という社会的見解を反映するもので，成文化された倫理は「立法者によって制定された基本的な公正な慣習の概念を具現化するもの」と規定されるが，それは法規制を意味する。すなわち法規制の順守も企業の社会的責任の一部と説明される。ただし彼らは法規制について法律は企業が直面するすべての問題，領域，あるいは争点に手が回わらないこと，法律は簡単に変更できないため「適切な行為」に関する最新の概念を取り入れるのが遅れること，法律家がつくることから，適切な倫理的判断よりも法律家の個人的利益や立法府の政策的誘因を反映する傾向があるので必要であっても十分ではなく，社会が企業に対して要求するすべての範囲を取り扱うことはできないところに限界があるとする。そこで企業が法律として成文化されていないが社会の構成員によって要求されるあるいは拒絶される活動や習慣を具現化することを倫理的責任として規定する。さらにそれ以外の自主的な，社会的活動に参加したいという企業の願望のみに導かれる慈善的責任の存在を認める。慈善的責任の根拠は，社会は企業が慈善に関わることに期待を持っており，慈善的責任は企業と社会との間での社会的契約の一部になったことに求められると説明されている。ただし，共同体が望む水準まで企業がこれらの奉仕を提供できなくても，当該企業は反倫理的とは見做されないとも述べられている。

Carroll and Buchholtz（2003, 39）はこれら4分類した企業の社会的責任を（表1.1）のようにまとめる。彼らは企業の社会的責任は構成要素となる4つの責任ですべて構成され，各々の責任は独立しているために企業は各責任とその遂行に対する説明責任を負うとしたうえで，社会が企業に望んでいる期待の種類をより完全に記述した概念モデルとして提供したと主張する。

次にCarroll and Buchholtz（2003, 39-41）は（図1.1）で表される4層からなる「CSRのピラミッド」の概念を提唱し，各責任にウェイトづけを行っている。彼らは，ここで企業の社会的責任の4つの構成要素からピラミッドを描き，経済的責任のブロックを基盤となる土台として，同時に，法は社会が許容するあるいは許容できない行動について成文化しているため企業は法の順守を要求されるとし法的責任をその次の土台としている。次に彼らは倫理的であることを企業の責任として，最も基本的なレベルで正しく，公正かつ公平に事を行い，ステークホルダーに損害を与えることを避けるあるいは最低限にする責務であると説明する。最後に企業は良き企業市民であることを期待され，それを自発的かつ任意に行うことや財務資源と人間資源を共同

表 1.1　Carroll の CSR の 4 要素

責任の種類	社会からの期待	例
経済的責任	社会から企業に対する要求	収益を生むこと 売上を最大化し，コストを最小化すること 戦略的意思決定を行い，思慮深い配当政策を行うこと
法的責任	社会から企業に対する要求	法を順守し，すべての規制を支持すること 環境と消費者に関する法律，従業員を保護する法律 海外における腐敗行為防止法に従うこと すべての契約上の義務を果たすこと
倫理的責任	社会から企業に対する期待	問題ある行動を避けること 法律の字義と同様その精神にも対応すること 法律は活動の下限として，最低限求められる以上に行動すること 正しいこと，公正なこと，そして正義であることを行うこと 倫理的なリーダーシップを発揮すること
慈善的責任	社会から企業に対する期待と要望	よき企業市民であること 企業が寄付を行うこと，地域を支えるプログラムを提供すること 　—教育，厚生サービス，文化と芸術，市民等 社会に改善を提供すること，ボランティア活動に関わること

出所: Carroll and Buchholtz（2003, 39）より筆者作成。

図 1.1　Carroll の CSR ピラミッド

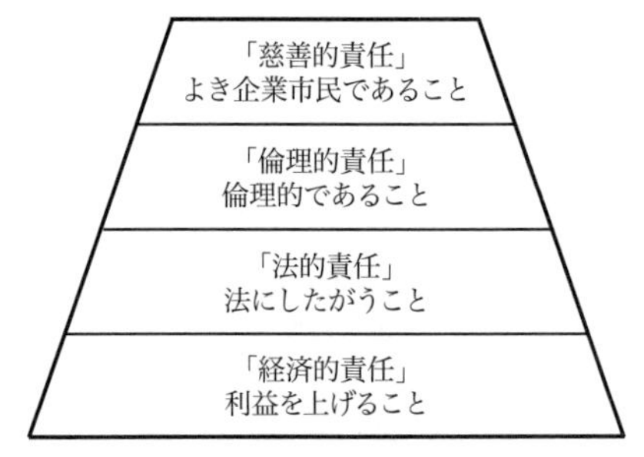

出所: Carroll and Buchholtz（2003, 39）より筆者作成。

体に提供し，生活の質を改善する慈善的責任を行うことを述べている。このピラミッドから，経済的責任と法的責任は同時に行われるべき基礎部分であり，そのうえで倫理的責任を果たして最後に慈善的責任を果たすよう求めていることが示唆されるが，一方で Carroll and Buchholtz は 4 つの各責任を単独でマネジメントするだけでなく，4 つの構成要素をすべて包括した責任を「総合的 CSR（total corporate social responsibility）」と規定して「総合的CSR＝経済的責任＋法的責任＋倫理的責任＋慈善的責任」という式で表し，各々の責任を連携してマネジメントすることを求めている。つまり彼らは，このピラミッドに準じて各責任の遂行にウェイトをつけるものの，総合的CSRの概念で4要素を組み合わせながら統合的にマネジメントすることを表現していると考えられる。すなわち，彼らは4つの責任を段階的に行うことを想定していないことを示す。

Carroll and Buchholtzの議論は企業の社会的責任の遂行（CSR活動）に関する“What”の問題について，McGuireが規定した経済活動と法規制の順守を超えた企業活動という曖昧な表現を企業が具体的にマネジメントできるように倫理的責任の遂行と慈善的責任の遂行に分類したことに特徴がある。特に環境問題に関する法規制は制定されるのに相当の時間がかかる性格がある一方，その制定時に企業が対応していなければ当該企業は想定以上の損害を被る可能性が高い。よって倫理的責任の遂行をいわば「成文化されていない法律」としてピラミッドのより基礎的な部分に位置づけ，より企業の自由裁量度が高い慈善的責任をピラミッドの最上位において，CSR活動において優先順位をつけながらもすべての活動を遂行するマネジメントを提示したことは，実務面でも意義があると考えられる。

Carroll and Buchholtzは“Why”についてはMcGuireの議論を踏襲したうえで，“What”（＝CarrollのCSRの4要素の定義）と“How”（＝CSRピラミッドと総合的CSR）を中心とする議論を展開したが，企業の社会的責任の概念的な研究はここで一応の区切りを迎えたとされる。小山（2006, 116）は，Carroll and Buchholtzの定義によって企業の社会的責任の意味内容の大きな枠組みが完成されて以降の議論は，「企業にいかに社会的責任を遂行させるか」という「企業の社会的応答性（coroporate social responsiveness)」の議論に移行したと述べる。また森本（1994, 5-7）は企業の社会的責任の研究の系譜は3局面にわたり，第一局面が現代企業CSRの意義，範囲，項目，達成水準等を論究する規範的理論研究，第二局面が「CSRのような問題は，単に規範理論にとどまるのみでは不十分であり，企業が実践しなければ無意味である」としてCSRの実践の在り方すなわちCSR実践状況の把握，より具体的には実践成果の測定・評価を主眼とする技術論的研究，第三局面が企業の CSR 遂行度と企業業績との相関を考察する実証理論研究と説明する。そのうえで森本が著書を執筆した 1994 年当時でも第二局面から第三局面が研究の主流になっていることを述べているが，本書で検討してきた議論が第一局面の議論であることは自明である。すなわち，Carroll and Buchholtz の議論以降の CSR 活動に関する研究は「企業にいかに社会的責任を遂行させるか」という議論へと向かったとされており，本書では Carroll and Buchholtz を最後に企業の社会的責任の概念的な議論は一端収束したものと考える。

さて Carroll の CSR の 4 要素の定義あるいは CSR ピラミッドの考え方は，McGuire の「企業経営者の自覚によって企業が社会的責任を引き受ける」という議論を踏襲したため「企業がなぜ社会的責任を引受けるのか（Why)」の議論を捨象している。Sheldon，Davis and Blomstrom そして McGuire も企業が社会の中で利潤追求活動を行う存在であることを理解したうえで当該活動が社会全体の利益と齟齬が生じるようになったことを問題視するのであり，企業あるいは企業経営者が自らの意思で自主的に社会全体の利益との齟齬を解消するよう利潤追求活動を調整することを企業の社会的責任と捉えている。換言すれば，企業は社会全体の利益との齟齬を修正するよう社会から求められ，自らの意思で自主的にその修正を行うことで社会との適切な関係を維持する存在として捉えられている。そこで Sheldon は倫理的マネジメントを行うことで企業にその齟齬を解消するよう主張し，Davis and Blomstrom はその齟齬を解消しなければ企業の存続自体が難しくなることを根拠として，企業にその齟齬を解消するよう主張するのであり，いずれも企業が社会に働きかける視点からの議論を含む。しかし McGuire は社会から求められた齟齬の修正に企業は必ず応答することを前提にしたため，企業の自主性の視点は捨象されている。このことは彼の理論体系を継承した Carrol and Buchholtz の議論でより明確に表れる。特に（表 1.1）の Carroll and Buchholtz が規定する 4 つの責任はすべて「社会から企業に対する，要求，期待，要望（以下，社会からの要請)」であり，企業の意思，自発性，自律性等の企業の立場からの視点がないとわかる。Carroll and Buchholtz (2003, 41-42) は倫理的責任，慈善的責任を一般的な CSR と認めたうえで経済的責任と法的責任も企業の社会的責任に包含するが，これらは企業の意思あるいは自律性・自発性の視点が捨象されたため可能になったものと考えられる。企業の意思が財・サービスを社会に提供することで利益を得ようとする単純な利潤追求を行う経済活動であっても，彼らが提供した財・サービスが市場メカニズムの機能を通じて社会に受容されれば，その財・サービスは社会からの要請に応答する形をとるので結果論でも経済活動も経済的責任としてCSRに分類される。また法規制は順守しなければ制裁を受けるため，企業は社会の要請に強制的に従わざるを得ないためにやる／やらないのマネジメントの余地のない義務（obligation）となるが，企業の意思や自律性・自発性を問われないので構成要素となる。特に法的責任は義務（obligation）であるという意味でマネジメント可能な責任能力（ability）を問われる他の3つの責任とは異質であるにもかかわらず，同じ定義に内包されてしまうのである。

Carroll and Buchholtzは企業の社会的責任の内容を企業が社会から要求される項目（What）ごとに経済的責任，法的責任，倫理的責任，慈善的責任（社会貢献）の4つに分類して社会から企業に対する要請の優先順位を示したが，4要素すべてを総合的にマネジメントすること（How）を企業に求めている。彼らの議論は企業の立場を捨象しており，CSRピラミッドも社会が企業に求める優先順位であって企業は自らその優先順位を決定したわけではない。それが，企業の社会的責任を「企業は社会からの要請にすべて平等に応答すべきである」とする現行の「企業と社会」論へ変質した所以と論結される。なお，本書では特に議論上の支障がない限り，経済的責任の遂行を「経済活動」，法的責任の遂行を「法規制の順守」と呼称して議論を進める。

6 問題の所在

6.1 企業の社会的責任の概念の系譜のまとめ

ここまで本書は，「企業と社会」論の歴史的，理論的背景からCSRに関する5つの所説を検討したが，すべて企業の利潤追求活動である経済活動は市場メカニズムが作用して社会に必要な財・サービスを適正価格で提供することで社会全体の利益に寄与するという認識で一致する。また，Friedman 以外の 4 つの議論は企業が経済活動を推進した場合，社会全体の利益との間に生じるあるいは生じると想定される齟齬の調整を企業の社会的責任と捉えていることで共通する。

20 世紀初頭の米国では自動車産業，化学産業や鉄鋼産業等の製造業が隆盛を極めて独占・寡占企業が跋扈し，多くの工場では Taylor の科学的管理法が採用されて劇的な生産性向上を可能にしたとされる。そして企業は労働者の自発性や自己裁量を認めずに彼らを機械と代替可能な単純作業を行う存在として扱い，人間性が排除される労働環境が生じていたことが伺える[12]。また企業を共同体として見れば経済的利益を冷徹に追求して独占・寡占状態が生まれ，適正価格での財・サービスが提供されない状況が続いたといえよう。

本書が企業の社会的責任概念の嚆矢として Sheldon を取り上げたのは，彼が企業利益の追求と社会全体の利益が一致しない状況になったことを指摘し，両者が整合するよう調整することを企業の社会的責任として企業にその遂行を求めたからである。ただし Sheldon は，環境問題に焦点を当てた言及はないことや新古典派経済学の教義に則り利益極大化のみを是とする企業（あるいは企業経営者）に社会的責任を果たさなければ企業の存続に問題が生じることを明示できていない点に問題があったと考えられる。この問題に回答を明示したのが Davis and Blomstrom である。彼らは個人が自分の利益のために行動する場合には社会に対する影響を事前に考えて行動すべきであるとする人間の基本的な資質を前提に，企業経営者はその資質を企業という社会制度まで拡張し，経済活動を社会全体の利益と齟齬しないように調整したうえで行うことを社会的責任として，社会問題だけでなく環境問題も認識する。そして企業は強い社会的権力を持つのでそれに見合った責任を負わなければ，最終的にその権力を失い他に代替されてしまうという権力と責任

12 チャールズ・チャップリンの 1936 年の映画『モダン・タイムス』では，Taylor の科学的管理法について，ベルトコンベアを利用して労働者に単純労働を課した生産方式が世相として紹介され，痛烈に風刺，批判されている。

の均衡論を鉄の法則として，そこに企業の社会的責任の論拠を求める。McGuireは企業の経済活動と法規制の順守以上の活動が必要としている点でそれまでの「企業と社会」論の系譜にある。

McGuireはDavis and Blomstromの定義をより明確にして企業の社会的責任の概念を「経済的，法的な義務だけでなく，これらの義務を超えた社会的な責任を持つ」とする。彼は企業が強大な権力を持つことで社会的支配を可能にする存在になり得る点でFriedmanと同様の危惧を持つ。しかし，①民主主義を保つためには多元主義が必要となるが，そこでは企業も一定の社会権力を持つが，②経営者には自分が社会の一員でありたいという自覚があって社会的責任を引き受けるためそのような事態にはならないと主張してFriedmanの議論を否定する。つまり彼らは，Friedmanが企業の独占と権力の集中を過小評価して，企業が利益極大化以外の社会的責任を引き受ければ多元的社会を崩壊に導くとする議論を否定する。ただし②の主張は以降の「企業と社会」論における企業の社会的責任論の方向性を決定づけてしまう。なぜなら彼の議論は，企業（あるいは企業経営者）が社会的責任を引き受けることを前提にするため，企業の社会的責任の議論のうち「なぜ企業はCSRを行わなければならないか（Why）」の議論を不要とするからである。

McGuireの議論を踏襲したCarroll and Buchholtzは企業のCSR活動の種類（What）に焦点を当てた「CarrollのCSRの4要素の定義」（表1.1）を提唱する。彼らは，McGuireの定義を踏襲して4つの構成要素でCSRを定義しそのすべてを行うマネジメントを「CSRピラミッド」（図1.1）で表す（What）。そこでは企業が経済的責任，法的責任，倫理的責任，慈善的責任の各々の領域に対応し，かつ説明責任を負うとする。そのうえで4要素をすべて包括した責任を「総合的なCSR」と規定して4要素を統合的にマネジメントすることを求める（How）。このように彼らは企業のCSR活動の内容（What）とそのマネジメント方法（How）を明示している。

倫理的責任はSheldon，Davis and BlomstromあるいはMcGuireの主張から「企業と社会」論の系譜に関する議論を踏襲していると考えられる。彼らの議論に慈善的責任の概念が明確に包含されていたかについては不明瞭であるが，Carroll and Buchholtz（2003, 41-42）は倫理的責任と慈善的責任を一般的なCSRとして経済的責任と法的責任を超えた企業の社会的責任を明示しており，企業が具体的なマネジメントをできるよう区分したと理解される。小山（2006, 118）は1970年代半ばにはCarrollの定義における企業の経済的責任と法的責任を超える部分について企業が応答する内容に実務レベルで合意形成がなされていた旨を述べている。すなわち倫理的責任と慈善的責任がMcGuireを含むそれ以前の定義（Friedman等の立場を除く）を踏襲していることも示唆している。

6.2 企業の社会的責任の概念の変遷とその問題点

Carroll and Buchholtzの議論はMcGuireの「企業（あるいは企業経営者）は，自らが社会の一員であることを自覚し，社会的責任を引き受ける」とする社会内企業の前提を踏襲している。そのうえで企業が，社会から企業に対する要求（経済的責任，法的責任），期待（倫理的責任）あるいは期待及び要望（慈善的責任）に応答する議論を展開する（「企業」←「社会」）。しかし，彼らは社会内企業の前提を受入れて“Why”を捨象して企業の立場（「企業」→「社会」）を考えていないため，企業がCSRを積極的に引き受けようとする展開にはならない。森本（1994, 7）は，企業の社会的責任の第二局面で「企業にCSRを如何に実践させるか」の研究が始まったものの，それが停滞したという。その理由として1960年代に世界的に深刻化していた環境汚染をはじめとするCSR関連問題が少なくとも表面的には沈静化したこと，企業自体がそれらの提案等の採択に積極的ではなかったこと等を挙げている。企業は当時深刻な社会問題となった環境問題に取り組んだが（新規の法規制の順守や技術革新でできる対応を含む），環境問題が一旦鎮静化した時点で企業がCSR活動に対する意識を希薄化させたことが伺える。企業が必ず社会的責任を引き受けるとしたMcGuireとそれを受け継いだCarroll and Buchholtzの議論は企業の立場を無視しているため，環境問題に一応の解決を見た後は，企業は企業の立場というものを考えないCSR活動への積極的に関与しなくなったといえよう。森本のいう「第二局面」が停滞するも道理である。

以下，本書では改めて，社会内企業の前提を根拠とする「社会と企業」論を「現行の『企業と社会』論」，権力と責任の均衡論を基盤にする「社会と企業」論を「原点の『企業と社会』論」と呼称する。そしてMcGuire以降は一般的に企業が受け入れづらい「現行の『企業と社会』論」に変わったことを問題視する。換言すればCarroll and Buchholtzの4分類は尊重したとしても，「企業の自主的な意思，自律性・自発性」のベクトルを加味することが必要と考える。この議論を精査するため，続いて，議論の転換点となったMcGuireの「企業が社会的責任を引き受けることを前提にする」と考えた根拠を考察する。

7　原点の「企業と社会」論と権力と責任の均衡論の復権の必要性

7.1 McGuireの社会的責任論とその時代背景

McGuireの「経営者が社会的責任を受容する」という主張は，彼が*Business and society*を発刊した1950～60年代の社会的な背景に加えて彼がケインズ経済学及びその価値観を高く評価している（McGuire, 1963, 68-71）ことにあると理解される。

ケインズは1936年に*The general theory of employment, interest and money*（『雇用，利子および貨幣の一般理論』）を公刊している。19世紀末～20世紀初頭は先進国各国共に新古典派経済学の価値観に基づく社会システムの中で，企業が冷徹な利益の追求を徹底したため独占・寡占がおき，経済の動態的不安定性が増して恐慌や大量失業が常態化していた。すなわち貧富の差が拡大を続ける状況となったのだが，新古典派経済学の価値観に基づく社会システムではこれらの問題を解決する思考方法がなかったのである。というのはこの社会システムでは市場システムの作用による財・サービスの効率的分配を旨とするため，経済格差や失業は個人の問題に過ぎず，好況と不況を繰り返す経済の動態的不安定性は市場が均衡する正常な過程に過ぎないとされるからである。実際1929年の大恐慌の直前の時期にはトップ1%の最富裕層が全体の所得額の25%を占めるほどに富の集中が起きている（藤岡, 2011, 638）。また，1929年の株価大暴落を契機に始まった大恐慌の過程で1933年には米国の失業率は約25%になったとされるが，当時のフーバー米大統領は1933年の任期満了まで財政収支の均衡を主な政策目標として，財政政策を一切行わなかったとされる（ガルブレイス，1988, 280; 2008, 273, 293-295)。新古典派経済学を信奉するフーバー大統領にとって「不況が理論上ありえないとすれば不況に対する治療薬はあり得ない」（ガルブレイス，1988, 278）と考えるのは当然といえば当然であろう。しかしこのような貧富の格差，大量失業，好不況の波の大きい経済の動態的不安定性を許容する社会システムが，暴力的な共産主義革命や全体主義国家を生み，最終的には第二次世界大戦を引き起こす引き金のひとつになって悲惨な結末を迎えたのも事実である。

このような歴史的な反省から自由権のみを認める新古典派経済学の価値観に基づく社会システムが修正され，自由権だけではなく健康で文化的な最低限度の生活を営む権利（＝社会権）を認めるケインズ経済学の価値観に基づく社会システムへと移行したのである。これについて藤岡（2011, 638, 640）は「資本主義をむきだしのまま放置すると，前例のないような悲惨な恐慌と戦争をもたらし，社会が崩壊してしまう。このような苦渋に満ちた人類史的体験をするなかで，国家の暴走（戦争）と市場の暴走（恐慌）とをともに規制しようとする運動が，1940年代に盛り上がりました」と述べている。そしてMcGuire（1963, 72）は「ケインジアン経済学は現代社会における企業を古典派モデル[13]に適合させるために最もよく考えられている。ケインズ理論において利潤動機は無傷のままである。そして，政府，労働組合やその他の組織の役割をケインズが現実的に描写することで，環境のみが現代企業の状況によりふさわしく一致できるように改められた」と述べている。これは，企業の利益極大化のみを追求する活動が社会全体の利益と齟齬するようになったという事実を考慮すれば，企業にその齟齬の修正を求めるという視点から始まった企業の社会的責任とケインズ経済学の整合性を示唆している。

新しいシステムでは社会権の確保を目的としてケインズ経済学の有効需要の創出の理論を利用した完全雇用政策という政策目標が設定され，病院・交

13 ここでの古典派モデルとは，その文脈から新古典派経済学を示していると考えられる。

通・通信・学校等の様々な公共サービスが提供される。McGuire（1963, 111-113）は「ドイツにおける大量失業の結果としてヒトラーは大規模な権力を得たが，この失業はケインズ政策によって実質的に低下することから，1930年以前にケインズが『一般理論』を世に出していたならば，第二次世界大戦は回避できただろう」とする意見を支持している。また，本書では詳細には言及しないが，ケインズ経済学を導入した福祉国家観を基盤とする修正資本主義は暴力的な共産主義革命の抑止になったとされている。このような社会システムの変化が企業の経営者に対しても変化を及ぼしたとしてMcGuire（1963, 71）は「企業経営者は自分たちが想定するより広範囲にケインズの考え方を認めた」と述べるのである。また社会システムの変化と経営者の認識の変化を藤岡（2011, 638, 640）は「格差社会を放置しておくと，恐慌や戦争をもたらしかねないという懸念が高まったため，支配層のなかにも，一定の範囲内であれば『福祉国家』を容認する動きや『フォード主義的労使関係』を許容する動きが現れました」と表現する。このような経緯を考えればMcGuireが経営者の自覚によって多元的社会の崩壊は防止されるとの議論を展開した背景には，当時の社会システムが新古典派経済学の基盤である自由権だけでなくケインズ経済学の基盤となる社会権を認めて両者を併存させるシステムへと変更したことがある。すなわちMcGuireは，企業経営者も格差社会や環境保全への配慮の欠如が企業と社会の双方の存続を阻害することを認識したと考えられる。

7.2 McGuireの社会的責任論の限界

さてケインズ経済学は「健康で文化的な最低限度の生活を営む権利（＝社会権）」を擁護するため完全雇用を政策目標とした有効需要の創出をその要諦とする。しかしながらこの有効需要の創出は「量の政策」であり，新古典派経済学における市場メカニズムのように財・サービスを効率的に分配するシステムがないため「質の政策」に対応できない欠点を持つ。このことはBuchanan and Wagner（1976）もケインズ的財政政策は議会制民主主義の下では好況・不況にかかわらず拡張政策ばかり採用される傾向が強いため公的部門が必要以上に肥大化しやすく，私的部門の自助精神を阻害し経済非効率化させると指摘している。この指摘についてはケインズ理論ではなくその運用を批判しているという議論もある（中谷, 1981）。しかし，現実に日本でも例えば国家による独占的企業であった日本電信電話公社が分割民営化されて通信業界が自由競争へと移行した結果として提供される財・サービスが劇的に向上したことや，公共事業が肥大化して国会答弁で「クマしか通らない道を作ることは無駄である[14]」と揶揄されたことを考えれば，ケインズ経済学あるいはその流れをくむケインジアンが市場原理に代替する財・サービスの最適な分配方法を提示できなかったことが理解できよう。

さて，このように公的機関が提供するサービスが劣悪となり，一時的な効果しかない公共事業が常態化して各国で社会問題化したが，当時の政策担当者は完全雇用の達成を第一義の政策目標として有効需要を創出する「量の政策」を継続している。しかも彼らは失業率と物価水準のトレードオフ関係にあることをフィリップス曲線によって理解している。すなわち「政策当局は失業の与える社会的コストとインフレーションの与える害悪を比較したうえでフィリップス曲線上の差異的な両者の組み合わせを選択するという，明瞭な政策目標を持つことが出来た」（中谷, 1981, 246）のである。換言すれば政策担当者は完全雇用という政策目標を第一義として経済的非効率と物価上昇を仕方がないと割り切って政策運営を行うことができたことを意味する。しかしながら政策当局のこのような「はるかに恵まれた立場」（中谷, 1981, 246）は1972年の第一次石油ショックや1979年の第二次石油ショックによる過度な供給ショックがもたらした急激なインフレーションによって失われ，ケインズ政策の破たんと共にその価値観である社会権に対する認識も大きく後退する。このことは中谷（1981, 266-267）の議論を踏襲すれば以下のように説明される。なお，カッコは筆者による補足である。

「そもそもケインズ政策に基づく総需要管理政策はインフレーションを加速する性格を持つ。通常，新古典派経済学の教義に則ってすべてを市場メカ

14 2004年3月24日，第159回国会　参議院国土交通委員会での民主党池口修次議員（当時）の発言。詳細は『第159回国会　参議院国土交通委員会会議録第3号』を参照されたい。
・国会会議録検索システムHP: http://kokkai.ndl.go.jp/cgi-bin/KENSAKU/swk_dispdoc.cgi?SESSION=3798&SAVED_RID=1&PAGE=0&POS=0&TOTAL=0&SRV_ID=8&DOC_ID=9028&DPAGE=1&DTOTAL=12&DPOS=7&SORT_DIR=1&SORT_TYPE=0&MODE=1&DMY=4462（2013年2月10日参照）

ニズムの機能に任せれば，供給ショックによって急激なインフレーションが起きる場合は価格が上昇し，次にデフレ的な生産調整が行われるため，一時的にはスタグフレーション（インフレーションと不況の併存状態）となるが，その後はデフレ状況（物価と経済成長の下落）が起きて最終的には長期的均衡点に回帰し，物価も元の水準に収束するとされる。しかし，ケインズ経済学では完全雇用（不況の解消）を政策目標とするため，デフレ的生産調整の過程で財政政策を発動させ，インフレーションが沈静化しない時点でインフレーションを加速する政策を取ることになる。この政策により更なるインフレーションへの期待が高まるため，最終的にはインフレーションに実質賃金（名目賃金 / 物価）の上昇が追いつかずスタグフレーション状況が継続する。」

すなわち，供給ショックによる急速なインフレーションが継続する中での財政政策はインフレーションを加速させるだけで不況を解消できず，前述の「クマしか通らない道路」のように非効率な成果のみが積み上がるのである。その結果ケインズ経済学は「1970年代の世界的インフレーション，スタグフレーションの出現そして地球資源の枯渇化傾向の出現に出会う。このことが致命的となり経済学の主流の王座は，新古典派経済学に譲ることを余儀なくされた」（田村, 2002, 71）のである。

1978年に登場した英国のサッチャー政権，1980年に登場した米国のレーガン政権はこのような時代背景によって手詰まりになったケインズ経済学を放棄し，再び新古典派経済学を採用する[15]。彼らは新古典派経済学の教義に則って市場で決まる自然失業率以下に失業率を維持することはできないとして完全雇用政策を放棄し，金利上昇を容認することで物価上昇の抑制を最優先とする政策を行っている。同時に規制緩和と非効率な公的な事業を民営化することで市場の成功をもたらすように自由競争市場の環境を整備し，企業の新規参入を呼び込むことで景気回復を誘導したのである。

さらにStiglitz（2002）は1980年代のIMF，世界銀行，米国財務省の間

15 田村（2002, 79）は，日本でも中曽根政権（1982～1987年）と橋本政権（1996～1998年）の経済政策もこの系列に連なると述べている。無論，構造改革を唱え，種々の規制緩和，郵政民営化や道路公団の民営化，医療制度改革等を推進した小泉政権（2001～2006年）の経済政策も同左であると考えられる。

で確認された「ワシントン・コンセンサス」により，IMFが金融危機に陥った発展途上国に対する融資の条件として厳格な市場原理の導入を義務づけ，あるいはベルリンの壁の崩壊後にIMFが旧ソ連や欧州の旧共産主義国家に対しても市場経済への移行を融資条件としたことで，新古典派経済学の価値観に基づく社会システムがグローバルに進んだと述べている。しかしながらそれは，19世紀末～20世紀初頭と同じ新古典派経済学の価値観，理論体系に回帰したものをグローバルに伝播させたことに他ならない。よって経済合理性，効率性の徹底に基づく利点だけでなく，当該社会システムが持つ歪みも20世紀末程度から様々な形でグローバルに噴出することになる。象徴的なのは1999年に当時の国際連合の事務総長であるアナン氏が提唱した「国連グローバルコンパクト（United Nations Global Compact；以下，国連GC)」であろう。国連GCは企業に対して途上国における「人権，労働，環境」の諸問題に取り組むよう求める。そのために人権を尊重することと労働団結権や団体交渉権を認めること，強制労働や児童労働を禁止することあるいは環境保全に努めること等の10原則を提示している。これら原則は19世紀～20世紀初頭にかけて現在の先進国において企業が新古典派経済学の教義に基づいて利益を冷徹に追求した結果として指摘された内容そのものであり，それらが20世紀末～21世紀初頭にかけて法規制等の整備されていない開発途上国で行われたことを意味する。また，先進国では，後述する21世紀初頭のエンロンやワールドコムの崩壊に見られるように，（短期的な）株主利益と専門経営者の利益を一致させるシステムが構築されたため，専門経営者が（短期的な）株主利益の極大化を隠れ蓑として自己利益の追求のために暴走し，新古典派経済学の牙城である市場への信認を揺るがす問題にまで発展している。さらに新古典派経済学の範疇での「市場の失敗」にかかる問題も一企業の手に負える状況ではなくなっている。例えば，地球温暖化，水資源，大気汚染や海洋汚染等々の地球環境問題は外部効果（外部不経済）ともいえるが，その解決は世界的に焦眉の課題となっている。サブプライム問題も情報の不確実性（情報の非対称性）と市場メカニズムが均衡状態になる過程で起きる動態的不安定性がその一因として求められよう。

以上の議論から，McGuireが想定した「企業（あるいは企業経営者）は自らが社会の一員であることを自覚し，社会的責任を引き受ける」という前提は，自由権と社会権を両立させるケインズ経済学の価値観に基づく社会システムの中で培われたものであり，それが恒常的なものではないことがわかる。エンロン，ワールドコムの崩壊やサブプライム問題を俯瞰しても，企業がその社会的権力に見合った責任を引き受けなければ，政府等の他の権力主体がその役割を引き受け，企業の社会的権力を制御しようとすることは事実である。その意味で権力と責任の均衡論は，企業がその社会的責任を引受ける根拠として意義があると考えられる。

7.3 権力と責任の均衡論の再構築の必要性

McGuireの社会内企業の前提は1940～1970年代に経営者が自由権の問題点を強く認識し，社会権を重要視した社会システムで受容されたものである。よって，その後の自由権重視に回帰した社会システムではこの前提が成立しなくなることは自明であり，それは事実によっても確認される。またMcGuire以降の「企業と社会」論や企業の社会的責任に関する研究の主流は，社会内企業の前提を所与として“What”と“How”の議論に注力してきたと伺える。櫻井（1991, 4-5）は「企業が社会に関心を払うことの必要性が，取締役会や企業経営者の会合等で議論となり…（筆者中略）…企業のリーダーはそうした主題を憤慨もしくは好奇の目で眺めたが，徐々にその意義を認識し始めた。かかる主題についての最初のポピュラーな書物が，1963年にマクガイヤによって『企業と社会』と題して出版された」と述べて，1980年代半ばまでの「企業と社会」論の著作は本書で説明したMcGuireの議論と変わらないとしている。森本は1994年の著作で現在（当時）の企業の社会的責任の研究の主流は規範的理論研究を行う第一局面ではなく，CSRの実践成果の測定・評価を主眼とする「技術論的研究」を行う第二局面あるいは企業のCSR遂行度と企業業績との相関を考察する「実証理論研究」を行う第三局面に移っていると述べている（森本, 1994, 5-7）。また小山（2006, 116-118）はMcGuireの議論を受け継いだCarrollの定義をもって企業の社会的責任の意味内容の大きな枠組みは完成されたと述べる。また1970年代半ばからの「企業と社会」論は，企業が社会的責任を果たすためにいかに社会的要請の変化をつかんでそれに対応すればよいかという「社会的応答性」の問題に興味が移ったとしている。McGuire 以降の「企業と社会」論における企業の社会的責任の研究は社会内企業の前提を基盤にしてマネジメント方法や評価方法に比重をおくようになり，現行の「企業と社会」論におけるステークホルダー・アプローチでは企業の社会的責任を「社会からの要請にすべて平等に応答すべき」と捉える（高岡, 2004, 39-42）。このように企業の社会的責任の研究が社会内企業の前提を基盤にしている間は，権力と責任の均衡論は企業が社会的責任を引き受ける根拠として重要視されない。社会内企業の前提に則れば権力と責任は恒常的に均衡するために意味がなくなるからである。

その後 1970 年代末に，ケインズ経済学の価値観に基づく社会システムがスタグフレーションや財政赤字といった当時の社会問題に対応できないという事実によって否定されたことは，社会内企業の前提が崩壊したことを意味する。上述の問題を解決する理由で新古典派経済学の価値観が単純にそしてグローバルに復活したことを考えれば，企業の社会的責任論の中心的な論拠としてもう一度権力と責任の均衡論を復権することが求められよう。その場合，企業がその社会的責任を引き受ける（「企業」←「社会」）のは，社会的権力（「企業」→「社会」）の維持のためで社会的責任を放棄すれば存在できないとの視点を重視したものである。企業が株主，従業員，顧客や取引先等の企業経営に直接かかわるステークホルダーの利益のために存在し，彼らに配当，給料と働きがい，財・サービスとブランド選好や材料や社会歴信用といった有形・無形の誘因を与えてそれに対する貢献を得続けて初めて機能する主体だということを考慮すると，社会的権力（「企業」→「社会」）の維持のために社会的責任を引き受けることは，企業の社会的課題への取組みが自社の企業の存続に寄与するものでなければならないとの視点が求められることを意味する。すなわち権力と責任の均衡論は，企業が地球環境問題を含む社会的課題の解決あるいは社会からの要請にすべて平等に対応するのではなく，企業との存続と整合させるように対応することとなり，それは現行の「企業と社会」論の方向性とは異なる。

以上の議論より本書は，原点の「企業と社会」論の権力・責任の均衡論を

「社会全体の利益と企業の存続の整合」という視点で再構成すべきと論結する。

実務面から権力と責任の均衡論を見ると，企業はその社会的責任を果たさなければ自社の存続だけでなく社会全体が維持できないことに危機感を持つようになり，社会は企業に対してその社会的責任を放棄しないよう誘導する傾向が見受けられる。それは新古典派経済学の価値観に基づく社会システムがグローバルに展開した結果として，世界各地で看過できない問題を引き起こし，地球環境問題が深刻化してその解決が焦眉の課題となったこと等から，過去の反省も踏まえて企業の存続と社会全体の利益を整合するための新しい枠組みを企業と社会の双方が模索する過程とも考えられる。その過程は既に触れたとおり，COVID-19がまん延した2020年以降でも同じと考えられる。

次節では，理論面から導出された企業の社会的責任の遂行における企業の存続と社会全体の利益の整合性の議論が，実務面でも不可避となっていることを確認する。

8　権力と責任の均衡論の復権の実務面からの評価

現在は実務面でも，企業あるいはその経営者が現行の法制度を順守しさえすれば利益極大化のみを追い求めてよいとの考え方を堅持することはますます難しくなっている。実際に地球温暖化の原因となるCO_2排出の原因の大部分を占める各国の企業が[16]CO_2排出削減のために様々な努力を重ねている[17]のは，企業がその社会的責任を果たさなければその社会的権力のみならず人類の生存自体が維持できなくなることを認識し始めていることを示唆している。この点，パリ協定を順守するにはCOVID-19がまん延して国内外

16 中央環境審議会（2005）の第一次答申によれば，2003年度の日本におけるCO_2排気量の約80％が「企業・公共部門」である。

17 例えば，2012年6月の「国連持続可能な開発会議（RIO＋20）」に出席した三井住友信託銀行，経営企画部CSR担当部長は，2012年9月13日のNPO法人SIF-Japan第43回定例勉強会（三井住友信託銀行本店，会議室）において，RIO＋20では，対応の鈍い政府機関等に頼るのではなく，企業がまず率先して活動することで認識が一致された旨を述べている。
・SIF-Japan（2013年からJSIF）HP: https://japansif.com/about（2024年1月15日参照）

の運輸機関が停止した 2020 年 4 月末の状況を 10 年続ける必要があることが報告された[18] ことで，温室効果ガスの現状が可視化され，社会全体が地球温暖化対策に真剣になったといえよう。政府の財政政策による潤沢な資金供給が企業等を地温温暖化の技術開発に走らせている面もあるが，機関投資家や銀行は企業が化石燃料を使う事業への投資のための資金調達を妨げかつ損害保険も当該事業の保険について引受けを停止するなどしていることや 2020 年 3 月のエクソンモービルの株主総会のように環境団体と組んだ機関投資家によって環境問題の専門家を送り込む決議が決定されるなど，金融の面から圧力をかけて企業に社会的責任を果たすよう求める動きも出てきている。日本で 2020 年に金融庁が有価証券報告書に社会的課題の報告を載せることを認めたのも（事業へのリスクや機会という視点であるが）変化のひとつといえよう。

しかし，経営者が自分の利益のために企業の社会的責任を放棄することでその存続が不可能になる程度まで社会的権力が減価した企業も少なからず存在する。本書では，20 世紀末～21 世紀初頭の米国でエージェンシー理論が想定した経営者が行ったマネジメントを俯瞰すると同時に，権力と責任の均衡論の復活が求められることを考察する。また，彼らでも企業の社会的責任が放棄できないように社会システムが変化しつつあること，よって企業はその社会的責任の遂行を企業のマネジメントの中に組み込まなくてはならないことを，以下に主として実務面から考察する。

8.1 エージェンシー理論の想定する企業経営者と企業の社会的責任の放棄

Jensen（2000, 144-145）や Shleifer and Vishny（1989, 126）及び西（2004, 287-304）によれば，エージェンシー理論が想定する経営者は企業経営に対する努力のへ報酬が希望より低い場合が多いため，経営に最大限に取り組むことはないとされる。彼らは，自分の経営する企業がリスクとリターンの唯

18 詳細は 2020 年 6 月 18 日付日本経済新聞「パリ協定達成には…大規模移動制限，10 年継続が必要」を参照。日本経済新聞 HP: https://www.nikkei.com/article/DGXMZO60525730Y0A610C2EE8000/（2022 年 4 月 17 日参照）

一の源泉となるため，株主利害に沿って大きなリスクをとるような経営は行わない。それより自分の地位の安定化や保身のためにリスク回避的経営をとったり，報酬の請求権がその在任期間中に限られるためにキャッシュフローを市場価値よりも低く見積ったりしやすい。さらに業績不振や企業不祥事などの問題に直面した際に他の経営者と交代させられないよう自己保身行動（entrenchment）をとるとされる。これらについて山田（2012, 9）は，経営者が株主の利益に沿った企業の長期的な繁栄等ではなく，自らの在任期間中の便益を高める意思決定を行う傾向にあると指摘する。ただし，この場合の株主の利益とは短期保有を前提に保有期間利益の極大化を追求する投機家（以下，投機的株主という）の利益ではなく，企業の成長に伴う果実を得るため株式を長期保有する株主（以下，長期的株主という）の利益を意味する。エージェンシー理論では長期的株主の利益を向上させると同時に経営者の利己的な自己利益の追求を排除させることを目指して経営者への報酬の在り方や経営監視のガバナンスの強化方法が論点となる（Jensen, 2000, 144-145; 藤井, 2013, 182)。そして米国ではこの考え方を踏まえて社外監査役制度とストックオプションの付与による監視・報酬のシステムが整備されたのである。さらにリスク開示に主眼をおいた決算の四半期開示，時価会計，のれん代の一括償却等を規定する米国の会計制度によって，株主が企業または企業経営者を監視しようとしたのである。しかし，20 世紀末～21 世紀初頭の米国においてエージェンシー理論の想定する経営者はこのような監視・報酬システムや会計制度等を逆に利用して自らの報酬を飛躍的に増加することに注力した結果（しかも投機的株主の利益と一致したので株式市場では歓迎されたといえる)，最終的に相当数の経営者が不正会計・粉飾決算に手を染めている。

当時の米国ではストックオプションが経営者の報酬を飛躍的に増加させる源泉になったとされる。ストックオプションとは「一定の価格で株式を買うことのできる権利」を意味する。ストックオプションの保有者は，株価が上昇すればその権利を行使することで市場より安く株を入手し，市場価格で売却できるので利ざやを得ることができる。よってストックオプションを付与された経営者が効率的に自己利益を極大化するためには，可能な限り短期間に株価を上昇させる施策を実行してストックオプションを実行することになるが，それは投機的株主の利益と一致する。そして短期間で株価を上昇させるために利用された概念が企業の合併・吸収等の指標となる株主価値や企業価値[19]で，それに利用される指標のひとつがDCF（discounted cash flow）法である。ここでの企業価値とは「対象となる企業が事業を中心に将来生み出すと予測されるフリーキャッシュフローの割引現在価値＋フリーキャッシュフロー予測期間以降の財産価値（＝評価期間末における会社の残存価値）」で表され，株主価値は「企業価値－有利子負債」と計算される[20]。一株当たりの株主価値が株価より高ければ株価は割安で上昇余地があるとされるので株主価値は株価の理論的根拠となり，一般的には株主価値が上昇すれば当該企業の株価は上昇する。計算式から株主価値を上昇させるためにはキャッシュフローの増加と有利子負債の減少が求められる。そこでエージェンシー理論の想定する企業経営者は遊休資産の売却や従業員を解雇することでキャッシュフローを増加させ，その一部を設備投資や研究開発ではなく有利子負債を返済することに使用する施策に注力し，四半期決算という超短期間で株主価値を可能な限り上昇させたのである。

Kennedy（2000, xi）は*Economist*誌を引用して経営者にストックオプションを付与することを「本来は株主と経営者の利害一致を目的として，経営陣の利益意識を高める方法だった。しかし実際には，全く当然のことに，多くの経営者ができるだけ短期の利益を得ようとがむしゃらになった。それはとうてい株主の長期利益に合致する行動ではなかった」と批判する。彼は20世紀末～21世紀初頭にかけての米国の経営者の行動について「多くの企業経営者が株主価値の計算を行うための種々の計算方法は評価者である投資家に主導権があるため，自分たちは株価と企業の時価総額に着目し，株価が上がれば企業は価値を上げ，株価が下がれば企業は価値を落とすようになった」（Kennedy, 2000, 165）と分析する。そのうえでこのような経営者につ

19 企業価値はもともと企業の合併・吸収のための理論値として定義され，財務価値を表す用語であったといえよう。それ以外では定義されずに使われることが多く，日本版スチュワードシップ・コードでも明確な定義はされていない。

20 DCF法による企業価値の測定の具体的な計算方法については間所（2012），計算方法に関する詳細は西山（2012）を参照されたい

いて「株主価値を推進する経営者は，現在の高い株価を成し遂げるため，企業の未来を抵当に入れている。次世代の投資家，消費者，そして従業員が対価を支払う」(Kennedy, 2000, xii) と批判するのである。彼の批判を権力と責任の均衡論の視点で換言すれば，企業経営者が顧客，従業員，長期的株主等を無視して本来引き受けるべき共同体に対する責任を放棄し，経営者が自らの利益のために将来的な企業の社会的権力の源泉を食いつぶすことで，権力と責任が企業の存続が不可能になる方向で均衡させるよう導かれると考える。なお経営者の暴走に対するストッパー役を担う当時の社外監査役制度は，経営者の仲間や友人等を任命することで有名無実な制度となったとされる。

この議論の延長線上で不正会計や粉飾決算を行った経営者の代表的な存在が2002年当時に米国の巨大倒産の歴代第1，2位となったエンロン，ワールドコム[21]の経営者であり，その後の米政府の対応を見ればそのような企業経営者が少なからず存在したことがわかる。日本経済新聞社 (2002) によれば，エンロンの経営陣はSPC (特別目的子会社) を利用した粉飾決算を行う一方で1996年からSEC (Securities and Exchange Commission：米国証券取引委員会) の調査が入った2001年10月までの間，役員報酬とは別に会長のケネス・レイが1億8000万ドル，CEOのジェフリー・スキリングが7000万ドル，CFOのアンドリュー・ファストウが3300万ドルのストックオプションによる売却益を得たとされている。またワールドコムの経営陣は株価交換による大型買収を続けるために高株価を維持する必要にかられ，国際的に株価を評価する指標として注目されていた「EBITDA (earnings before interest, taxes, depreciation, and amortization：利払い前・税引き前・減価償却前・その他償却前利益)」に着目して高株価を演出する。そのために設備投資費用と減価償却費用を不正計上することでEBITDAを高水準に保てるように操作したのである。このような不正会計や粉飾決算を事由

21 詳細はBankruptcyData.comを参照。なお，2008年のリーマンショック等を受け，2013年2月5日時点の全米の巨大倒産の第1位はリーマン・ブラザース，第2位はワシントン・ミューチュアル・バンクとなり，ワールドコムは第3位，エンロンは第5位である。
・BankruptyData.com HP: http://www.bankruptcydata.com/Research/Largest_Overall_All-Time.pdf (2013年2月5日参照)

とした2社の崩壊は，当時の米国主導の財務データの透明性神話を大きく揺らがせて，株式市場に対する不信感を増長させたといわれている（日本経済新聞社, 2002, 64, 150）。事態を重く見た当時のブッシュ米大統領は2002年7月9日にウォール街で「不正会計や違法が横行する時代を終わらせるため，われわれはあらゆる手段を用いる」と宣言する。そして大統領令13271により組織横断的な企業不正行為対策委員会（Corporate Fraud Task Force）を創設して，同年7月30日には上場企業会計改革および投資家保護法（SOX法）を制定したのである。さらに1年後の2003年7月22日に企業不正行為対策委員会の成果をホワイトハウスのファクトシートで公表している。そこでは米国証券取引委員会（SEC）が137件の金融詐欺・会計報告に対する訴訟を行い124人の違法行為を犯した企業幹部・役員に，株式公開企業における職に再度就くのを禁止することを求めた[22]旨が報告されている。このように当時の米国ではエージェンシー理論の想定する相当数の経営者が存在したことや彼らの中には不正会計や粉飾決算まで手を染めた経営者も少なからず存在したことが伺える。そしてこのような経営者がその行動原理を徹底した結果として Davis and Blomstrom が規定する「公共の福祉に影響する経済発展について共同体に広範囲な義務を持つ」あるいは「人間的価値の育成と発展に関する義務を持つ」といった社会的責任が放棄され，その代償として企業のブランド，信用力，人的資源，研究開発による新製品等の社会的権力を維持する源泉を失っている。それは企業の存続を脅かすだけでなく，彼らの行動原理の拠り所になった新古典派経済学の牙城である市場自体を脅かしたと理解される。

8.2 現代企業における企業の社会的責任の実務面での不可避性

日本では1970年11月の第64回国会で汚染者負担の原則を明確にした公害対策基本法等が可決されて土壌汚染や水質汚濁等を含む7項目が公害と認定されたが，具体的な土壌汚染の環境基準が告示されたのは約25年後の

22 詳細は，米国大使館 HP を参照。
・米国大使館 HP: http://japan2.usembassy.gov/j/p/tpj-j20030826d2.html（2013年2月11日参照）

1991年である[23]。また同国会で可決された水質汚濁防止法では有害物質を含有する排水の「地下浸透」は対象ではなかったとされる。この問題が提起されたのは1980年であるが，近隣に影響を与えない場合でも浄化命令を地方公共団体の首長が出せるようになったのは1997年の法改正である。すなわち社会問題化した環境問題でも法規制が整備されるのに約20～30年かかることが現実としてあり得る。

これだけの時間がかかるなら，エージェンシー理論の想定する経営者は自らの在任期間中に費用を計上することになる自社の社会的課題への対応（特に環境問題）に消極的となるだろう。例えばエージェンシー理論を体現する企業経営者が配水管からの漏洩等により有害物質が地下浸透していることに気づいたとしても，自分の在任期間に法改正はないと踏んで費用のかかる対策を放置する選択は可能である。無論，法規制が施行された時点では企業は対応済であることを求められ，未対応であれば企業の存続自体が危うくなる可能性も高い。井熊（1999, 60-64）はこのような未対応の事実が発覚した場合（土壌汚染を例にして），当該企業は「汚染地の巨額な浄化費用支出と地価下落という直接的損失に加え，マスコミ対策費，通常以上に厳しい監視下での汚染対策費用の高騰，企業イメージ低下等の追加的損害を被る」可能性を指摘する。それでもエージェンシー理論の想定する経営者が自身の在任期間中に法規制が成立する可能性がないか，費用対効果で対応した方が安上がりと確信を得ない限り，費用のかかる環境問題に取り組まないことは自明であろう。

しかし1990年代以降は環境基本法の制定等を含めて様々な環境問題に係る法規制が整備され，たとえエージェンシー理論の想定する経営者であっても以前のように将来の環境規制等を考慮しない経営は高いリスクを負うことになってきている。例えば，2003年に土壌汚染防止法が施行された後，2005年には三菱マテリアルと三菱地所の両社は大阪府警に土壌汚染隠蔽容疑で起訴されて経営トップが辞任に追い込まれており，カネボウは土地の売

23 詳細は，平成3年8月23日公示，環境庁告示第46号「土壌の汚染に係る環境基準について」を参照。
・環境省HP: http://www.env.go.jp/kijun/dojou.html（2024年1月15日参照）

却に際して汚染対策を行ったものの精緻な調査で汚染物質が検出されたため，売却先から約 44.5 億円の損害賠償訴訟を起こされた（藤井, 2006, 101）。さらに経営者自身も 1993 年 10 月施行の改正商法（現在は会社法）で株主代表訴訟が廉価で可能になったことから，確信犯的に環境問題を放置すれば現役員と共に旧役員もその責任を問われ（経営責任の遡及は 10 年[24]），莫大な賠償金を支払うリスクを抱えることになる[25]。さらに PRI（principles for responsible investment）や PRB（principles for responsible banking）に見られるように環境負荷が増大するような投融資を制限する動きもある。すなわちエージェンシー理論の想定するような自己利益のため企業を運営する経営者であっても目先の利益にとらわれて自社の社会的課題の取り組みを軽視すれば，彼らは在任期間中だけでなく退任後も将来にわたって経営責任を追及されるリスクを抱え，さらに報酬低下や金融面から活動制限を受ける可能性も想定されるので，自社に直接関わる社会的課題の放置あるいは企業の社会的責任の放棄がより一層困難となってきている。

一方でエージェンシー理論に対抗するスチュワードシップ理論の想定する経営者には社会的課題への取組み強化は感慨しきりとなろう。スチュワードシップ理論の想定する経営者とは，株主に対する「スチュワード（執事）」として自ら経営のリスクに対して挑戦して組織目的を達成することで自己の効用を最大化させる行動を取る。すなわち自己実現のため会社の利益・株主の利益に沿った行動をとる利他的な存在とされる（Donaldson and Davis, 1991, 51; Davis, Schoorman, and Donaldson, 1997, 27-28; 西, 2004, 287-304）。

24 取締役の責任追及の時効は，2008 年 1 月 28 日の最高裁判所第二小法廷の判決により 10 年とされている。詳細は，最高裁判所判例，事件番号：平成 18（受）1074 の「商法（平成 17 年法律第 87 号による改正前のもの）266 条 1 項 5 号に基づく会社の取締役に対する損害賠償請求権の消滅時効期間」を参照。
・裁判所 HP: ① http://www.courts.go.jp/search/jhsp0030?hanreiid=35631&hanreiKbn=02 ② http://www.courts.go.jp/hanrei/pdf/20080128140650.pdf（①内容，②判決主文，共に，2013 年 6 月 26 日参照）

25 1993 年 10 月の改正商法で訴訟手数料が一律 8200 円となって以来，役員に対して個人の責任を追及する「株主代表訴訟」が年間 100 件以上と急増しているが，株主はその訴因を善管注意義務違反や忠実義務違反に求めることができる（大岡, 2012,25-26）。石原産業による土壌埋め戻し材「フェロシルト」の不法投棄事件では，大阪地方裁判所は，元取締役ら 3 人の責任を認め，485 億 8400 万円の支払いを命じている。判決の内容は，大阪地方裁判所の平成 19（ワ）4255; 平成 19（ワ）4255 を参照。
・裁判所 HP: http://www.courts.go.jp/hanrei/pdf/20121119105409.pdf（2013 年 6 月 26 日参照）

よって株主や取締役会はエージェンシー理論のように自己利益に傾倒する経営者を監視かつ制御するのではなく，組織目的の体現者として経営者を信頼して協働する立場をとる。スチュワードシップ理論の想定する経営者は長期的株主の利益と合致する行動をとるため，環境問題等の社会的課題のもたらす将来的に大きな損失や費用が生じる潜在的リスクを認識した時点で，現時点の比較的安価な費用で予防する企業活動を自主的に行うものと考えられる。よってエージェンシー理論の想定する経営者の企業に当該行動を対応させるよう法規制やそれに準ずる制度が整うことはスチュワードシップ理論の想定する経営者が経営する企業にとっては利益面での企業競争上の不利が解消あるいは低減されることを意味する。なお，スチュワードシップ理論の想定する経営者は長期株主の利益に沿ってリスクを積極的にとる経営を行うため，環境ビジネスへのオポチュニティ評価を積極的利用することも想定されよう。

このようにエージェンシー理論の想定する経営者であろうとなかろうと自社に関わる社会的課題を放置して自分の任期期間中の利益を極大化するようなマネジメントを行うことは難しくなっており，今後も想定される法規制の整備と共にこの傾向は続くと考えられる。視点を変えると企業は，「次の法規制が何か」を真剣に考えるようになるため，今取り組むべき CSR 活動に係る個別活動が増加することになろう。換言すれば，法規制が整備される傾向が続くことで次の法制化を見据えて企業が対応すべき社会的課題が可視化され，社会的権力を維持するための責任の遂行も増加する傾向が続くことになる。その意味で権力と責任の均衡論が重要な位置づけとなろう。

9 まとめ

本章は，本来，企業の社会的課題への取組みを行うための理論的支柱のはずである CSR 概念が実務面で利用されない理由に着目し，その原因を探ることから始めている。

この原因は，企業の社会的責任論に係るふたつの理論が対立し，そのどちらも企業が 100% は依拠できないことにあった「。一方の理論体系である経営戦略論のアプローチは利益至上主義で終始一貫しており修正の余地がない。しかしもう一方の「企業と社会」論は，現行の議論では「社会からの要請に企業が平等に応答する」ことを主張しているが，原点の議論では「社会と企業の建設的な関係を見出す」と主張しており，前者と後者では企業の立場を考慮しない／するに差異がある。当然，企業が自分の立場を考えてくれない議論を受入るのは難しい。すなわち原点から現行の「企業と社会」論に変わったことに，CSR 概念が実務面で利用されない根本的な原因があるのではないかと考えたのである。

そこで企業の立場の変遷に焦点を当て「企業と社会」論を中心に企業の社会的責任の理論の推移を探索したのである。また，「企業と社会」論が，新古典派経済学の価値観を基本とする社会システムの中で企業と社会の関係が必ずしもポジティブなものではなくなってしまったという時代背景から生じたことから，原因究明や修正に有効と考えて，理論の推移を時代背景の変遷と共に観察している。

探索の結果，「企業と社会」論は当初「(社会的) 責任を引受けなければ存続できない」という権力と責任の均衡論を企業の社会的責任論の根拠としてきた（原点の「企業と社会」論）が，McGuire 以降は「企業（企業経営者）は（社会的）責任を必ず引受ける」という「社会内企業の前提」を根拠としている（現行の「企業と社会」論）こと，すなわち企業がその社会的責任を引受ける根拠は McGuire 以降変化したことを発見した。また McGuire の議論を踏襲し，企業の社会的責任論の定義の完成形とされた Carroll and Buchholtz の「Carroll の CSR の 4 要素の定義」では社会内企業の前提をベースに企業の立場は考慮されない議論が展開されているので，現行の「企業と社会」論は McGuire の議論を転換点として現在まで続いていることがわかった。

McGuire が社会内企業の前提を根拠に設定した時代背景は，彼が「企業経営者は自分たちが想定するより広範囲にケインズの考え方を認めた」との旨を述べていることに行きつく。ケインズ経済学は自由権だけでなく社会権[26] を重視して，人と社会の結びつきを市場メカニズムだけでではなく作ろ

26 日本国憲法の第 25 条で「⑴「すべて国民は健康で文化的な最低限度の生活を営む権利を有する。」⑵「国は，すべての生活部面について，社会福祉，社会保障及び公衆衛生の向上及び増進に努め

うとする価値観を持つので，McGuire は当該時代背景を受けて「経営者は自分が社会の一員でありたいという自覚があって社会的責任を引受ける」という社会内企業の前提を提示したのである。

しかしながら，1980 年以降はケインズ経済学の価値観に基づく社会システムが崩壊して新古典派経済学の価値観に基づく社会システムが復活している。当然，「企業と社会」論やその系譜の企業の社会的責任論も権力と責任の均衡論を根拠に原点回帰することが求められるが，いまだ社会内企業の前提を根拠とする CSR 概念（Carroll の CSR の 4 要素の定義）から変化していないことに，CSR 概念が実務面で利用されない原因があるとわかる。

現在は新古典派経済学の価値観に基づく社会システムに対する反省が起きているが，人々はケインズ経済学が市場原理に代替する財・サービスの最適な分配方法を提示できないことを知っているので，同価値観に基づく社会システムに単純には回帰していない。また，盲目的に社会内企業の前提を信用するほど社会は企業を信じてはいないともいえよう。したがって実務面でも様々な方向で企業にその社会的責任を放棄しないよう誘導する傾向が見受けられ，例えば国連 GC や SDGs への参加要請や PRI や PRB のように金融から企業に社会的課題の解決を促そうとする施策等が進みつつある。

原点の「企業と社会」論では企業が株主，従業員，顧客や取引先等の企業経営に直接かかわる狭義のステークホルダーである企業参加者の継続的利益を提供するために存在すると規定される。その場合，企業参加者に配当，給料と働きがい，財・サービスとブランド選好や材料や社会歴信用といった有形・無形の誘因を与えてそれに対する貢献を得続けて初めて企業は機能する。すなわち，企業の目的はその継続的な発展であり，その存続である。権力と社会の均衡論に従えば社会的責任を引受けなければ社会的権力も失われて企業は存続できなくなるとなる。

換言すると企業の社会的課題への取組みは企業の目的を果たすことが求められるので，企業の存続に寄与する活動でなければならないとの視点が求められる。すなわち権力と責任の均衡論は，企業が地球環境問題を含む社会的

なければならない。」と表現されている。

課題の解決あるいは社会からの要請にすべて平等に対応するのではなく，企業との存続と整合させるよう対応することが求められる。それは利益をあげる事象に限った活動を求める経営戦略論的な立場とも現行の「企業と社会」論の方向性とも異なる。

以上の議論より本書は原点の「企業と社会」論の権力・責任の均衡論を「社会全体の利益と企業の存続の整合」という視点で再構成すべきと論結し，本章の後半ではその方向性が実務面でも求められていることを確認している。なお，企業の目的をその存続とすることについては，第 3 章で詳細に検討している。

次章では原点の「企業と社会」論とその系譜の企業の社会的責任論に基づいて CSR 活動に係る個別活動を考察することから始めたい。

第2章

原点の「企業と社会」論と本書で対象とする企業活動の分類

前章で現在の社会では原点の「企業と社会」論が求められ，企業の社会的責任論の根拠となる権力・責任の均衡論は「社会全体の利益と企業の存続の整合」という視点で再構成すべきと論結した。その視点で見ると企業活動のうち利益を目的とする活動は市場メカニズムの機能を通じて「社会全体の利益と企業の存続の整合」は必ずなされるので，資本主義自由市場経済体制は擁護されることになる。

一方で利益を目的にしない活動はどうか。例えば自社を起因とする法規制化されていない汚染物質を排出しない取組みを利益にならないという理由で行わなければ，最終的に社会からの最低限の信頼を失い企業の存続自体も危うくなる。この観点を考慮すれば利益を目的としない活動も行わなければならないことになる。

本章では原点の「企業と社会」論を踏襲している小林の議論を展開して，この視点で求められる企業活動内の活動と企業の社会的責任の遂行がどのように分類されるかを具体的に考察したい。

1 原点の「企業と社会」論と企業の社会的責任

ここでは社会的課題の括りの中でも環境問題を中心に話を進める。前述のように罰則を伴う環境規制が制定されるには時間がかるので，本来は汚染物質として規制されるべき排出物が適宜規制されず相当の期間放置され，不特定多数の人が被害にあうことがありえるからである。このことは Carroll and Buchholtz（2003, 36-38）の一般的な CSR の倫理的責任に企業の存続の立場を明確にしたものと整合する。すなわち企業の社会的課題（特に環境問題）への取組みのうち，会計上の利益の上がらない場合でも自身の会社の取組みに対する倫理的責任を遂行することが企業の存続に寄与する。それは原点の「企業と社会」論と整合する。CSR 活動に係る個別活動とはこのような活動も意味する。本章ではまずこの問題から考えてみたい。

企業活動に起因する社会的課題がもたらす被害は多岐にわたるが特に環境問題がもたらす被害は広範囲であるうえに健康被害（死亡や後遺症を含む）や生活不可能な住環境等不可逆の被害も多い。その場合は死者が生き返ることも後遺障害が治ることもコミュニティが復活することもないので当事者に深い懊悩を与える。そして事態を引き起こした企業は基本的人権を毀損する存在として社会からの最低限の信頼をも著しく損なう。環境汚染がもたらす不可逆の被害を含む被害の防止として法規制の整備が進められその順守が求められる所以である。しかし環境問題に係る法規制の成立には往々にして四半世紀以上かかることを考慮すれば，当該不可逆の被害を含む被害を阻止するためには法規制の順守による被害の防止だけでなく，自主的・自発的な活動で予防することが必要である。例えば下記のアスベストの事例のように，法規制が実施された時にはもはや手遅れになった人が大勢でる可能性もあるからである。

アスベスト（石綿）は国際保健機関（WHO）の下部組織の国際がん研究機関（IARC）が 1972 年に肺がんの危険性を指摘，1979 年に「発がん性あり」という最も危険なカテゴリー（Group1）へと分類，1989 年に青石綿と茶石綿の使用禁止が勧告されている大気汚染物質である。また国際労働機関（ILO）は 1980 年にアスベストによる肺がん又は中皮腫を職業病として人体に深刻な被害をもたらすことを指摘している（松橋, 2005, 12, 15; 廣畑, 1980, 671-673）。しかし我が国においては，環境省の前身である環境庁[1] が 1972 年の時点でアスベスト問題を把握して 1979 年の「大気中発がん物質のレビュー

1　アスベスト問題に関するこれらの記述は，首相官邸主導で行われた「アスベスト問題に関する関係閣僚による会合」において，2005 年 8 月 26 日の第 2 回会合で公表された資料（環境省, 2005a）及び同 9 月 29 日の第 3 回会合で公表された資料（環境省, 2005b）の内容を中心に記述している。

(石綿)」の中で問題視したが「海外の事例では，職業のみならず，家庭内及び工場近隣についても，中皮腫の発生が認められる。しかし，我が国においては不明であり，今後の調査が必要」（環境省, 2005b, 2）と結論づけて規制を棚上げしている。1990年にようやく石綿製品等製造工場から排出される石綿に対する規制がなされたが，それでも環境省（2005a, 2）は「工場内の作業環境と比べて一般の大気環境濃度は著しく低く，一般国民への健康影響は少ない」として全面禁止を行っていない。日本環境衛生センター（2006, 66）によれば，青石綿と茶石綿の輸入・製造・使用の禁止が1995年，代替性のない製品を除いた全面禁止が2004年，完全な全面禁止が2006年である。環境省（2005b, 1）は「完全な科学的確実性がなくても，深刻な被害をもたらすおそれがある場合には対策を遅らせてはならないという考え方（予防的アプローチ[2]）が，環境省においても，社会全体においても浸透していなかった」，「環境庁の任務は，汚染物質が工場外に出ることの防止に限られるという認識が自他ともに強かった」とする。そのうえで「石綿は主として工場内の労働災害の問題として認識された結果，総合的に石綿問題を捉える視点に欠け，環境庁の限られた所掌の範囲内でしか対策を行っていなかった」，「関係各省との情報の共有や働きかけ，協同作業が十分でなかった」と述べ（環境省, 2005b, 1），行政全体として見れば対応の遅れがあったことを認めている。結局のところILOが問題提起した時から日本での全面禁止に25年程度はかかっている。

アスベストの被害は甚大で，松橋（2005, 5, 12）は2005年に東証一部上場企業のクボタがアスベスト水道管を製造していた兵庫県尼崎市の旧神崎工場の従業員や出入り業者が肺がんや中皮腫（胸膜や腹膜のがん）を発病し，78人が死亡していたことを公表している。続けて彼は，それを契機にニチアス166人，ミサワリゾート24人，エーアンドエーマテリアル23人，日本バルカー工業20人，石川島播磨重工業20人，三菱重工業17人，太平洋セメント16人，住友重機械工業14人そして三井造船14人等全国のアスベ

2　予防的アプローチは，Turner, Pearce, and Bateman（1994, 191-195）が述べる「予防原則（the precautionary principle)」の議論に相当すると考えられる。同原則が政策当局の立場の議論であることがわかる。

スト関連業者による従業員（退職者を含む）等のアスベスト被害による死者が公表されていると述べている。またその後 40 年で約 10 万 3000 人の死亡者を定量的に予想する研究もある旨も記している。クボタは被害者及び家族に対して一人当たり 2500 万円～4600 万円を救済金として補償し[3]，2006 年 9 月 30 日時点で 99 名に支払ったとしている[4]。すなわち公表された被害者（死者）だけでも最大で 78 人×4600 万円＝36 億円程度の支払いが推定されるうえその後も被害者の増加に伴って支払いが増加すると想定されることから，将来的にも不定期で予想の難しい費用が発生することになる[5]。

さて日本のアスベストの輸入や使用のピークは 1970～1980 年代とされる。米国では 1970 年代には WHO の勧告によってアスベストの健康被害が広く認識された後に 1982 年には当時最大のアスベストメーカーだったジョンズ・マンビルは高額の賠償を命じられて連邦破産法の適用を申請している（斎藤他, 2006, 37）。その他にも 1970～2002 年までの間，米国におけるアスベストの健康被害に関する訴訟は約 73 万人が原告で 8400 社が被告となり，訴訟費用は 700 億ドルで賠償金 300 億ドルが支払われたとされる（日本環境衛生センター, 2006）。日本でも損害保険会社が国内企業向けの一般賠償責任保険からアスベストを免責にしたうえ，アスベスト保険のような商品も提供しなかったとされる（藤井, 2013, 289）。企業が国内外の情勢を把握してステークホルダーと対話していれば，アスベストの危険性を認識して自主的にアスベストを使用しないマネジメントを行うことは可能であり，当該問題を予防的に回避することは可能であったと想定される。

この事例でもわかるとおり，企業は環境規制を順守する（以下，企業の環境規制対応）だけではその存続の危機に陥る可能性を防止できないため，将

3　詳細については，クボタ HP の「旧神崎工場周辺の石綿疾病患者並びにご家族の皆様に対する救済金支払い規程」の骨子について＝石綿健康被害への新たな対応として＝」を参照されたい。
・クボタ HP：https://www.kubota.co.jp/news/2006/s4-17.html（2024 年 1 月 15 日参照）

4　クボタ HP：https://www.kubota.co.jp/kanren/index6.html（2024 年 1 月 15 日参照）

5　なお，クボタはいち早く事実を公表し，従業員と地域社会の住民に補償することを明言したことを評価されており，患者や家族を支援する市民団体「中皮腫・じん肺・アスベストセンター」の永倉冬史事務局長も「アスベスト問題で，企業にとって重要なのはリスクコミュニケーション。その点，クボタの対応は評価してよい」とされている（斎藤・吉岡・田中・永尾, 2006, 30）。同社はアスベストに係る諸問題を通常の企業活動とは切り離し，企業の環境危機管理活動としてマネジメントしたことで企業の信頼を早期に回復し，損害を最小限に抑えられたといえよう。

来の法規制化を想定した自主的で自発的なマネジメント（以下，企業の環境規制予防対応）が求められる。企業が自社の環境規制予防対応を無視すれば潜在リスクに転じ，これを井熊（1999, 60-64）は環境規制を契機として突然現れる「負の遺産」又は「簿外債務の顕在化」と規定する。彼は一度社会的信頼を失った企業はその信頼の回復に法的妥当性を超えた金銭的補償，原状回復以上の環境整備，必要以上の再発防止策，マスコミ対応や消費者の不買運動等への対応等の多大な費用が必要といい，実際に存続が厳しくなった企業もある。すなわち企業の環境汚染がもたらす不可逆の被害を含む被害の阻止には，企業の環境規制対応と企業の環境規制予防対応の双方が必要不可欠となる。そして法規制が整備され，次の法制化を見据えて企業が対応すべき社会的課題が可視化されていく中，権力と責任の均衡を維持するための責任の遂行が増加していることが観察される。

経営戦略論で企業の環境規制予防対応に対応できないのは，環境に関する実効性のある法規制の制度化に四半世紀以上の時間がかかることで費用対効果が明確ではないことに加え，経営者の任期が法制化までの年月ほどには長くないという期間のミスマッチが存在するからである。このミスマッチは，自分の任期中に法規制化されないのであれば，環境汚染をもたらす排出物の抑制を費用がかかるという理由で対応しないという選択肢を新古典派経済学が体現する，あるいはエージェンシー理論の想定する経営者に提示する（様々な規制があっても見ようとしない経営者もいる）。そもそも経営戦略論的な（あるいは経済合理性に基づく）観点で企業が社会的課題に取り組むには，企業の社会的課題への取組みが利益になるか最低でも一定期間に費用対効果が明確な場合となるが，四半世紀後に費用化するかどうかを問う事象では期待値自体が低くなろう。そのうえ期間のミスマッチがあることを考えれば，エージェンシー理論の想定する経営者が，自分が経営者である期間に法規制化のめどが立たないなら当該事象に対応しないことを正しいと思うには十分な論拠となろう。

しかし法規制の順守以上は不要ということを理由に自社に起因する社会的課題への取組みを無視すれば，当該企業は将来のある時点で，基本的人権を侵害して最低限の社会的信頼を失うという致命的ともいえる潜在リスクを負う。将来法規制されたときに被る予測できない多大な費用や社会的信頼の失墜を現在の比較的安価な費用で補うことで企業の存続に寄与する発想には，原点の「企業と社会」論の着想が求められる。そもそも原点の「企業と社会」論は企業の冷徹な収益追求行為が巨大企業を生み，巨大企業による独占・寡占等が常態化したことで「企業の私的利益追求が必ずしも自動的には社会全体の利益を促進しないことが明らかになり，また企業行動によってもたらされる社会的費用（social cost）の存在が確認されて，自由企業体制の矛盾が明白となった」（小林, 1977, 11）ことから「企業と社会の建設的な関係を見出し，発展させ，指導づけることを課題とする」（Swanson, 1999, 506）理論体系である。その意味で企業の環境規制予防対応は，原点の「企業と社会」論やそれに基づく企業の社会的責任論なら包含できる。

この議論をもう少し精緻に見てみよう。原点の「企業と社会」論を継承した小林は，企業を企業参加者に誘因を提供して彼らからの貢献を得ることで存続する主体と捉える（小林, 1978, 12)。彼は企業に対する従業員の個人的参加動機は「経済的報酬とは限らず，威信や名声であったり，社会的地位であったり，また働きがいや良好な人間関係であったりする」（小林, 1978, 12）と述べ[6]，企業の存続に対する経済的評価以外の要因を認める。したがって企業の環境規制予防対応は原点の「企業と社会」論では地域住民からの貢献を得るための誘因として，経済的価値以外の要因で企業の存続に寄与する要因として把握される。公害防止等の環境汚染による被害を回避することで地域住民の健康や生活環境の安寧を維持することは，憲法の幸福追求権（第13条）及び社会権（第25条）を論拠とする環境権として認められた基本的人権とされる（南・大久保, 2002, 44-45; 久保田, 2004, 13)。企業が環境面で地域住民の健康や生活環境の安寧を維持することは，当該企業が地域住民の基本的人権を侵さない反社会的な主体ではないという最低限の信頼を得ることを意味する。環境基本法が環境の保全上の支障の防止を「公害その他の人の健康又は生活環境に係る被害を防止」や「確保されることが不可欠な豊かな環境の恵沢を確保」とすることから，地域住民の最低限の基本的人権を侵

6　小林はここでは文脈的な必要性から，企業参加者を従業員に限って議論を進めているが，後述で地域住民等の他の企業参加者の存在を意識している（小林, 1978, 26)。

害しないためには企業が自らの企業活動に起因する排出物等が将来の企業の環境規制の対象になることを想定し，その排出を自主的なマネジメントで抑制する必要がある。企業の側から見れば，企業の環境規制対応と環境規制予防対応は地域住民の最低限の信頼に相当する貢献を引出すための最低水準の誘因を得る活動と捉えられる。企業の環境規制対応は法規制の順守であり，やる／やらないに関するマネジメントの余地はないが，企業の環境規制予防対応は自主的なマネジメントで行う活動となる。

したがって原点の「社会と企業」論の系譜にある企業の社会的責任論とその枠組みで現在（企業の環境規制対応）と将来（企業の環境規制予防対応）に対応し，企業の引き起こす環境汚染の不可逆的被害の阻止を企業活動としてマネジメントに組込むことで，企業の環境問題は対応可能になると論結する。

2 原点の「企業と社会」論における企業の社会的責任論の枠組み

詳細は後述するが，企業の環境汚染がもたらす不可逆な被害を含む被害の防止を担う企業の環境規制対応とその予防を担う企業の環境規制予防対応は原点の「企業と社会」論を継承した小林（1977; 1978）の議論によって明確な基準で分類される。彼は企業の存続と社会全体の利益が整合する企業活動を，市場メカニズムの機能が作用する領域か否かで企業の経済的責任の遂行とそれ以外に分類する。そして市場メカニズムの機能が作用しない領域内で企業の自律的・自発的マネジメントが許容されるか否かで，企業の社会的責任の遂行と企業の社会的義務の遂行に分類する。企業の環境規制対応は，市場メカニズムの機能が作用しない領域内（≠企業の経済的責任の遂行）にありやる／やらないに関する自主的なマネジメントが許容されない（他律的・強制的な）「企業の社会的義務の遂行」となる。また企業の環境規制予防対応は，同領域内で自主的なマネジメントが許容される「企業の社会的責任の遂行」に分別される。企業の環境規制予防対応は「将来法規制として整備されたときに対応していなければ被る予測できない多大な費用（あるいは最低限の社会的信頼の損失）を現在の比較的安価な費用で対応する」といえる

（当面，「予防的なCSR活動」という）。本書では企業が環境規制対応や同等の社会問題が想定するような将来の法規制に対して，企業へ対応を促す圧力を「法規制バイアス」と呼称する。すると「市場メカニズムの作用しない領域（＝会計上の利益を直接目的としない）で法規制バイアスのかからない企業活動で企業の存続に寄与する活動の存在が見えてくる。この活動は，Carroll and Buchholtz（2003, 36-38）の一般的なCSRの慈善的責任に企業の存続の立場を加えたものと整合する（当面，「積極的なCSR活動」という）。法規制バイアスのかかっていない積極的なCSR活動が企業の存続に影響することは第Ⅱ部で具体的に説明する。こうしてみると「企業の存続」を加えて権力と責任の均衡論を復活させてCarroll and Buchholtz（2003, 36-38）の4つの責任を見れば，原点の「企業と社会」論となり，経済的責任を除く3つの責任は以下のように説明される。

① 法的責任（社会から企業に対する要求）＋企業の存続
　＝企業のマネジメントの外側（外生的）にあり，自主的なマネジメントが許容されず企業は義務として従う
　＝（ア）法規制の順守（含む，企業の環境規制対応）

② 倫理的責任（社会から企業に対する期待）＋企業の存続
　＝市場メカニズムが働かない領域内で自主的なマネジメントが許容され，法規制バイアスのかかっているもの
　　→対応を怠ると将来のある時点で被る予測できない多大な費用や社会的信頼の損失を現在の比較的安価な費用で補う
　＝（イ）予防的なCSR活動（含む，企業の環境規制予防対応）

③ 慈善的責任（社会から企業に対する期待と要望）＋企業の存続
　＝市場メカニズムが働かない領域内で自主的なマネジメントが許容され，法規制バイアスのかかっていないもの
　　→利益を直接目的としないで会計上の利益以外の方法で企業の存続に寄与する
　＝（ウ）積極的なCSR活動

では，経済的責任（社会から企業に対する要求）に企業の存続の立場を加えるとどうなるか。資本主義市場経済体制の私企業である限り経済活動は企

業利益という形で企業の存続のみを考える行為であって市場メカニズムが働いた結果必ず社会全体の利益と一致する。小林（1977, 12-13, 23-26）は自身の規定する企業の経済的責任の遂行を市場メカニズムが機能する領域内（＝収益を目的とする領域）で企業の存続と自動的に一致する活動と考える。経済活動が企業の経済的責任に属することは自明である。一方で経済活動の特徴から，最初から企業利益と社会全体の利益の双方を目的とする活動となるCSVの活動等（戦略的CSRの活動を含む）は，利益を目的にする以上は市場メカニズムが働く領域内の経済的責任の遂行である。

次はこの活動を掘り下げて経済責任＋企業の存続，及び小林の企業の経済的責任の遂行について考察する。

3 CSV等の活動とCSR活動

3.1 市場メカニズムを前提とした企業の環境・社会問題への取組み

今まで述べてきたとおり2006年頃から環境問題あるいは社会問題等の解決を，会計上の利益を目的に含む企業活動で解決しようとする方法論が提唱されている。筆者がCSR担当部門へ聞き取り調査を行う中でも，実際に取材した数社の担当部門長から企業利益に貢献するCSR活動の推進は社内コンセンサスが得やすいときいている。さらに2007年に経済同友会は『CSRイノベーション』でこの方法を強く推奨している。彼らは市場メカニズムの作用を前提としないCSR活動を「市場を通さない『フィランソロピー』」として軽視し，市場メカニズムの作用を前提とする活動を「市場での事業活動を通じたCSRの実践」としてその推進を提言している[7]。また，経済産業省を母体とする国際経済交流財団の委託を受けた企業活力研究所が2009年及び2010年に行った日本を代表する企業（2009年18社，2010年19社）を含む産・官・学の代表者によるCSR研究会では，日本や欧州（ドイツ）の大企業の事例等を分析して2009年の報告書で「わが国企業は，リスク管理的なCSRだけでなく，企業の成長戦略にも結びつくCSRを取り込んだ事業活

7　詳細は，経済同友会・2006年度社会的責任経営推進委員会（2007, 4）を参照。

動を積極的に推進し，企業価値を向上させ，投資家の理解を得るように努める」と提言し，2010年の報告書で「戦略的CSRを経営に組み込むことにより，①新しい事業領域や市場といった成長機会の開拓ができること，②今後の企業発展に必要なイノベーションがもたらせること，③ステークホルダーとの連携強化によるブランド価値の向上につながる」と考察し，サステナビリティを今後の事業展開の主要課題と認識して経営戦略の中に戦略的CSRを組み込むことを提言している（企業活力研究所, 2010, iii）。経済同友会は2007年度の提言を元に2010年に各社のCSRの取組みに関する調査報告書を公表している。同調査は①東証一部・二部上場企業（2130社），②経済同友会に会員が所属する企業のうち株式会社（①の重複を除くと475社），③各地の経済同友会において正副代表幹事あるいは常任幹事が所属する企業のうち株式会社（①②の重複を除くと212社）の計2817社の企業経営者にアンケート調査（総回答率15.8%，経済同友会の回答率35.7%）を行っている。そして同報告書では事業活動を通じて社会的課題の解決を図るCSRへと経営者の意識が変化していると論結し，その実践のさらなる発展・展開を再提言している[8]（経済同友会・2009年度社会的責任経営委員会, 2010, 9-11）。このことから日本では市場メカニズムを前提に利益を目的に含み，当時のPorter and Kramerが推奨する戦略的CSRの活動が多くの企業で浸透したとわかる。また日本を代表する大企業を中心に構成された前出のCSR研究会の議論でもその方向性が重要と認知されている。一方でPorter and KramerのCSRに関する用語法が現場と一部の研究者の間に混乱をもたらしたが，彼らは2011年に戦略的CSRと同根のCSV（creating shared value：共有価値創造）の概念を打ち出してこの議論から抜け出している。そうはいってもこの傾向は日本では根強く『SDGs経営ガイド』でも「SDGsは挑むべき事業成長の機会として捉えることができる」（経済産業省, 2019, 9）と述べている。本書は彼らの掲げた戦略的フィランソロピーや戦略的CSRやCSVの活動をCSV等の活動と総称して掘り下げたい。ただし

8　同報告書では「今後のCSR推進にあたっては，これまで培ってきた意欲的な取り組み（筆者注: 市場での事業活動を通じたCSRの実践のこと）をさらに伸ばして企業競争力を高めると共に，グローバル視点での「課題」にも目を配ることのできる高い経営感度が求められる（経済同友会・2009年度社会的責任経営委員会, 2010, 9-11）」と結語している。

Porter and Kramer と高岡の議論等を説明するために必要に応じて3概念を使い分ける。

3.2 市場メカニズムの作用を前提とするCSV等の活動の背景—Porter and Kramerが提唱するCSV等の概念と特徴

利益によって企業の存続に貢献すると同時に社会全体の利益に寄与するアプローチはM.E. PorterとM.R. Kramerが提唱する戦略的フィランソロピー，戦略的CSRあるいはCSVの議論に共通する。ここでは高岡（2009）の議論を基盤としながらPorter and Kramerの議論を考察する。

当初Porter and Kramer（2002, 57-58）は，企業経営者が直面するより高い企業の社会的責任を求める声と短期的な利益の極大化を求める投資家の相克を解消するためフィランソロピーを企業自らの競争環境を改善するために利用するよう提唱し，重要な社会的目標と経済的目標に対し同時に取り組んで企業と社会が共に利益を得る競争環境の領域に目標を設定すると2002年に戦略的フィランソロピーを規定する。そのうえで社会的な投資領域と自社の戦略に大きな影響を及ぼす対象に絞り込んでPDCAサイクルを利用したマネジメントを行い，費用対効果を意識することを提唱する。次にPorter and Kramer（2006, 88-89）は，2006年に既存のCSR活動が道徳的義務と持続可能性と事業継続の資格及びレピュテーションに効果があるとされるがいずれも曖昧で正当性に乏しいという理由で否定し，社会的利益と企業利益の双方が大きい企業の独自性のある少数の事業改善に貢献する戦略に特化する戦略的CSRの活動を行うよう提唱する（戦略的フィランソロピーは戦略的CSRに内包されると述べている）。そのうえでバリューチェーン内の活動が社会的問題の活動に直結するよう配慮すること，すなわち選択と集中のマネジメントを行い費用対効果に配慮するよう求められる旨を述べている。さらに2011年にPorter and Kramer（2011, 67, 76-77）はCSVの概念を提唱する。それは社会のニーズや問題に取り組むことにより社会的価値を創造することで経済価値が創造されるというアプローチであるとして，利益を目的に含まないフィランソロピーでなく，社会的価値の創出によって経済的価値を創出する利己的な活動であると規定している。共有価値創造は費用と比較した便益から生まれることから，費用対効果への配慮が求められるとするとして，自社事業と密接に関係すると同時にその事業にとって最も重要な領域でマネジメントを行うべきとする。よって，Porter and Kramerが提唱した戦略的フィランソロピーの活動，戦略的CSRの活動，そしてCSVの3つの概念は，企業の独自性を生かした選択と集中のマネジメントによって社会的利益と経済的利益の双方に貢献し，かつ費用対効果の視点を持つ活動という点ですべて共通していると捉えられる。このことはPorter and Kramer（2006, 89）が戦略的フィランソロピーを戦略的CSRに内包する概念と位置づけ，Porter自体が「CSVに対する基本的な考え方は2006年の最初の論文（筆者注: 戦略的CSRを定義した論文）から変わっていません[9]」と述べていることからもわかる。ただし，徐々に企業の中心的な活動として位置づけることが可能なよう概念を進化させているといえよう。

高岡（2009, 33-36, 54-55）は戦略的CSRと戦略的フィランソロピー概念が共通することを念頭にその源流の戦略的フィランソロピーの要素を以下のように整理する。現在流通している戦略的なフィランソロピーの概念は，①フィランソロピー業務のマネジメント，②社会的成果・インパクトの創出効果，③経済的成果のフィードバック，の3つの意味次元に分類できる。①はフィランソロピーに管理の発想を導入し，活動の効率化や計画化を問題とすることを意味する。②は対外的な成果のインパクトとその費用対効果を問題とすることを意味する。すなわちフィランソロピーを投資と捉え，資源展開の有効性を問題とし，投資としての支出の有効性を実現する基準設定とその達成手段の選択を主題とする。③は寄付行為の自社への波及効果を問題とすること，とりわけ経済的利益もしくは企業目的達成に資することを念頭に置き，それを射程とした計画化や実施プロセスを問題にすることを意味する。次に高岡は，多くの研究者が①～③の一次元を単元的に捉えて「戦略的」と規定するのに対し，Porter and Kramerは①～③を全く同じ構成と比重にならないが，②から導出される社会的便益と③から導出される企業にとっての経済的利益の創出の効果を第一に，①から導出される費用対効果を加えた3

9　中野目・広野のインタビューにPorterが応えたものである。詳細は中野目・広野（2011）を参照。

つの次元をすべて包含し得てフィランソロピーは「戦略的」となり株主利益と合致する資源展開となると主張していると分析する（高岡, 2009, 36）[10]。そして彼はPorter and Kramerの主張する戦略的フィランソロピーの概念と戦略的CSRの概念は3つの意味次元をすべて包含するという意味で同等の概念と論結するのである（無論，CSVも共通する概念となる）。

CSV等の活動（当時は戦略的CSRの活動）と経済同友会の「事業活動を通じたCSRの実践」の概念は共通する。市場での事業活動を通じた活動とは市場メカニズムが作用するので企業利益と社会的利益が同時に達成され，その場合利用される事業活動すなわち効率性を求める費用対効果の最大化を意味するため，3つの意味次元をすべて内包するからである。

3.3 CSV等の活動と経済活動との同質性と差異

では，CSV等の活動（戦略的CSRの活動を含む）と経済活動は，どのような点が同じ，もしくは異なるのだろうか。

企業の経済活動で社会的課題に対応するということは，市場メカニズムの機能を利用して利益という形で企業の存続に貢献しながら社会的問題の解決に寄与する活動になる。市場メカニズムの機能の利用を前提とする点で戦略的CSRの活動と経済活動は同質であるので，企業経営者が両概念の差異を認識しないでマネジメントする可能性は否定できない。両概念間の差異をPorter and Kramer（2002, 58）と高岡（2009, 35）の議論を参考にして述べれば，両活動の違いは社会的インパクトの創出効果を当初から想定した活動（＝CSV等の活動）か社会的インパクトの創出効果を想定せずに市場メカニズムが機能して結果的に社会全体の利益への貢献を追認する活動か（＝経済活動）として区別される。また，Porter and Kramer（2006）は，コーズ・リレーティッド・マーケティング（cause-related marketing：CRM）やスポンサーシップ等は基本的には宣伝（publicity）効果を狙うものであって，経済効果とその連動を射程にする意味では経済的成果のフィードバックと考えられるが，社会的インパクトの創出効果を考慮しないことから戦略的

10 高岡（2009, 32）は，Porter他の主張する戦略的フィランソロピーの特異性から他の概念と区分して戦略的企業フィランソロピー（SCP：strategic corporate philanthropy）と規定している。

表 2.1　小林の議論と Carroll の CSR の 4 要素の定義の修正及び企業活動の定義

<table>
<tr><th colspan="2" rowspan="2">小林のいう企業のコントロール・メカニズム</th><th rowspan="2">Carroll の CSR の 4 要素の定義に関する修正概念</th><th colspan="2">具体的活動</th></tr>
<tr><th>差異</th><th>具体的活動</th></tr>
<tr><td colspan="2">企業の社会的義務</td><td>①法的責任＋企業の存続</td><td>−</td><td>（ア）法規制の順守</td></tr>
<tr><td rowspan="4">企業の責任</td><td rowspan="2">企業の社会的責任</td><td>②倫理的責任＋企業の存続</td><td>法規制バイアス有</td><td>（イ）予防的な CSR 活動</td></tr>
<tr><td>③慈善的責任＋企業の存続</td><td>法規制バイアス無</td><td>（ウ）積極的な CSR 活動</td></tr>
<tr><td rowspan="2">企業の経済的責任</td><td rowspan="2">④経済的責任＋企業の存続</td><td>社会的課題の解決は結果</td><td>（エ）経済活動</td></tr>
<tr><td>社会的課題の解決も目的</td><td>（オ）CSV 等の活動</td></tr>
</table>

CSR の活動というには程遠いとされる。この差異が「企業の経済的責任の遂行」のマネジメント上重要な位置づけとなる。すなわち Carroll and Buchholtz（2003, 36-38）の経済的責任（社会から企業に対する要求）に企業の存続を加えると，具体的活動には CSV 等の活動が含まれる。つまり小林のいう「企業の経済的責任の遂行」は経済活動と CSV 等の活動という 2 つの意味を持つ。

④ 経済的責任＋企業の存続

＝市場メカニズムの作用を利用して利益として企業の存続に貢献すると同時に社会的問題を解決する

- 利益を目的とする。市場メカニズムを通して社会的問題の解決は結果として享受する。
  ＝（エ）経済活動
- 最初から利益だけでなく社会的課題の解決も目的とする（両者は市場メカニズムで自動的に一致する）。
  ＝（オ）CSV 等の活動

したがって前述（第 2 章第 2 節）の①〜③に④を加えれば，Carroll and Buchholtz の Carroll の CSR の 4 要素＋企業の存在は，原点の「企業と社会」論の系譜にある小林の議論と親和性があり，「企業の存続と社会全体の利益」を整合させる企業の社会的課題の取組みは（ア）〜（オ）の 5 種類に区分されることがわかる（表 2.1）。なお，この表は第 5 章で再考する。

4 まとめ

第1章で原点の「企業と社会」論が現代の社会に適切であり，その系譜にある社会的責任論の根拠となる権力・責任の均衡論を「社会全体の利益と企業の存続の整合」という視点で再構成すべきと論結している。

これを受けてこの章では「社会全体の利益と企業の存続の整合」という視点で企業がマネジメントすべき企業活動と企業の社会的責任の遂行との関係を，環境問題を例に具体的に考察した。

まず，企業がマネジメントすべき企業活動には企業の環境汚染がもたらす死亡や後遺障害といった不可逆な被害を含む被害の防止を担う企業の環境規制対応とその予防を担う企業の環境規制予防対応が含まれることが必須と説明した。なぜならこれらは，企業が社会から最低限の信頼を得て反社会的ではない存在として企業の存続を許される条件といえるからである。そこで本論は原点の「企業と社会」論を継承する小林の議論を踏襲している。

小林は企業活動を市場メカニズムの機能が作用する領域か否かで企業の経済的責任の遂行とそれ以外に分類し，市場メカニズムの機能が作用しない領域内で企業の自律的・自発的マネジメントが許容されるか否かで企業の社会的責任の遂行と企業の社会的義務の遂行に分類している。企業の環境規制対応は企業の社会的義務の遂行に分類されるので具体的に「法規制の順守」と呼んでいる（明確な定義は後述）。企業の環境規制予防対応は，同領域内で自主的なマネジメントが許容される企業の社会的責任の遂行のうち，企業が環境規制対応や同等の社会問題が想定するような将来の法規制に対して，企業へ対応を促す圧力（環境バイアス）に対応する活動に分類されるので，具体的に「予防的なCSR活動」と呼んでいる（明確な定義は後述）。このことから原点の「企業と社会」論ならば企業の環境汚染がもたらす不可逆な被害を含む被害の阻止（防止と予防）は企業がやらねばならない活動となる。その分類の延長線上で，環境バイアスとは無関係な活動も分類される。それらを具体的に「積極的なCSR活動」と呼ぶ（明確な定義は後述）。さらに市場メカニズムの機能が作用する領域では，企業の存続に寄与する企業利益と社会全体の利益は必ず一致するので，そこに属する企業の経済的責任の遂行は，利益を目的として社会全体の利益を結果として享受する「経済活動」と当初から利益と社会全体の利益を目的とする「CSV 等の活動」に分類できることを明示している。

以上の議論から，原点の「社会と企業」論に従い社会全体の利益と企業の存続を整合させる企業活動は，企業の経済的義務の遂行に属する法規制の順守，企業の社会的責任の遂行に属する予防的な CSR 活動と積極的な CSR 活動，企業の経済的責任の遂行に属する経済活動と CSV 等の活動の 5 種類に分別され，企業の社会的責任の遂行も他の活動から区別して把握される。また，社会全体の利益と企業の存続の整合が成立する活動が 5 種類に分類されることがわかる。

さらに，第 1 章で述べたように，原点の「企業と社会」論を踏襲すると企業は企業経営に関わるステークホルダーに誘因を提供し，彼らから貢献を得る循環が成立し続ける存在なので，企業の存続を目的としなければならない。よって，企業の立場とはその存続を意味する。現行の「企業と社会」論は原点の「企業と社会」論と比較すると企業の立場すなわち企業の存続の観点がない。現行の「企業と社会」論の完成形ともいえる Carroll の CSR の 4 要素の定義に企業の存続の視点を加えると 5 種類の活動と整合できるので，原点と現行の理論の差異がそこにあることがわかるのである。（ただし，この定義が出た 1970 年代は経済活動と CSV 等の活動の区別はされていないので，双方とも未分別のまま企業の経済的責任の遂行に属していた）

さて，次章では，これら 5 つの活動をマネジメントすることについて検討したい。ただし企業活動のすべてを把握し，それをすべて類型化することは現実的ではなく本書の主旨でもない。よって，本章で対象とする企業活動である 5 つの活動が優先–劣後の関係で企業が優先すべき活動とすることに独立性と正当性があるのかについて考えてみたい。

第3章

企業活動の独立性と正当性

ここまで，企業は原点の「企業と社会」論の「社会全体の利益と企業の存続の整合」の視点で考えるとその活動は5つに分類され，そのなかに企業の社会的責任の遂行（2つの活動）もあると見てきた。本章では，5つの活動が優先-劣後の関係で企業が優先すべき活動であることを確認し，そこに独立性と正当性があることを考察し，本書で対象とする企業活動の範囲が企業の社会的責任の遂行の2活動を含む5つの活動に集約されることを考えてみたい。

1 実務面から見た企業活動の分類の必要性
―企業の社会的責任の遂行の適切なマネジメントのために

まずここで，実際の各企業の社会的課題への取組みに係る個別活動（以下，個別活動という）は，5種類の活動のいずれかに分別しなければ，適切なマネジメントも企業活動間の活動の移行もできない可能性が高いことを指摘したい。例えば，予防的なCSR活動に分別されるべき個別活動に経済活動のマネジメントを適用すればその停止を余儀なくされ，最終的には企業が将来的な法規制化に対応できなくなり，多大な損失を招くという潜在リスクを生むことが想定される。また一度分別された企業の社会的課題への取組みもそこに留まるのではなく時代の要請等によって他の分類に移行する必要性がある。それを理解する一例として資生堂の動物実験代替法の研究開発とその運用が挙げられよう。資生堂は「動物愛護とお客様の安全性確保と健康」の視点から1981年より動物実験の代替法の研究を開始している。一方で動物実験は EU を中心に反対論が高まり，EU が 2013 年に全面禁止したことを契機にその禁止は世界に広がりつつある。日本では現在のところ動物実験を利用した化粧品の販売規制はないが，いずれ世界中で全面禁止になる可能性も高いものと予想される。すなわち資生堂にとっては，当初は積極的な CSR 活動として始めた活動が予防的な CSR 活動へと移行したことを意味する。また，それは（EU では）法規制の順守へと移行しているので，同地域での商品開発におけるアドバンテージあるいは参入障壁としても企業の存続に寄与したことを意味する。より詳細にいえば，日本では当時国内向けを含むすべての化粧品を対象に，国が効能表示を認める医薬部外品の新規開発は動物実験が必要とされたので，消費者ニーズへの対応と市場競争力の向上の観点から実験の廃止には社内で数多くの反対があったようである。最終的には当時の経営者が「現在の日本は様々な小動物が多くの家庭内で家族の一員のように遇されている。このような環境下でいつまでも動物実験を続ければいずれ必ず問題視される」として動物実験の廃止を決定している。万が一経営者が（日本では）予防的な CSR 活動に分別される動物実験代替法の研究開発に経済活動のマネジメントを適用し，商品コストを低減できないことを理由に当該活動を停止または縮小していたならば，2013 年以降に同社は EU 内で商品の販売ができなくなっていただけでなく，代替法の開発・運用を続けた化粧品メーカーに大きく水をあけられることになっただろう。そしてこの動きが世界的に広がれば同社の被る有形無形の損害は多大なものになったと想定されよう。このように企業活動の移行元と移行先の活動が明確に分類され，その差異が理解されなければ個別の企業活動の移行が困難なだけでなく誤って移行する危険性も想定される。資生堂の動物実験代替法の研究開発は「将来における法制化」という具体的な基準としての動物実験の禁止ができたことで，積極的な CSR 活動から予防的な CSR 活動へと問題なく移行できたと考える。

詳細は後述するが CSV 等の活動として始めた個別活動の利益が悪化した場合にも当該活動を継続する必要がある。そもそも CSV 等の活動は利益による企業の存続と社会全体の利益の双方への寄与を目的にするため，一定の利益がでなければもはや CSV 等の活動ではなくなる運命にある。かといって社会全体の利益の寄与に貢献する点を無視してすぐに撤退すれば，レピュテーションリスクの顕在化等によって企業の存続に損失を与える可能性も高くなる。すなわち当該活動はすぐに撤退できないのでCSR活動へと移行して継続するよう求められる。例えば味の素はアフリカのガーナにおいてCSV等の活動として「KOKO Plus」事業を展開している（着手当時は戦略的CSRの活動といわれていた）。「KOKO Plus」事業は現地の離乳食（KOKO）の栄養価が低く乳幼児の成長が遅れている状況を打破する事を目的として，KOKOに添加する栄養補助サプリメント「KOKO Plus」を製造・販売するCSV等の活動である。同社はJICA，ガーナ政府，ガーナ大学，NPO等と連携し，販売員には現地の女性を採用するなど，現地のステークホルダーと密接な関係を築きながら同商品の製造・販売を手掛け，関係機関と協力して乳幼児の健康状態，成育状況等を確認しながら同事業を展開し始めている。もしも，「KOKO Plus」がガーナの離乳期の幼児のいる家庭に一般的に普及し，現地の人達による生産体制や販売ルートが整備され，現地の人達の生活に完全にビルトインされた後に同社が利益性の問題で撤退すればどうなるか。社会的弱者の生活を破壊して世界からの信用を失い，レピュテーションリスクを顕在化させる可能性があることは想像しやすかろう。すなわちCSV等の活動で利益性に問題が生じた場合，利益化を諦めてCSR活動へ移行して継続することが求められる。そうすることで即時撤退した場合に起こり得るリスクを回避して利益以外の方法で企業の存続等を目指すこと，もしくは直接の利害関係者等との対話により当該財・サービスが役割を終えたことを確認して撤退する動態的なマネジメントが求められるのである。

本書は企業の社会的課題の取組みは企業の存続と社会全体の利益を整合する企業活動で行うべきであり，法規制の順守，予防的なCSR活動，積極的なCSR活動，経済活動，CSV等の活動の計５種類あることを示してきている。そのうえで個別活動は必要に応じて各々他の活動に移行する動態性が必要と考えている。個別活動によって適切なマネジメントが変わるからである。そして個別活動が各企業の事情や時代背景等によって現実とそぐわなくなれば，他の区分に移行して分別して新たに適切なマネジメントを適用するよう求められる。

次に企業の社会的課題への取組みに係る個別活動の範囲を，原点の「企業と社会」論で規定される「企業の存続と社会全体の利益を整合する企業活動」に限定して上述の５つの活動を優先-劣後の関係で取り上げて他の活動を捨象できることを示す。これにより本書で対象とする企業活動とマネジメントの範囲を限定できる。

2 本書で対象とする企業活動の範囲とその独立性及び整合性

ここではまず企業が行うべき社会的課題の取組みの範囲を「本書で対象とする企業活動」と呼称する。企業活動のすべてを把握し，それをすべて類型化することは現実的ではなく本書の主旨でもない。企業活動のすべてから一定の枠組みで企業活動を限定してそれに属する活動のみを対象としようとするならば，①本書で対象とする企業活動（A）は企業の目的を達成するための企業活動（B）と一致することが求められよう（A＝B)。企業の目的を達成するための企業活動（B）はすべての企業活動（C）の中で最優先された活動となることは自明であり，それ以外の企業活動（C－B）が劣後してマネジメントされるという意味で独立性を持つうえ，企業の目的を達成するという意味での正当性を持つからである。すなわち両者が一致する（A＝B）ならば，本書で対象とする企業活動（A）は独立性と正当性が担保されることを意味する。それはすべての企業活動（C）において本書で対象とする企業活動（A）に範囲を限定し，当該活動に属するすべての活動を対象とすることが妥当であることの論拠となる。一方で，②限定された企業活動が企業の目的と無関係な場合（A ≠ B）は，その活動が少なくとも企業にとって必要な企業活動ではないため活動自体を再考すべきである。また③本書で対象とする企業活動（A）が企業の目的を達成するための企業活動（B）を超えた活動を含む場合（A ⊃ B）は，当該企業活動（A）には企業の目的を阻害する活動や企業の目的と無関係な活動が混在するため，当該企業活動（A）に属するすべての活動に正当性が担保されない。④本書で対象とする企業活動（A）が企業の目的を達成するための企業活動（B）に内包される場合（A ⊂ B）は，当該企業活動（A）はそれ以外の企業の目的を達成するための企業活動（B-A）と優先・劣後しないため，両者（AとB－A）の関係を考慮する必要があるという意味で独立性が担保されない。よって①の独立性と正当性が担保される本書で対象とする企業活動と企業の目的を達成する企業活動（B）との一致（A＝B）について考察する。

企業が社会全体の利益と齟齬を生じる存在であれば反社会的存在となるため，企業は社会全体の利益と整合する存在でなければならない。企業の目的（z）は社会全体の利益（y）と整合することが前提となる。よって企業の目的を達成するための活動（B）は社会全体の利益に貢献すること（y）が所与とされる（B → z＝y）。前述のとおり本書で対象とする企業活動（A）は，企業の存続（x）と社会全体の利益（y）が整合する活動と規定される（A → x＝y）。このことから企業の目的（z）が企業の存続（x）と一致する（z＝x）ならば，企業の目的を達成するための企業活動（B）は社会全体の利益（y）と企業の存続（x）を整合することを求められる（B → z＝y＝x）。それは本書で対象とする企業活動（A → x＝y）と一致して①の状況になる（z＝x → A＝B）。

企業の目的（z）が企業の存続（x）でなければ（z ≠ x），企業の存続の下位目標である利益も企業の目的（z）に含まないので利益を目的とする企業活動は企業の目的を達成する活動ではなくなる。この場合，企業の目的（z）を正しいものとして本書で対象とする企業活動（A）の是非を再考するのではなく，当該目的を持つ企業は市場メカニズムの作用を前提としないので資本主義自由市場経済体制における民間出資の私企業ではないことになり本書の対象外の企業となることに着目すべきである。また企業の存続（x）が企業の目的（z）を内包する場合（x ⊃ z），企業の目的（z）は企業の存続（x）より限定されることになるため，本書で対象とする企業活動（A）は企業の目的を達成するための企業活動（B）を超えた活動を含むこととなり，③の状況になる（x ⊃ z ⇒ A ⊃ B）。逆に，企業の存続（x）が企業の目的（z）の一部である場合（x ⊂ z），本書で対象とする企業活動（A）は，企業の目的の達成のための企業活動（B）に内包されることとなり，④の状況になる（x ⊂ z ⇒ A ⊂ B）。

以上の議論から明らかなように，企業の目的（z）が企業の存続（x）であれば（z＝x），本書で対象とする企業活動に限って議論を展開し，当該企業活動の範囲内の活動のみを対象とすることの論拠となる。次に企業の目的（z）が企業の存続（x）であること（z＝x）を再考していく。

3 現代企業とその目的―単一的目的論と多元的目的論

3.1 多元的目的論の優位性と階層性―単一的目的論との比較から

企業の目的について大月・高橋・山口（2008, 60-64）は，新古典派経済学の価値観に則り法規制の順守を前提にして株主のために利益を極大化することを目的とする「単一的目的論」と，利害関係者集団の要求が反映された多元的なものとして企業に多元的な目的が存在することを認める「多元的目的論」のふたつに大別する。次に彼らはそこで単一的目的論を「現実的には，多くの大企業の行動が新古典派経済学の利潤極大化仮説には齟齬がある」として，その理由を「現実に企業は内外に多様な利害関係者集団（従業員，経営者，株主，消費者，地域住民，行政など）を抱えており，その目的達成行動は，規模が拡大するにつれてますます内外環境の圧力を反映したものにならざるを得ないからである。したがって，企業の経営目的は利害関係者集団の要求が反映したものにならざるを得ない」と分析する。そのうえで，最終的に彼らは単一的目的論に基づく経営を「規模が拡大し多様な行動を展開する現代企業の目的を説明するものとしては不十分である」と批判し，「企業の経営目的は，利害関係者集団の要求が反映された多元的なものであるという見解がでてくる」として企業に多元的な目的が存在することを認める多元的目的論を主張する。また森本（1994, 2-3）は企業の歴史的な発展形態の変化の観点から「資本的企業の支配者は出資者であり，それゆえに資本的企業は出資者の行動契機である利益性を経営原理としてきた。しかし，今や出資者は支配者の座をはなれて，労働者，消費者と並ぶ利害者集団（interest groups）ないし，環境主体（stakeholders, claimants）となった」と説明し，「経営者を新しい支配者とする企業は，これら環境主体の期待ないし利害にこたえるよう経営されなければならなくなる」と述べ，多元的目的論に基づく経営を主張している。

実はこのような議論は約80年前からDruckerがその著書等で指摘しているものである。彼は1946年に出版した*Concept of the corporation*で「我々は，法的実務そして政治的実践の中で，企業をただ個人株主の財産権の集約とみなすという古い未熟な擬制はほとんど放棄しているが，その擬制は未だに残ってはいる。例えば，企業の経営者は株主に対して『彼らの』企業の状態を報告するだろう…（筆者中略）…しかしながら，今日の社会的実態において株主は企業と特別な関係にあるいくつかの人間集団のひとつに過ぎない」（Drucker, 1946, 20-21）と述べている。これは，企業は株主のために存在するのではなく，多様な利害関係者集団（ステークホルダー）の関わる主体のために存在するという意味で，多元的目的論を支持していると考えられる。そして，1954年に出版した*The practice of management*の中で「利益を強調することは，事業の存続を危うくするようなところまで経営者を誤誘導する。そのような経営者は，今日の利益を得るために明日を犠牲にする傾向がある。彼らは最も売りやすい製品に力を入れ，明日の市場を担う製品品目をないがしろにする。彼らは，近視眼的な研究，販売促進を行う傾向があり一方で投資は延期気味になる。何よりも資本利益率の足を引っ張る投資を避ける。…（筆者中略）…換言すれば，最悪のマネジメントを実行するよう仕向けられる」（Drucker, 1954, 62-63）と述べ，株主のために利益極大化のみを目的とする単一的目的論の経営の問題点を指摘している。なおこの指摘はKennedy（2000, 7, 78-103）が「現在の高株価を引き上げる見返りとして会社の将来を抵当に入れた」と揶揄し，その後も鈴木・百田（2008, 11-22）が「株主価値重視型企業統治」と批判する現代の新古典派経済学の価値観に基づく単一的目的論による経営に対する批判と全く同質で，実務面では特に前述のエージェンシー理論の想定する経営者の企業が陥る問題を端的に示している。すなわち新古典派経済学の価値観に基づき株主のために利益極大化を目的とすべきと考える単一的目的論の経営に係る問題点は，約80年前に喝破され，現代企業が約1世紀前の誤りを繰り返しているとの誹りを免れないと考える。

このように大月他の利害関係者集団との関係性を軸とする立場，森本の企業の歴史的発展の側面を軸とする立場あるいはDruckerの実務面からの指摘からも理解できるように現代企業において株主のために利益の極大化を追求することを意味する単一的目的論に基づく経営には無理がある。つまり多様な価値を持つ利害関係者集団（ステークホルダー：stakeholder[1]）の利益の調整をすることを意味する多元的目的論による経営が必要とされる。本書は企業の目的を利害関係者集団の要求が反映された多元的なものと考える多元的目的論を採用して考察を続ける。

3.2 多元的目的論の特徴―多目的性と階層性

大月他（2008, 62）は合理的な経済人を前提として利益極大化という具体的目的を主張する単一的目的論と違い，人間は，その不完全さや予測の困難さなどにより制約された合理性の下で行動せざるを得ないため，多元的目的論は多元的な目的が並列化するのではなく階層化する性格を持つと主張する。そして，その源流としてAnsoff（1965）とDrucker（1954）をあげて階層化を説明する。前者について大月他は経済的目的を上位，非経済的目的を下位とする階層化した多元的な目的を持つと説明している。しかし上位の経済的目的のマネジメントが優先されて下位の非経済的目的が劣後するため，結果的に利益のみを重視する単一的目的論と同等のマネジメントが行われる傾向が強いと思われる。Ansoffは経営戦略論の立場におり[2]，その経営戦略論を継承するPorter and KramerのCSV等の活動も企業利益と社会全体の利益の整合を提唱するのであるがここではこれ以上の言及はしない。後者について大月他は「Druckerは企業が制度的存在であるという観点から…（中略）…企業の存続・成長という企業に課された制度的な目的を中心とする多元的目的論を展開する」，「企業が制度的存在であり続けるには，何らかの基盤がなければならない。そこでDruckerは，これを『顧客の創造』に求め，『顧客の創造』こそ企業の経営目的に妥当する１つの定義であるとしている」と述べる。そして「顧客の創造を経営目的とするのは，企業の存続・成長という制度的目的に関連されてとらえられる他の目的を正当化・均衡化するも

1　利害関係者集団（stakeholder：ステークホルダー）の詳細な議論は後述する。ここでは企業と正当な利害関係を有する法人または個人という関係であり，具体的には大月他が規定した従業員，経営者，株主，消費者，地域住民，行政等を示している。

2　Ansoffを経営戦略論の創始者とする議論もある。詳細は例えば「イゴール・アンゾフ　企業戦略の父」『世界のビジネスプロフェッショナル 思想家編』DIAMOND onlineを参照されたい。
・DIAMOND online HP: https://diamond.jp/articles/-/7242（2024年１月15日参照）

のといえる」（高田, 1970, 63）という高田の主張を引用して同意している。この文脈から大月他は顧客の創造と企業の存続を上位として多様な下位の目的が併存するように捉えているとわかる。

以上の議論からも本書では，単一的目的論を現代企業のマネジメントとして不向きと捉え，内外の様々な利害関係者集団の要求を反映した多元的目的論による経営を行うことが不可欠と考える。多元的目的論における企業の目的は階層化されるが本書で対象とする企業活動の範囲は最上位の企業の目的となる必要がある。最上位の企業の目的より下位の目的に企業活動の範囲を限定すれば本章第2節で示した④の状況に陥ってしまうからである。本書は大月他が多元的目的論の源流として1940年代に単一的目的論に係る問題点を喝破し，多元的目的論による経営を主張するDruckerとその多元的目的論を支持し，Druckerの議論を展開した高田（1970）の議論を中心に多元的目的論における最上位の目的を考察する。というのは，大月他の議論では最上位の目的が顧客の創造なのか，企業の永続性なのか，双方の並列なのかが明示されていないからである。

4　多元的目的論と企業の目的―Druckerと高田の議論を中心として

4.1 Druckerの「企業の目的」論―顧客の創造と企業の存続・成長について

Drucker（1974b, 39）は「企業は，他の公的サービスの制度と同様，社会の機関である。自らの目的のために存在するのでなく，特定の社会的目的を満たし，社会，共同体もしくは個人の特定の目的を満たし，社会，共同体，あるいは個人の特定のニーズを満足させるために存在する。企業は，それ自身が目的なのではなく，手段なのである」と述べる。すなわち彼が企業を社会の中で何かしらの役割を果たす存在として捉え，社会との結びつきを強調していることから，株主のみを対象とする単一的目的論ではなく，内外の様々な利害関係者集団を対象とする多元的目的論を基盤として議論をしていることがわかる。そのうえで，企業の目的を「企業は，社会の機関である以上，企業の目的（the purpose of a business）は『顧客の創造』である」

(Drucker, 1974b, 61) と規定するが，これは企業が社会の中で果たす役割という側面から見た企業の目的を意味すると考える。というのは Drucker (1954, 35-36) が利潤動機 (profit motivative) を「経済行為を説明する以外に何も意味を持たない新古典派経済学が捏造した概念」，そして「企業行動の理解にとって利潤動機の有無は無関係である」と批判して単一的目的論すなわち新古典派経済学の前提となる経済人の仮定自体を否定し，そのうえで企業の第一の義務 (the first duty of a business) を企業の存続とするからである (Drucker, 1974a, 46-47)。その前段として 1946 年の *Concept of the Corporation* で「企業の本質は社会的組織でありすなわち人間の組織である」(Drucker, 1946, 21) として「企業が継続させなければならないのはこの組織であり，その存続こそが最高法規 (supreme law) である。もちろん，企業は人間の制度であり，恒久的な生存はできない。どのような人間のつくった制度であれ，歴史的に見れば短い期間である半世紀あるいは一世紀すら生き抜くことも難しい…（筆者中略）…。しかし，このことは，企業のような人間の手でつくった制度にとって，生存の問題が何より最優先することになり，生き残りはますますすべてその行動や決定の基準となるのである」(Drucker, 1946, 26) と述べて企業の存続を「最高法規」としてその重要性を強調している。また，1958 年の論文では企業の存続を「生存目標 (survival objective)」(Drucker, 1958, 84) と述べている。

Drucker は企業は社会との関係では「顧客の創造」を企業の目的とするが，企業という閉じた世界では企業の存続を「最高法規 (supreme law)」，「第一の義務 (the first duty)」あるいは「生存目標 (survival objective)」と位置づけている。しかし一般的に「目的 (purpose)」は「目標 (objective)」より抽象的な概念として使われるため，その意味では「顧客創造」が 企業の存続より上位の目的であるとの関係が成立しているように見える。しかし，企業の存続に関する記述や特に企業の存続を「最高法規」，「第一の義務」という用語で表していることを考慮すると当該関係を鵜呑みにするには疑問が残る。この疑問について高田 (1970) は「目的 (purpose)」と「目標 (objective)」の用語法に着目することで顧客創造と企業の存続の関係を再考している。その詳細を見てみよう。

4.2 Druckerの企業目的論の考察―高田（1970）の言説を中心に

高田（1970）は「Druckerが，存続（survival），繁栄（prosperity），成長（growth）を重視し，ときには存在目標（survival objective）という用語まで用いているのをみると，これと，ドラッカーのいう企業目標たる顧客創造目標との間にどうゆう関係があるのかを確認しなければならなくなる」（高田, 1970, 47-48）あるいは「存続や繁栄や成長は，Druckerの思考において，根本的なものと思われるが，これは目標なのか，目標とすれば，顧客創造目標とはどういう関係にあるのか，ドラッカーでは存続と繁栄は根本的な欲求（Needs）である。欲求を目標といいかえてもよいが，これは根本的な欲求と言わねばない」（高田, 1970, 48）と述べ，企業の存続・成長への欲求を根本目標と呼称し，企業の目的（purpose）としての顧客創造との関係性を分析する。

まず，高田（1970, 50-52）は，Druckerに基づき企業の存続と繁栄にとって重要な8領域を①市場における地位，②革新，③生産性，④物的資源と資金，⑤収益性，⑥経営管理者の活動と育成，⑦作業者の活動と態度，⑧公的責任と規定して，これらの領域すべてにおいて活動と成果の目標を設定している。そして，これらの多目標を均衡させることで根本目標である企業の存続と繁栄が成り立つと主張すると整理している（図3.1）。

図3.1 「諸目標」と「根本目標」の関係

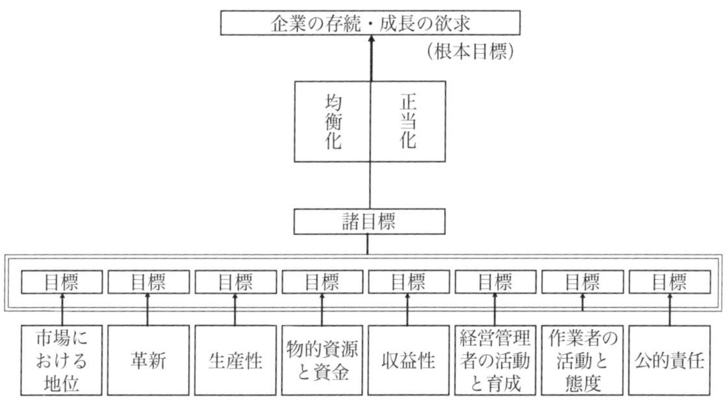

出所：高田（1970, 51）を元に筆者作成。

次に高田（1970, 50-52）はBiddle（1964）の「目的（purpose）」の解釈をもとに顧客創造の目的で使われている“purpose”の意味を「ある組織体が社会において果たすべき職務として，それが組織内部の色々の職務・目的を正当化し，統合する根拠となるもの」と捉える。そしてDruckerが企業の目的として顧客の創造を宣言する前の「企業とは何かを知ろうと思うならば，我々は企業の目的（purpose）を知ることから始めるべきである。そして，その目的（purpose）は企業そのものの外側に存在しなければならない。事実，企業組織が社会組織の一機関であるという理由で，企業の目的は社会の中に存在しなければならない」（Drucker, 1954, 37）との記述からこの解釈の正統性を主張する。すなわちDruckerは“purpose”を“objective”より抽象的な意味で使用したのではなく，「社会において果たすべき職務」として使ったと高田は考えている。彼はDruckerが企業の目的とする顧客創造を企業外部の「社会に対して，企業が果たすべき職務」と位置づけて「顧客創造目標」と規定し，一方で企業内部は「企業におけるいろいろの職務・目標を正当化し統合する根拠となるになるべきものになるから，企業の内部からみれば『最高目標』となる」（高田, 1970, 50）と整理するのである。

さらに，高田は企業の存続と成長という根本目標を達成するためには8つの領域の目標の正当化と均衡化（統合）が必要であり，これを行うのが最高目標＝顧客創造目標で顧客創造目標の存在意義はそこにあると論結する。そして「企業の存続・成長という根本的な欲求から諸関係を見るならば，この欲求は自己を満足させるためにその条件として企業の社会的職務たる顧客創造目標を設定し，それを企業の最高目標として諸目標を正当化し均衡化しているとみることもできる」（高田, 1970, 52）とする。

したがって高田の議論を踏襲すれば，（図3.2）で表されるようにDruckerの考える最上位の企業の目的は企業の存続・成長という根本目標であり，顧客創造目標は様々な諸目標を均衡化し，正当化してそれを達成する手段とわかる。なお，Drucker（1954, 46-47）は企業利益を「未来のリスクを賄うための利益，事業の存続を可能とし，富を生み出す資源の能力を維持するための最低限度の利益をあげることは，企業にとっての絶対の条件である」として，必要最小限の利益目標の設定とそのマネジメントの重要性をあげ，企業

図 3.2 「諸目標」,「根本目標」,「最高目標」の関係

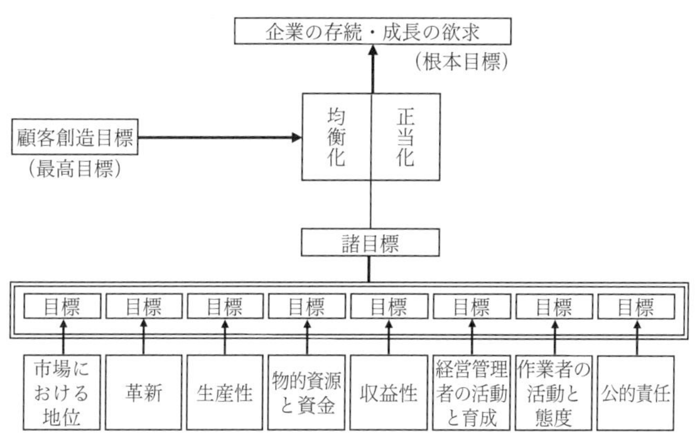

出所：高田（1970, 51）を元に筆者作成。

の存続の下位目標としている。よって，企業利益は企業の存続に包含される関係となっていることが示されている。

4.3 多元的目的論における企業の目的に関する結論―企業の存続

上述の議論から Drucker は最上位の企業の目的を企業の存続としていることがわかる。これについて合力（2004, 179）も Drucker に関する当該議論を「企業が顧客を創造し，彼らに財やサービスを提供するのは，企業が存続・成長していくための社会的な機能であり，それを果たさない企業は，社会的に責任を果たしていないということになる」として企業の存続を目的にして顧客創造を手段とする考え方を示唆している。またすべての組織においてその存続が最重要の目的となることは Barnard が 1938 年に発刊した *The functions of the executive* の中でも述べられている。彼は同書の主目的のひとつに組織の存続のための諸条件の調整の達成過程を挙げている（Barnard, 1938, 5-6）が，同時に「組織は自らを永続させる傾向がある。また存続させようと努力してその存在理由を変えることもある。ここに経営者の役割の重要な側面がある」（Barnard, 1938, 89）と述べ，そもそも存続が企業及び企業経営者にとって根本的なものである旨を述べている。また後述する初期の組織文化論は長期に繁栄する企業の特徴を分析しているが，それは企業の

存続と繁栄を前提とした議論である。以上のことを考慮すれば，企業の存続を企業の目的とすることに妥当性があると考えられる。

以上を踏まえて改めて本書は，企業の目的が株主のために利益を極大化する単一的目的論ではなく様々な利害関係者集団（ステークホルダー）の利益を調整する多元的目的論でなければ成り立たないこと，及び，企業の存続が最上位の目的として階層化され企業利益の追求は下位の目的として企業の存続という最上位の目的に内包されると論結する。多元的目的論は新古典派経済学の価値観である企業利益の極大化のみを目的にする単一的目的論を否定し，McGuire の「経済的，法的な義務だけでなく，これらの義務を超えた社会的な責任を持つ」という「企業と社会」論を基盤とする企業の社会的責任の議論と整合すると考えられる。多元的目的論に基づく企業活動は単一的目的論に属する株主のために企業利益を極大化する企業活動を内包し，それ以外の社会全体の利益の寄与に資する企業活動を行うことを示唆していると考えられる。

5 まとめ

本書はここまで企業の社会的責任の取組みは企業の目的である企業の存続と整合し，企業の存続と社会全体の利益の整合する活動で行うべきとして，企業の目的を企業の存続とする立場を深堀してきている。そしてそれは企業の目的と整合するので，本書で対象とする企業活動は他に優先してマネジメントされることで独立性が担保され，その範囲内の活動はすべて企業目的を達成する活動となる点で正当性が担保されると論結される。すなわち本書で対象とする企業活動は5種類の活動で規定され，他の活動への移行を考慮するうえでも当該範囲内の活動を考慮すればよいということを意味する。

さて，本書で対象とする企業活動のマネジメントは多元的目的論の議論を加味すると，様々な利害関係者集団（ステークホルダー）の利害を調整し，企業の存続と社会全体の利益の双方に貢献することを意味する。その企業活動の範囲内の活動を明確な基準で分類するため，「企業と社会」論に係るステークホルダー理論における諸説を，次章で考察する。

第4章

企業の社会的責任の遂行の定義とその具体的なマネジメント

原点の「企業と社会」論を踏襲すると企業の目的を達成させるための社会全体の利益と企業の存続を整合させる企業活動は，企業の社会的責任の遂行に属する2活動を含む5つの活動で構成され，これらの活動は企業が優先するべき正当性があり，また各々独立性があると確認している。このことを踏まえ本章では3つのことを議論したい。第一に原点の「企業と社会」論では狭義のステークホルダー（企業参加者）の継続的利益を達成する主体としているが，それが既存のステークホルダー理論との関係で位置づけられることを確認する。第二に社会全体の利益と企業の存続を整合させるための制御を考察する。第三にこれらの議論から小林に倣い，企業の社会的責任の遂行の概念を軸に社会全体の利益と企業の存続を整合させる企業活動に属する5活動を定義する。

1 企業活動とステークホルダー理論

1.1 ステークホルダーの概念とその利益―企業との利害関係による分類

そもそもステークホルダー（stakeholder）の概念は，開拓時代に土地の周囲に支柱あるいは杭（stake）を立てることで土地の所有権を主張した移住民を意味する「正当な所有権を保有する移住民」を語源として1963年にStanford Research Instituteが“stockholder”（株主）概念を意識した用語として採用した（Sawyer, 1979, 126）とされる（水村, 2004, 43-45）。

Mitchell, Agle, and Wood（1997, 860-862, 856）は著者らの規定する様々なステークホルダーの概念の考察からこの概念が狭義と広義のふたつに集約されると論結し，狭義のステークホルダーの概念を上述の Stanford Research Institute が定義した「その継続的な存続のために企業が依存する集団」（Mitchell et al., 1997, 856）と述べ，具体的には従業員，顧客，取引先，関係政府機関，株主，金融機関等を示すものとする。そして広義のステークホルダーを Freeman（1984, 25）が定義した「企業の目的の達成に影響するか影響を受ける集団または個人」（Mitchell et al., 1997, 856）と規定して，具体的には狭義のステークホルダーに加えて地域社会，市民団体，政府機関，同業者団体，競合企業そして労働組合等を示すとする。彼らの議論から高岡（2002, 102; 2004, 41）は狭義のステークホルダーは企業が「存続」するために依存する関係者にステークホルダーの範囲を設定するため比較的利害共有が容易で企業活動にとってポジティブなステークホルダーで占められるとする。一方で広義のステークホルダーは単に企業が存続のために依拠する対象だけでなく企業が存続という目標達成の過程及び結果的に影響を与えてしまう対象をも射程とする「相互影響」という観点でステークホルダーの範囲を設定するため，利害共有が比較的困難で敵対的もしくは企業活動にとってネガティブな要求を突き付けるステークホルダーも包含されると述べている。これらの議論をまとめると広義と狭義のステークホルダー概念は（表 4.1）のようになる。

さて，森本（2002, 35-36）は Freeman が定義した広義のステークホルダーの概念を，ステークホルダーはそれぞれ現代企業にある種の利害関係

表 4.1　ステークホルダー概念について

	ステークホルダー概念の規定	
定義の分類	狭義	広義
定義内容	当該組織が存続のために依存している特定可能なあらゆる集団もしくは個々人	組織目標（＝企業の存続）の達成に影響を与える，もしくは組織目標（企業の存続）の達成によって，影響を被る特定可能なあらゆる集団もしくは個々人
焦点（区分理由）	存続（＝企業目的への影響）	相互影響

出所：高岡（2004, 41）より筆者作成。

(stake) を持つという点では同意するが，この定義ではどのような内容の利害関係かに言及がないと批判する。そして森本は，Donaldson and Preston (1995, 67) の「企業行動において，法的側面のみでなく，その本質的側面においても正当な利害関係を持つ個人ないし集団」がより具体性があるとして，法的利害関係（合法性）だけでなく，その他の正当な利害（正当性）を保有すれば，それらの利害関係者はすべてステークホルダーとなると主張する。そのうえで彼は「契約関係にある取引先は法的利害関係を持ち，当該企業に合理的根拠にもとづいて環境保全を要求する環境保護団体等は正当な非法的利害関係を持つことになる」と整理する。そしてこの延長線でCarroll (1993, 71-72) のようにステークホルダーを第1次的 (primary) と第2次的 (secondary) に区分する主張が出てくると述べる。彼はこの場合「第1次ステークホルダーは，株主のように法的・公的・契約上の利害関係をもつものであり，第2次ステークホルダーには，経営者が自己の企業に利害関係をもつとみなすその他の集団・個人だけでなく，それら自身が当該企業に利害関係をもつと考えている集団・個人が含まれる」(森本, 2004, 3) と述べ，ステークホルダーを法的な利害関係の有無で区分している。また，高岡 (2004, 42-43) は一次ステークホルダー（あるいは内的ステークホルダーともいう）と二次ステークホルダー（あるいは外的ステークホルダーともいう）の区分のポイントを，森本の主張する「法的な契約関係（＝ビジネスで拘束される関係）にあるかどうか」に加えて「ビジネスや存続に不可欠な価値があるかどうか」，「市場を経由した関係者であるか」そして「ビジネスの本務としての経済的な活動との関わり合いの密度」等に基づき，ビジネスの本務に直接貢献する関係者を一次ステークホルダー，その本務すなわちビジネスの価値創造活動には直接貢献しないがそのスムーズな運用に影響を与えるもしくは結果的に認定される関係者を二次ステークホルダーと規定して，ビジネスの役割や本務が財やサービスの生産・提供という経済活動であることを自明としている旨を述べている。いずれにせよステークホルダーは（狭義と広義で）2分類され，それは企業との利害関係を基準としていることがわかる。狭義のステークホルダーは主として企業活動に直接関わる利害関係者でその利益は企業の存続と捉えられる。広義のステークホルダーは企業に何かしらの正当な利害関係を持つ広範囲な利害関係者でその利益は企業に関わるすべてのステークホルダーの利益という意味で社会全体の利益と捉えられる。このように分類された概念でステークホルダー概念の要点のほとんどが集約され（高岡, 2004, 41），かつ一般的に広く利用される（村上, 2000, 19-32; 谷口, 2001, 83-93; 森本, 2002, 35-45; 櫻井, 2002, 1-7; 高岡, 2002, 99-119; 2004, 31-37）ことから，本書はこれら2分類された概念に基づき議論を進める。

1.2 ステークホルダー・アプローチとステークホルダー思考[1]とパラドックス

(1) ふたつのステークホルダー・アプローチ

ステークホルダー理論で企業とステークホルダー間の利害を考察するステークホルダー・アプローチでは，その源流にある思考方法の差によって狭義のステークホルダーを対象とするアプローチと広義のステークホルダーを対象とするアプローチに分類され，双方の思考方法は「共訳不可能な状態」（高岡, 2004, 37）な状況にあるとされる。前者は経営戦略論に収斂され，後者は現状の社会内企業の前提を基盤とする現行の「企業と社会」論の議論に収斂されて今までの議論につらなる。

高岡（2004, 39-42）は，ビジネスの本務を経済的制度・役割として捉えるのかビジネスの意味を捉え直すかによってステークホルダーの範囲やステークホルダーの企業にとっての価値や位置づけに変化が出るのは当然で，ふたつの見解に分かれると述べている。ひとつはあるステークホルダーの要請は特別なステークホルダー（株主等）や法人としての企業の利益に適う場合であって損害を回避・縮小できる場合に考慮する価値があるとする手段論的・道具論的に位置づける立場で，企業の存続のために企業または企業経営者が対象とするステークホルダーを限定しようとする思考方法を採用することで経営戦略論に基づくステークホルダー・アプローチとなる。もうひとつは特定されたステークホルダーをビジネスにとってそれぞれ重要かつ特有の貢献をなしうる存在と位置づけて相対視しようとする立場で，企業はすべて

1　ステークホルダー概念に基づいて体系的な企業現象の理解における思考様式のことを意味する。詳細については高岡（2004, 37）を参照。

のステークホルダーの要求に等しく応答すべきとする思考方法を採用する現行の「企業と社会」論に基づくステークホルダー・アプローチである。

高岡（2004）は前者の思考方法をステークホルダーが「ビジネス＝経済的機関・役割を担うこと」を前提に企業が市場について関わる主体やビジネスの価値創造活動に貢献する関係者を考慮すべきステークホルダーとする「戦略的ステークホルダー思考」と規定する。そして「存続という側面に絞ってステークホルダー概念を定義し，範囲を設定する見方と本質的に一致する」とする。つまり対象となるステークホルダーとその利益を狭義のステークホルダーあるいは一次的ステークホルダーとその利益と捉えている。そして後者の思考方法をステークホルダーが「ビジネス＝共益・共同活動に何らかの形で貢献すること」を前提に，企業がビジネスにとって同じ価値を持つ存在として正当な利害を持った関係者をステークホルダーとする「包括的ステークホルダー思考」と規定する。また，対象となるステークホルダーとその利益を広義のステークホルダーあるいは一次的＋二次的ステークホルダーとその利益と捉えている。

(2) ステークホルダー・アプローチの問題点とパラドックスの解消

前述の戦略的ステークホルダー思考，経営戦略論に基づくアプローチを採用すれば，企業が働きかけるべき具体的構成者＝ステークホルダーを認識し，当該主体をどのようにマネジメントするかという問題に置き換わりステークホルダーの優先順位づけと応答手法の議論に終始するようになる（高岡・谷口, 2003, 20）。しかもその過程で企業の存続を経済的活動とする傾向がある（高岡, 2004, 43; Frederick, Davis, and Post（1998, 78-81, 88）ため，広義のステークホルダーあるいは一次的ステークホルダー以外のステークホルダーへの配慮は株主などの特別なステークホルダーの利益や意向に沿い貢献する場合のみ妥当と見なす傾向がある（Driscoll and Crombie, 2001, 443）ことから，企業のために社会は存在することを前提としたマネジメントが求められる。戦略的ステークホルダー思考では「社会に対する影響を考察する対象（領域）を想定し得ない」（高岡, 2004, 45）ので，企業の存続に対する具体的な影響（将来の多大な損失や社会的信頼の喪失等）も着目されない。それは企業または企業経営者が社会的課題の取組みを放置しても許容される余地があると示唆される。企業活動の影響を受けるステークホルダーへの考慮はあくまでも企業または企業経営者の判断で行われるからである。よって環境問題のように規制が法制化されるまでに相当の時間がかかる性格を有するような時には，彼らが対応できない（または意図的に対応しない）ことが想定される。しかしそれでは前述のとおり企業の存続を担保できない。

一方で包括的ステークホルダー思考に基づき現行の「企業と社会」論のステークホルダー・アプローチを採用すれば，企業は社会的課題の解決のような多種多様な社会からの要請に対して取捨選択や優先順位等をマネジメントする余地はなくすべて同等に対応するよう求められる。包括的ステークホルダー思考では企業は広義のステークホルダーの要求に平等に対応することを半ば強制される。そこでは「企業はステークホルダーのものである（高岡・谷口, 2003, 20）」との認識から狭義のステークホルダーの利益（＝企業の存続）への配慮は軽視される。企業が様々な社会からの要請にすべて平等かつ有効に対応するために経営資源を無尽蔵に振り向けることが想定される。しかしそれでは前述のとおり企業の存続を担保できない。

戦略的ステークホルダー思考では，狭義のステークホルダーが狭義のステークホルダーの利益を対象とすることで，最終的に企業のマネジメントが主に利益の追求に限定されてしまうことになる。また包括的ステークホルダー思考では，広義のステークホルダーが広義のステークホルダーの利益を対象とすることで，企業はすべてのステークホルダーの要求に平等に対応しなければならないことになる。つまり現行のステークホルダー・アプローチでは狭義あるいは広義のステークホルダーが各々の利益のみを追求するので，企業は現実面でステークホルダー・アプローチに依拠できないことになる。この状況を本書では「ステークホルダー・アプローチのパラドックス」と呼ぶ。このパラドックスの解消には，企業の目的＝狭義のステークホルダーの利益＝企業の存続と広義のステークホルダーの利益＝社会全体の利益と整合させること，すなわち原点の「企業と社会」論を踏襲して，狭義のステークホルダーが広義のステークホルダーの利益を対象とすることが求められる。このことをより精緻に考察するため，本章では次に，現行の「企業と社会」論の具体的な枠組みを提供する Donaldson and Preston（1995, 68）

が提唱するステークホルダーモデルに係る議論を検討する。

1.3 包括的ステークホルダー思考とステークホルダーモデル

(1) ステークホルダーモデルについて

Donaldson and Preston (1995, 68) は，Evan and Freeman (1998, 97-106) の「ステークホルダーはそれ自身独自の価値を持った存在」や「あるステークホルダーは別のステークホルダーの利益や目的の手段として位置づけられる」のではなく，「ステークホルダーと認められた時点で各ステークホルダーは，それぞれ同等と考慮される存在である」という包括的ステークホルダー思考に基づき，企業と社会の関係性をステークホルダーモデルで図示する（図4.1)。このモデルでは各ステークホルダーグループの規模（楕円）は同じ大きさにされ，中央に位置づけた企業と各グループ間との距離も等間隔かつ相互関係に描かれる。これは株主や経営者の他にもステークホルダーの存在を認めるとともに企業と各ステークホルダーの関係は互恵的でありかつ企業にとって各ステークホルダーは等しく価値のある存在として位置づけられることを表現しており，(現行の)「企業と社会」論における包括的ステークホルダー思考を意味する（高岡, 2002, 100-101）とされる。

(2) ステークホルダーモデルの展開

ステークホルダーモデルは企業が誰に対して責任を負うのかまたどのよう

図4.1　Donaldson and Preston のステークホルダーモデル

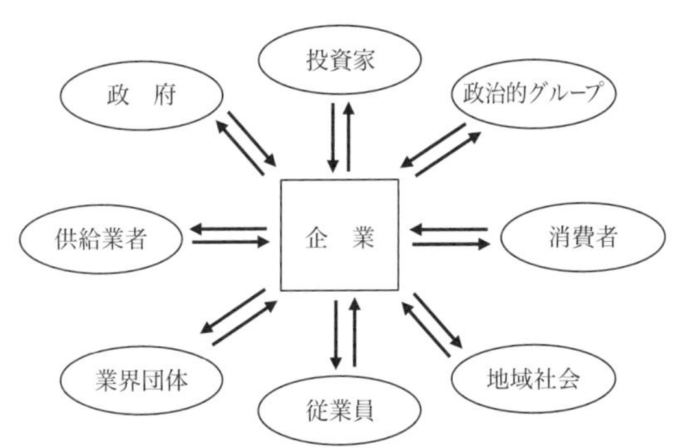

出所：Donaldson and Preston (1995, 68) より筆者作成。

な主体から批判や要求を受け，それらがそのように企業活動に影響を与えるのかといった問題に分析の枠組みを提供する。よって主として「企業と社会」論において，社会構成主体としてのステークホルダーの企業への関わりやその影響を考察する分析の枠組みとして採用されている（高岡・谷口，2003, 16）。そのうえで，Clarkson（1994, 86）はステークホルダーモデルがこのような主要なステークホルダーグループとひとつの関係体として企業を捉えるための用途の他に，企業が「何か」をする場合の存在対象を映し出す仕組みとしての用途があると指摘し，前者を企業論的用途，後者を管理論的用途と規定する。

Clarkson は企業論的用途では企業目的として正当な利害を持った広義のステークホルダーという主体の満足を最大化しようとする包括的ステークホルダー思考のマネジメントが求められると説明する。そのうえで管理論的用途では企業が応答すべき環境構成要素を特定する戦略的ステークホルダー思考のマネジメントが求められると説明している。そしてステークホルダーモデルが定位されるまで社会は企業の周辺に位置づけられて社会は企業にとっての制約として捉えられたが，ステークホルダーモデルの採用によって企業が主体となって働きかけるべき具体的構成者を表出させ，働きかけの対象として位置づけるマネジメントが可能になったことに管理論用途を見出している。彼はステークホルダーモデルを使って，企業の利益と広義のステークホルダーの利益という異なる利益の追求は同時に行いうることを示している。すなわちステークホルダーモデルにおいて，社会から企業への働きかけを示すベクトル（「企業」←「社会」）として企業論的用途を示すと同時に企業から社会への働きかけを示すベクトル（「企業」→「社会」）を認めて管理論的用途を示して企業を主体として環境としての社会を制御する戦略的ステークホルダー思考の基づくマネジメントを行うとしている。それはステークホルダーモデルが，当初は包括的ステークホルダー思考を表していたにもかかわらず，企業の立場を認めるものになっていることを意味しよう。

1.4 問題の所在―狭義と広義のステークホルダーの利益の一致

しかしながらステークホルダーモデルでは「狭義のステークホルダーが狭

義のステークホルダーの利益」を求める戦略的ステークホルダー思考の組み合わせと「広義のステークホルダーが広義のステークホルダーの利益」を求める包括的ステークホルダー思考の組み合わせが対立して「共訳不可能な状態」（高岡, 2004, 37）な状況が続くので，ステークホルダーモデルではステークホルダー・アプローチのパラドックスを解消できない。しかし，企業と社会の建設的な関係を見出し，発展，指導することを目的とする原点の「企業と社会」論を踏襲すれば，企業の利益＝狭義のステークホルダーの利益を追求する「企業」→「社会」のベクトルと社会全体の利益＝広義のステークホルダーの利益を追求する「企業」←「社会」のベクトルの 2 種類の思考方法が並列的かつ双方向の関係で組み合わさることが求められる。これによって企業は狭義のステークホルダーの利益と広義のステークホルダーの利益の双方の利益を調整し，双方の利益に貢献する企業活動を求められると論結される。それはステークホルダーパラドックスを解消すると同時に本書で対象とする企業活動をステークホルダーに係る諸理論でより具体的に示すことになる。

今まで考察してきた 5 つの企業活動で考えると，市場メカニズムの作用により双方の利益が必ず一致するよう自動的に調整される経済活動や，CSV 等の活動や法規制バイアスを背景に双方の利益が一致するよう強制的に調整する法規制の順守の他に，人為的な手段で私益と公益を一致させる CSR 活動がある。しかし，後述する小林（1978, 26）も指摘するように狭義と広義のステークホルダーは重複してはいるが同一ではないため両者の利益は必ず一致するとは限らない。よって何かしらの人為的な手段で双方の利益が整合するように調整されることが求められる。これらについて小林（1977; 1978）の議論をもとに深堀りしていく。

2　企業活動の分類と CSR 活動の定義

2.1　企業活動の概念と小林の所説との整合性

本節では，まず小林（1977, 11-27; 1978, 7-27）の議論が「本書で対象とする企業活動」の考え方と整合し，かつ当該活動の分類を彼の提唱する「企業のコントロール・メカニズム」を適用できることを考察する。小林（1978, 26）は，株主・従業員・消費者・地域住民・原材料供給者・債権者・競争者・労働組合・政府・一般大衆等の企業と利害関係を有するものすべてを「利害関係者集団」，そしてその中で企業との関係が直接的でその活動が企業行動を構成するものを「企業参加者」とする。利害関係者集団は広義のステークホルダー，そして，企業参加者が狭義のステークホルダーを意味することになる。次に彼は利害関係者集団の利益を利害関係者集団から企業に向けられた諸要求としており，その総体を社会の利益あるいは社会全体の利益と捉えて「公益」とする（小林, 1977, 11; 1978, 7-9, 12, 20）。彼は資本主義自由市場経済体制の私企業を自由私企業と呼称し[2]，「自由私企業は，参加者の個人的な参加動機を充足するための企業目的を主体的に設定し，その構成を主体的に行っていくもので，いわば本質的に企業参加者の共有する私的利益追求のための制度である」（小林, 1978, 11-12）と述べる。すなわち彼は「企業参加者の共有する私的利益」という目的の達成を「企業の目的」としている。そのうえで，彼は「企業が存続していくためには，このような参加者の数多くの参加動機を充足しなければならないし，また参加者の個人的参加動機が充足されるためには，企業は存続しなければならない」（小林, 1978, 11）と述べ，企業参加者の共有する私的利益を「企業の存続」と考えている。これらは彼が「企業が存続し，参加者の個人的参加動機を充足するためには，企業が存続するに充分なだけの貢献を参加者から獲得するに足る誘因を参加者に提供しなければならない。企業目的は，こうした必要から設定され，その企業目的を達成するための企業行動が展開される」（小林, 1978, 11）と述べていることからも理解できる。小林が企業参加者の共有する私的利益を具体的には企業の存続であるとして「私益」としているとわかる。以上の議論から，利害関係者集団の利益＝広義のステークホルダーの利益＝（社会からの諸要求の総体という意味での）社会全体の利益＝公益，企業参加者の利益＝狭義のステークホルダーの利益＝企業の存続＝私益，との関係が成立する。

次に小林（1978, 7）は環境や社会問題等企業と社会の間に様々なコンフリ

2　小林（1977, 11）の議論から，本書で述べている資本主義自由市場経済体制における私企業を示していることがわかる。

クトが存在することを具体的な調査データで示して企業は相互に対立する可能性もある各々の諸要求をすべて充足することはできないため，企業の経営には利害関係者集団からの諸要求を調整する機能が重要であるとする。その一方で小林（1978, 8）はその調整を「現代の企業が抱えている問題は，社会との間に生み出しているコンフリクトを解消するために，単に利害関係者集団の諸要求を受動的に受入れ，各要請を調整し充足する事ではなく，また単に自己の企業目的の達成をひたすらに指向する事でもない」と述べる。すなわち彼は企業と社会の間にあるコンフリクトの解消を広義のステークホルダーの利益の達成のため，あらゆる社会からの要請に唯々諾々と従うマネジメントで行うことではないとする。同時に狭義のステークホルダーの利益を達成するため，企業が社会との関係ですべて許されるわけでもないことを主張している。これは，小林が包括的ステークホルダー思考でも戦略的ステークホルダー思考でもないことを示している。また「現代の企業は，社会とのコンフリクトを解消し調和的関係を維持していくために，主体的な目的指向的行動のプロセスにおいて，対立を含む極めて複雑な性格を持つ利害関係者集団の諸要求を調整し，充足していかなければならない」としている。この場合，主体的な目的指向的行動のプロセスとは，企業の存続を目的とする企業活動のマネジメントとなろう。よって小林は企業に対する利害関係者集団の諸要求が企業の存続と整合させるマネジメントの中で調整されると考えているとわかる。実際，小林は議論の最初の時点では利害関係者集団の諸要求を企業が調整することに触れているが，その後の議論では利害関係者集団の諸要求の総体を抽象化して公益と規定して私益（＝企業の存続）との一致を議論しており，利害関係者集団間の利益調整は捨象している。小林はあくまでも利害関係者集団の諸要求を総体として捉えて企業の存続と整合させる中で諸要求間の利害調整は解消されると捉えており，換言すれば広義のステークホルダー間の利害調整は，広義のステークホルダーの利益と狭義のステークホルダーの利益と整合させる中で解消されると考えていることがわかる[3]。

以上の議論から小林の「私益と公益を一致させる」という主張は「広義の

3　本書ではこの議論を第5章の動態的マネジメントの中で再考する。

ステークホルダーの利益と狭義のステークホルダーの利益を調整して一致させること」ことを意味し，本書で対象とする企業活動の分類とそのマネジメントに高い親和性があると考えられる。

小林は「現在生じている社会と社会の間のコンフリクトは，大部分が市場メカニズムの作用を通じて自動的に解消されるような性質のものではない。そこでこうした種類のコンフリクトを解消するためには，どうしても人為的な努力が必要である」（小林, 1978, 8）と述べて市場メカニズムの作用しない領域での企業の責任的責任の遂行すなわち法規制の順守が必要であると述べている。そして，彼は「自由主義企業体制は企業の自由意思に基づく主体的行動によって，バイタリティーと創造性を最大限に利用していくものであるが，自由経済体制を維持するという前提に立てば，バイタリティーと創造性という長所を減殺することなく，利害関係者集団の諸要求を自動的には充足できないという短所を最小化していかねばならない。そのためには，規制による方法への依存を極力少なくし，責任による方法を出来るだけ採用しなければならない」（小林, 1978, 9）と述べ，法規制よりも企業の自主性に依拠する企業の社会的責任の遂行を極力採用すべきとしている。但し，法規制の存在についても「企業を完全な自由放任状態に置いた場合，労働者や消費者や中小企業の自由の侵害のうえに自由を享受するような場合には，外部からこうした企業行動を禁止することは，むしろ，自由私企業体制を機能させるための条件とさえいえる」（小林, 1978, 13）として，義務強制的に私益と公益を一致させる法規制の順守も「自由私企業体制を維持していくために必要な企業のコントロール・メカニズムの一部を構成している」（小林, 1978, 13）と認める。小林は，自由企業体制すなわち資本主義自由市場経済体制の私企業を前提にしていることから，市場メカニズムの作用によって，私益と公益が自動的に一致する経済活動を自由私企業体制を維持するための企業のコントロール・メカニズムの一部として認めている。よって，小林は，企業参加者の利益（＝企業の存続）と利害関係者集団の利益（＝社会全体の利益）を一致させることが，資本主義自由市場経済体制を維持するために必須であり，それは①市場メカニズムの作用する領域で，自動的な手段で，自律的・自発的な方法で一致させる方法，②市場メカニズムの作用しない領域で，人為的な手段かつ自律的・自発的な方法で一致させる方法，③市場メカニズムの作用しない領域で，人為的な手段かつ他律的・強制的な方法で一致させるという3つの企業のコントロール・メカニズムがあると主張するのである。

以上の議論から「企業の存続と社会全体の利益を整合する企業活動」を意味する本書で対象とする企業活動は「広義のステークホルダーの利益と狭義のステークホルダーの利益を調整して双方の利益に貢献する活動」であり，それは小林の「公益と私益を一致させる」という議論と整合し，小林が提唱する3つの企業のコントロール・メカニズムを援用すれば明確な基準で分類することができると考えられる。そこで当該概念を援用し，本書で対象とする企業活動を分類すること，すなわち企業の存続と社会全体の整合の仕方によって具体的分類を考察する。

2.2 本書で対象とする企業活動と企業のコントロール・メカニズム

小林（1977, 11-27; 1978, 7-27）は私益（＝狭義のステークホルダーの利益＝企業の存続）と公益（＝広義のステークホルダーの利益＝社会全体の利益）を企業が一致させる活動，すなわち本書で対象とする企業活動は，それをコントロールする何かしらのコントロール・メカニズムがなければ必然的に社会との間にコンフリクトが生じるとする。そして資本主義自由市場経済体制を維持するために私益と公益を一致させる手段を「企業のコントロール・メカニズム」と規定して以下のように分類する。小林（1977, 12-13, 23-26; 1978, 19-20）は，自律的・自発的に私益と公益を一致させるのか，もしくは外部からの法規制等により他律的・強制的に一致させるのかによって，内部コントロール・メカニズムと外部コントロール・メカニズムに分類する。彼は，前者を「企業が社会に対して負う責任（以下，「企業の責任」という）」として後者を「企業の社会に対する義務（以下，「企業の社会的義務」という）」と分類する。なお彼は責任（responsibility）とはあくまで責任能力（ability）の側面を示して義務（obligation）の側面と区別されることを強調する。次に，彼は企業の責任を市場メカニズムの機能が作用する領域か否かで分類し，前者が私益と公益が自動的に一致し，後者は人為的に一致させなければならないとして「企業の経済的責任」と「企業の社会的責任」に分類す

表 4.2 「企業のコントロール・メカニズム」と本書で対象とする企業活動の分類

<table>
<tr><th rowspan="2">市場
メカニズム</th><th colspan="2">私益と公益の一致</th><th colspan="2" rowspan="2">企業のコントロール・
メカニズム</th><th colspan="2">私益と公益を一致させる企業活動</th></tr>
<tr><th>手段</th><th>方法</th><th>概念</th><th>具体的活動</th></tr>
<tr><td rowspan="3">作用しない</td><td rowspan="3">人為的</td><td>他律的
強制的</td><td colspan="2">企業の社会的義務</td><td>企業の社会的義務の遂行</td><td>法規制の順守</td></tr>
<tr><td rowspan="4">自律的
自発的</td><td rowspan="4">企業の責任</td><td rowspan="2">企業の社会的責任</td><td rowspan="2">企業の社会的責任の遂行</td><td>予防的な CSR 活動</td></tr>
<tr><td>積極的な CSR 活動</td></tr>
<tr><td rowspan="2">作用する</td><td rowspan="2">自動的</td><td rowspan="2">企業の経済的責任</td><td rowspan="2">企業の経済的責任の遂行</td><td>経済活動</td></tr>
<tr><td>CSV 等の活動</td></tr>
</table>

る。「企業の経済的責任」はその文脈から「市場メカニズムが作用して自動的に私益と公益が一致する領域について，自律的・自発的に企業行動を行う能力」と規定される。「企業の社会的責任」は小林自身が「市場メカニズムが作用しないために自動的には私益と公益が一致しない領域について，人為的にしかも自律的・自発的に，私益と公益が一致する企業行動を行う企業の能力」と定義している（小林, 1977, 18-22, 26）。なお，この文脈から企業の社会的義務は「市場メカニズムが自動的に作用しない領域で人為的にしかも他律的・強制的な方法に従って私益と公益を一致させる企業の責務」と規定される。

同様に本書で対象とする企業活動の 5 種類の活動も区分される。市場メカニズムが作用する領域に属する経済活動と CSV 等の活動は企業の経済的責任の遂行，市場メカニズムが作用しない領域で自主的・自発的な活動を行う予防的な CSR 活動と積極的な CSR 活動は企業の社会的責任の遂行，同領域で他律的強制的にしたがうのは法規制の順守となり，企業の社会的義務の遂行の各領域に分類される（表 4.2）。

それでは，本章では今までの議論を含めて 5 分類した活動のうち，企業の社会的責任の遂行について，そのマネジメントを見ていきたい。

2.3 CSR 活動の再定義―寄本の議論から

本書は企業の社会的課題への取組みを「企業の存続と社会全体の利益が整合する」活動，小林の言説に倣えば「私益と公益を一致させる」活動で行うとする。企業の社会的課題への取組みに係る個別活動はこの条件に合う 5 種類の活動の何れかに分別され，それはすべての企業活動の中で優先される企業の目的を達成できる活動となる。しかし，本書では個別活動を選択するマネジメントについては触れてこなかった。実務面で見ると同じ個別活動でも業種によって抽出されるかどうかがが変わることが想定される。例えば同じ植林活動でもその主体が製紙業なら抽出されやすいが，損害保険業ではわからない可能性も高い。これは企業がSDGsの目標のうち何を企業が個別活動として選択するのかの議論と重なる。企業の本業と無関係な目標を選ぶのであればその活動が「企業の存続」に何らかの形で寄与しなければ5種類の活動に分別されないからである。このような個別活動は優先–劣後のマネジメントで劣後するため，その継続は株主の意見も代表する機関投資家の批判を浴びよう。そこで本書では特に個別活動の抽出する要件が難しい企業の社会的責任の遂行を中心に小林の抽出する要件の問題から議論を進めたい。

(1) 問題の所在—小林の客観合理的経営理念

企業の社会的責任の遂行は市場メカニズムによる自動調整でも法規制による他律的・強制的でもない，人為的手段かつ自律的・自発的な方法で私益と公益を一致させる活動である。小林（1978, 25–27）は両者を一致させるために経営理念を確立するよう求め，経営理念を「各企業がそれぞれ独自に持つ価値であるが，決して独善的であってはならず，社会の価値体系と適合的なもの」，経営理念の確立を「経営者の意思決定，ひいては経営におけるすべての意思決定の価値前提となり，企業行動を決定するほどに強く経営者および経営全体に内面化された状態」と規定している。そのうえで，経営理念を「すべての企業参加者および利害関係者集団の諸価値を統合するものでなければならない」と述べ，すべての狭義および広義のステークホルダーの諸価値を統合する経営理念を手段として企業の社会的責任の遂行をコントロールすること，すなわち企業の目的を達成する企業活動をマネジメントすることを主張している。しかしすべてのステークホルダーを対象に含む経営理念を構築することは現実的ではなく，小林自身もその困難さを認めている。よって企業が具体的に個別活動を設定し，マネジメントできるよう小林の主張する経営理念を修正する必要があると考えられる。そこで本書は企業が利益を目的としないCSR活動をそのようにマネジメントするかの議論について，実際にごみ・リサイクル問題に直接的に関わった経験を踏まえて展開する寄本（1994）の議論を援用してその修正を検討する。

(2) 社会の中での役割分担を意識した社会的企業理念への変更―寄本の所説から

寄本（1994, 3-17）は公共的課題（筆者注：本書の社会的課題と同義）を解決するためには，三つの民（生活者市民，企業市民，行政市民）が活動や役割を組み合わせることで生まれる相乗効果を利用した役割相乗型社会が肝要として，企業は企業市民としての活動でその役割分担を果たすことを主張する。そして彼はその実務面の事例として「ごみ・リサイクル問題」を取り上げ，企業が当初からリサイクル等を想定して製品の設計・作成・販売を行うことで当該製品を購入した市民，再生資源業者あるいは自治体によるリサイクル活動やごみ処理事業における手間やコストが大幅に削減できるとする。そこで彼は社会全体の利益に対する企業の効率的で効果的な貢献の方向性や企業の役割分担を通じた役割相乗型社会の有効性を示唆している。そのことを示す例として資生堂の「点字テキストの配布」が挙げられよう。資生堂企業文化部（1993, 329）によると，同社が点字の美容テキストをつくって全国の点字図書館に配布する社会貢献活動は「社会全体のコストから考えても，その活動領域に経営資産を有するゆえにわずかな余力で行うことができる資生堂が，そうした社会貢献活動を行ったほうが効率的である」と述べられている。

寄本は企業市民としての活動を，自らの社会における役割分担を認識してその役割分担に応じた具体的内容を自ら決定して履行することで社会全体の利益に効果的に寄与する活動と示唆したうえで，その具体的活動内容を以下のように分類して説明している。まず，企業の活動領域を「私的領域」と「私的公共領域」に分割し，①ステークホルダーとの直接的利害に関する領域を「私的領域」，②すでに法制化や行政指導が行われている，若しくは社会的慣習として定着している分野，③将来的に法制化されたり行政が関与すべきであるが当面は対象者が少数であったり社会的合意が得られていないなどの理由から行政の対応が困難な分野，④法規制の有無にかかわらず公・民すべての主体が積極的に関与すべき分野，⑤どの主体も参加可能な分野から構成される領域を「私的公共領域」としている。彼は企業の責任を①の経済的責任，②〜⑤の社会的責任と分類しているが，②は義務・必須分野で③〜⑤は権利・選択分野であるとする。そして企業市民としての活動はあくまでも企業が自らの自発的・自由意思に基づいて公共的課題に取り組み，社会に貢献する活動であるとして③〜⑤の活動とする。この場合，①は企業の経済的責任の遂行（経済活動と CSV 等の活動を含む），②は企業の社会的義務の遂行（法規制の順守），③〜⑤は企業の社会的責任の遂行（③は予防的な CSR の活動，④及び⑤については積極的な CSR 活動に各々相当）と考えられる。よって本書で対象とする企業活動に該当する具体的な企業活動とその分類は寄本の「企業市民の活動領域」に係る諸概念でも説明される。すなわち寄本の議論は個別活動をどの活動に分別するかを示し，企業市民としての企業の活動は CSR 活動に該当する。

本書は寄本の「企業が利益目的に含まない自らの社会における役割分担を認識する」という考え方を尊重してこのような経営理念を「社会的企業理念」と呼称する。企業市民としての活動は企業が社会的企業理念を価値基準として社会における自らの役割分担の中で果たすべき活動を認識し，かつ具体的内容や方法を決めて対応すること，すなわち個別活動を決定して公共的課題を含む社会全体の利益に貢献する活動となる。寄本の「企業市民としての活動」を企業の社会的責任の遂行の考え方に置き換えれば，社会的企業理念を価値基準として自らの役割分担の範囲内で企業の存続と齟齬を生じない活動を優先順位をつけて取捨選択し，社会全体の利益に寄与する活動を意味する。社会的企業理念が社会の中での企業の在り方を示す以上は経営資源を流用する等の効率的で効果的なマネジメントが期待される。初期の組織文化論を踏襲すると，社会的企業理念は長期に繁栄する企業の特徴であって，価値観として社会的企業理念を持ちその理念を有形無形のシステムで徹底して行動基準としての組織文化まで昇華させている（Deal and Kennedy, 1982, 5-7, 15-16, 21-25; Collins and Porras, 1994, 71-79, 85-86, 136-139）理念をいい，高（2010, 57-66）は実証分析からこのような経営理念が従業員のパフォーマンスに好影響を与えるとしている。また，小林（1978, 18-19）に倣えば私益から生じる主体的な目的指向性も社会的企業理念で制御されるとの旨が示される。すなわち企業の経済的責任の遂行も基本的に社会的企業理念で制御されることに正当性があり，社会的企業理念を通じれば企業は対応すべきステークホルダーの範囲とその方法論を明確にして個別活動を選択するマネジメントが可能になるといえよう。なお，社会経済生産性本部（2004）を見ると多くの日本企業は社会的企業理念を少なくとも掲げてはいることが確認される。

以上の議論から本書は，企業の社会的責任の遂行の調整を，小林の主張するすべての狭義と広義のステークホルダーの諸価値を統合する経営理念ではなく，企業が社会の中での自らの役割分担を認識して利益を目的に含まない経営理念として規定した社会的企業理念へと修正し，それにあわせて公益を社会全体の利益ではなく「社会全体の利益への寄与」とする。この場合，企業は利益を目的に含まない社会の中での役割分担を認識した社会的企業理念に基づいた活動を行うため「社会に対する影響を考察する対象（領域）を想定し得ない」（高岡, 2004, 45）という戦略的ステークホルダー思考の問題点が回避される。また社会的企業理念を価値基準として様々な社会からの要請に対して自ら対応すべき活動を取捨選択し，あるいは優先順位をつけるマネジメントを行うため包括的ステークホルダー思考の問題点を解決できるうえ，選択した個別活動も企業自身と社会全体のコストの双方を低減する効率的・効果的なマネジメントが可能になる。

本書では企業の社会的責任の遂行を小林の定義に倣い「私益と公益が市場メカニズムの作用によって自動的には一致しない領域において，社会的企業理念を通じて，人為的にしかも自律的，自発的に私益と公益を一致させる企業活動」としてこれを「CSR 活動」と呼称して再定義する。

2.4 CSR 活動の再定義―概念とその分類

(1) 寄本と小林の議論に共通する問題点

小林（1977, 25）は企業の社会的責任を消極的と積極的に分類し，消極的社会的責任を企業がその存在基盤である社会の維持・発展のために行うべきでないことを行わない能力，積極的社会的責任を企業がその存在基盤である社会の維持・発展のために行うべきことを行う能力と区分する。消極的な社会的責任は Carroll and Buchholtz（2003, 35-42）の倫理的責任＋企業の存続に近い概念と捉えられるが，企業の存続への将来的なリスクを現在の時点で予防するため費用をかけても「行う」企業活動を捉えきれていないといえる。寄本の関心は企業が企業市民として生活者市民と行政市民との協働を前提に企業の私的公共領域に参加する具体的方法に着目していることにある。すなわちごみ・リサイクル問題で「企業は製品設計の段階でリサイクルを前提とした容器を採用する」ことを実例とするように，寄本は企業が社会全体の利益により効率的で効果的に参加する方法あるいは参加しやすい方法のマネジメントに論点におき，予防的なCSR活動と積極的なCSR活動の双方が私的公共領域に存在することを認識しているように思われるが，両者を区分することは考察していないと考えられる。

(2) 予防的なCSR活動と積極的なCSR活動

これらの議論からCSR活動を見ると，個別活動の選択の際に（イ）利益を直接目的に含まない（＝市場メカニズムの作用を前提としない），（ロ）社会的企業理念を通じた，（ハ）人為的にしかも自律的・自発的という意味でマネジメント可能という3要素をもって，私益と公益を一致させる企業活動となる。（イ）と（ハ）の要素を持っていても（ロ）と無関係で企業の存続に寄与しないが社会全体の利益に寄与する個別活動（社会貢献）もあろう。しかしこのような活動は本書では優先–劣後の関係で劣後する企業活動となるので，既述の通り分析の対象から外れる。また，企業の存続に寄与しても社会全体の利益に寄与しない個別活動は社会とのコンフリクトを助長する活動となるので企業が行うべきではない。

一方，予防的なCSR活動は法規制バイアスがあると想定される社会的課題を把握して，社会的企業理念を通じて対応すべき範囲や優先順位等を決定して現時点の費用で対応する利益の如何を問わない企業活動を意味する。すなわち予防的なCSR活動は小林の消極的社会的責任が想定する将来的なリスクの回避のため現時点で費用をかけても「行わない」企業活動だけでなく，現時点の費用で「行う」企業活動が含まれる。一方，小林の積極的社会的責任の遂行は法規制バイアスを想定せずに企業の裁量が多く残されている活動である積極的なCSRの活動に相当する。よって小林の提唱する「消極的社会的責任の遂行」と「積極的社会的責任の遂行」の区分では予防的な

CSR 活動と積極的な CSR 活動の概念を捉えきれないと考える。

(3) 積極的な CSR 活動と企業（基本）

予防的な CSR 活動を緩怠した時には将来のある時点で最低限の社会的信頼を失い想定できない多大な支出を求められるので，現在の比較的安価な費用で取り組むべきとされる。これは金銭的に企業の潜在リスクを回避するという視点が成立するのでわかりやすい。機関投資家が投資先企業に「目的のある対話」を促すためのスチュワードシップ・コードや有価証券報告書で求める ESG（environment・social・governance：環境・社会・企業統治）の「事業に関する機会・リスク」の報告でリスクに関する事項は，現在の対応費用を算出できる予防的な CSR 活動が中心となろう（事業に関する機会は CSV 等の活動が担当となろう）。一方で小林（1977, 25）も「異論が多い」と認めているように利益以外の方法で企業の存続にどのような積極的な効果があるのかについては議論が残る。この点についての詳細は第Ⅱ部で明確にするが，ここでは積極的な CSR 活動が社会的企業理念に沿った活動ならば利益以外の方法で企業の存続に寄与する事例を述べるにとどめる。この効果は初期の組織文化論の知見や高（2010, 57-66）の実証分析から経営理念が従業員のパフォーマンスに好影響を与えるとされていることからも期待できる。また積極的な CSR 活動が社会的企業理念に沿った活動であれば，収益を目的としない理念で収益を直接目標にしない活動をマネジメントすることで価値観と行動の一貫性を生むため，従業員に経営理念を学習させる教育的効果が期待される。

資生堂は東日本大震災の震災復興ボランティア[4]を行った。同社は東日本大震災の震災復興に際し，避難所や仮設住宅の集会所を訪問して被災地の女性に化粧実習を行う「ビューティー支援活動」や従業員が仮設住宅等を戸別訪問して自社の救援物資を対面で手渡して必ず必ず言葉を交わす「戸別訪問ボランティア」を行った。CSR 部門の担当者は当該ボランティアを計画・実行するにあたり，対面販売を通じて得てきた人間同士が直接向き合い触れ合うことによってのみ（肌と心の癒しを含めた）本当の信頼関係が醸成でき

4 以下の記述は，筆者が，2013 年 2 月 3 日に資生堂本社内会議室で CSR 部長及び被災地ボランティアの担当者に行ったインタビューによる。

ることを「おもてなしの心」と理解して社内発信しており，又は人間の心を元気づけて活性化させる「化粧の力[5]」を理解している。それを背景に「ビューティー支援活動」と，救援物資もただ配布するのでなく戸別訪問して対面で手渡して短い時間でも対話することで，わずかでも被災者の心を癒すことができると考えて「戸別訪問ボランティア」を提案して問題なく社内の賛同を得た旨を誇る。実際に参加した従業員は対面で会話して直接肌に触れることで相手の心を癒して，お化粧によって一時的であっても笑顔を取り戻すことができることを実感し，資生堂の存在意義を認識すると共に帰属意識やロイヤルティの向上が確認できたとしている[6]。

本書はこの「ビューティー支援活動」に参加した社員が 2011 年 11 月 5～6 日に行われたボランティアに参加してその体験の自由な感想を記入した「ビューティーボランティア活動所感入力用紙（以下，所感用紙という）」を

表 4.3　所感用紙記入者の属性　　単位：人

地域別 / 職種別	部長職	その他	美容職	合計
北海道	1	1		2
東北	3	8	1	12
関東甲信越	1		1	2
首都圏	1	1		2
中部	1		1	2
近畿	1	1		2
中四国		2		2
九州	1	1		2
沖縄		2		2
本社系	3	6	1	10
合計	12	22	4	38

出所：資生堂提供，ビューティー支援活動記録より筆者作成。

5　資生堂の社内で使われている造語で，化粧が持っている，肌だけでなく，人間の心を元気づけあるいは活性化する力を意味する。化粧療法によって，化粧にそのような力があることは医学的にも報告されている。

6　資生堂の東日本大震災後の被災地ボランティアに関する従業員の感想等については，上記（注 4）の聞き取り調査に加え，2011 年 11 月の単月ではあるが「ビューティーボランティア活動」所感入力用紙に記入された内容（計 38 人分）を分析している。

表4.4　所感用紙に入力された感想の共通項目

単位：人

感想文の共通項	地域外（26）		東北地区(12)		総計（38）	
被災者から元気をもらった。	23	88.5%	7	58.3%	30	78.9%
被災者の不安な気持ちを軽減できる，元気になってもらえる。	18	69.2%	11	91.7%	29	76.3%
化粧の力を感じた。	16	61.5%	6	50.0%	22	57.9%
参加の機会に感謝している。	17	65.4%	2	16.7%	19	50.0%
実際に肌に触れることの大切さ(肌と心をいやす)。	16	61.5%	3	25.0%	19	50.0%
仕事への誇りとやりがいを感じた。	15	57.7%	3	25.0%	18	47.4%
被災者の地震の時の辛さや気持ちを感じることが出来た。	15	57.7%	3	25.0%	18	47.4%
資生堂に勤めてよかった，誇りに思う。	12	46.2%	3	25.0%	15	39.5%
もっと継続すべき，参加したい。	5	19.2%	4	33.3%	9	23.7%
BCの本来の使命，役割を確認できた。	9	34.6%	0	0.0%	9	23.7%
資生堂だからできる活動と思った。	5	19.2%	2	16.7%	7	18.4%

出所：資生堂提供，ビューティー支援活動記録より筆者作成。

同社から閲覧させていただいている。（表4.3）は参加された従業員38人の属性をまとめたものであり，（表4.4）はその感想から共通する項目を筆者が抽出したものである。東北地区の12人を除いた「地域外」の参加者26人は全員初参加で，担当部署が希望者を地区別に任意に2人ずつ（本社は10人）抽出している（表4.3）。東北地区の参加者は当事者意識や被害者への親近感が強いだけでなく複数回参加して過去にも感想を書いていることから，その内容が地域外の参加者に比べて現地で調整を行うための実務的要望が中心となっていた。そこで（表4.4）では東北地区と初参加の「地域外」の参加者を区分して感想の内容を分析している。

（表4.4）を見ると「実際に肌に直接触れることの重要性」や「化粧の力」については地域外では60%以上（全体では50%以上）の従業員が体感し，被害者を元気づける効果があることを確認していることがわかる。同表より仕事からの充足感（仕事への誇りとやりがいを感じた。）は約58%（同約48%），企業への帰属意識・ロイヤルティ（資生堂に勤めてよかった，誇りに思う。）も約46%（同約40%）の従業員が感じていることがわかる。CSR

部門の担当者は当該ボランティアを計画・実行するにあたり，参加した従業員が「おもてなしの心」や「化粧の力」を体感して本業における対面販売の優位性を理解することで，資生堂の社会的意義や存在価値を実体験で理解してもらうという研修的な要素があったことを認めており，所感用紙の内容から期待した効果があったとの旨を述べているが，この表はそれを裏づけていると伺える。

おもてなしの心は同社の社会的企業理念の一部であり，当該ボランティア活動は社会的企業理念を通じたマネジメントが可能な積極的なCSR活動として計画・実施されている。そして従業員に社会的企業理念を理解させると共にポジティブな影響を与える点で企業の存続に寄与する効果が想定できる。このデータでは積極的なCSR活動が企業の存続に寄与する効果があると証明したことにはならないがその可能性を否定できないことは理解できよう。

またCSR活動は一度開始すれば継続することを求められるため，特に積極的なCSR活動の開始は社会的企業理念に添ったものだけでなく企業が継続しやすいような費用対効果の高い活動にするマネジメントが求められる。その場合に寄本の企業市民の役割分担として参加しやすい方法で参加するという考え方は示唆に富む。より具体的にいえば，資生堂企業文化部（1993, 328-330）の主張する社会全体のコストから考えて，その活動領域に経営資産を有する故にわずかな余力で行うことができる企業活動，すなわち本業に依拠した活動を行うという考え方と共通する。無論，実践面で見ればすべてのCSR活動が社会的企業理念に基づき本業に依拠しているかは疑問である。しかしCSR活動が利益を直接目的にしない以上は本業に依拠し，経営資産を効果的で効率的に行う方がより企業費用を低減するという意味でも継続を容易にすると考える。実際に資生堂のビューティーボランティア活動もこのことを十二分に利用している。

(4) 企業の社会的課題の取組みに係る個別活動とその分類

一旦始めた予防的なCSR活動に係る個別活動が終了できるのは，予防的なCSR活動が企業と無関係になる時（例えばある財が生産を停止することに伴い，自社の生産設備で水質汚濁の原因物質となると想定される物質をつくり出さなくなった時），個別活動が法規制の整備に伴って予防的なCSR活動から法規制の順守に変わった時（個別活動自体が法規制の順守に移行する時）に限られると想定される。積極的な CSR 活動も必要とされるステークホルダーの日常生活にビルトインされるので，一度始めた活動を企業の都合でやめるならばレピュテーションリスクを起こしかねない。すなわち，当該企業は社会全体の利益への寄与に反する可能性が高いので，通常は一度始めた CSR 活動については社会からの要請がある限り，つまりステークホルダーが不要としない限り継続する必要がある。

企業の存続に対する効果を考えると経済活動や CSV 等の活動の効果は利益という形で，法規制の順守と予防的な CSR 活動の効果は両者の時間軸は異なるものの違反した場合に支払わなければならない費用の回避という形で，ある程度まで可視化が可能である。しかし資生堂の「東日本大震災の震災復興」ボランティアの事例でもわかるとおり，積極的な CSR 活動の効果は従業員の愛着，帰属意識，仕事からの充足感や従業員モチベーション等であって財務的な可視化が難しいことは否めない。詳細は第Ⅱ部で後述することとして，今後も第Ⅰ部では積極的な CSR 活動に企業の存続に寄与する効果があることを前提として議論を進める。

3 経済活動と CSV 等の活動の分類

「経済活動」と「CSV 等の活動（含む戦略的 CSR の活動）」は市場メカニズムの作用を前提として利益を目的に含むという点で「企業の経済的責任の遂行」に分類される。高岡（2009, 39-57）の議論から CSV 等の活動は社会的便益と当該企業にとっての経済的利益の創出の効果，そしてそれらの費用対効果という形ですべてを包含している。Porter and Kramer の言説を引用すれば戦略的フィランソロピーは「企業と社会が共に利益を得るような競争コンテクストを目標に設定し，重要な社会的目標と経済的目標を同時に扱う」（Porter and Kramer, 2002, 58），戦略的 CSR では「社会と企業の利益が大きく，かつ独自性を持つような限定した取り組みを行う」（Porter and Kramer, 2006, 88）と規定される。また前述のとおり Porter 自身が戦略的 CSR と CSV は基本的に同じ概念としている。すなわち，彼らの提示した 3

つの概念に通底する考え方は同じなので，本書では（区別の必要のない限り）それらの活動を総称してCSV等の活動と呼ぶ。CSV等の活動は当初から社会的効果・インパクトの創出効果を目的に含んでいる点で同じ企業の経済的責任に属する経済活動と一線を画す。小林（1977, 18）は企業の経済的責任とは社会にとって有用な財・サービスを適正な価格で提供する責任であり，市場メカニズムが機能すれば企業がそのような行動，すなわち経済的責任を遂行したとき利潤は最大化されるとしている。それは，企業が提供する財・サービスが市場を通じて適正な価格で取引された場合は自動的に社会全体の利益に寄与することを意味する。一方でCSV等の活動の場合では企業は第一に社会からの要請を認識し，その中で自らが解決しようとする具体的な社会的課題の解決とそれを可能にする財・サービスを考えて市場に提供して利益を上げることになる。例えば1960年代後半から1970年代に電気冷蔵庫・電気洗濯機・電気掃除機の家庭での普及率は90%を超えたとされ[7]，女性の社会進出という社会的課題の解決に大きく貢献したことが認められている[8]。しかし当時の家電メーカーは少なくとも当初から女性の社会進出を意図したわけではなく，市場メカニズムが作用した結果として製品が売れ，事後的に女性の社会進出を認知・受容している。もし，企業がCSV等の活動を行うならば女性の社会的進出という社会からの要請に寄与する意思表示から3つの家電を考えるといった手順を踏む。このように同じ企業の経済的責任の遂行であっても，CSV等の活動は社会からの要請を意識に対応することを当初から目的に含むので，個別活動のマネジメントも経済活動と異なる部分がある。目的が異なる以上は個別活動に必要なマネジメントも異なることは当然である。

ただし市場メカニズムが作用する以上は経済活動とCSV等の活動の如何を問わず企業利益の追求が自動的に対象となる社会的課題を解決するため，両者の活動は表面的には区別がつきづらい。特に財・サービスの売行きが好

7　詳細は，内閣府HPの消費動向調査「主要耐久消費財等の普及率（全世帯）（平成16年3月現在)」を参照。
・内閣府HP: https://www.esri.cao.go.jp/jp/stat/shouhi/shouhi.html（2024年1月15日参照）

8　詳細は，内閣府男女共同参画局編「男女共同参画白書平成17年版」を参照。
・内閣府HP: https://www.gender.go.jp/about_danjo/whitepaper/h17/danjyo_hp/index.html（2024年1月15日参照）

調の場合は混同されることも多い。例えば経済同友会の 2007 年度の報告書では戦略的 CSR の活動とされる事例紹介をするにあたり「経済的利益の追求を主目的とした事業活動の色彩が強いと思われるものでも結果的に社会にプラスのインパクトをもたらすと判断したものは対象としている」（経済同友会・2006 年度社会的責任経営推進委員会, 2007, 5）としている。また, BOP ビジネス[9]は途上国の社会的弱者の生活の質の改善と企業の経済的利益を両立できることから CSV 等の活動の典型的な事例になり得るが, 新谷（2009, 18）は「昨今, メディアにおいて BOP ビジネスは時折取り上げられているが, そのなかで『BOP ビジネス＝途上国ビジネス』と単純化した記述をするものがある」と警鐘を鳴らす。彼は BOP ビジネスの持つ社会的側面を理解することの重要性を強調している。実務面で社会的問題の解決への寄与がわかりやすい経済活動が CSV 等の活動と見做されること, あるいは社会的問題を解決しようとする企業の意思が単なるマーケティング戦略と解釈され, CSV 等の活動が経済活動として扱われて両者が混同されていることが伺える。

企業が両者の違いを明確に認識しないまま CSV 等の活動に経済活動のマネジメントを不用意に適用し続ければそこに弊害が出る。例えば槌屋（2009, 8）は BOP ビジネスの成功条件を「成功するとは限らない未知の挑戦であるため, 自社の強みを生かせる分野で, リスクを取れる範囲でしか関わることが出来ない。さらには試行錯誤の長い忍耐が求められ, 長期的視野によって事業投資が決定できる企業のみが参入できる」と述べ, BOP ビジネスに対する高い参入リスク, 利益化の困難性, 長期的なマネジメントの必要性を示唆している。すなわち企業が経済活動のマネジメントを単純に適用すれば, 経営資源の効率的分配の観点から必然的に BOP ビジネスの参入には慎重になるが, CSV 等の活動は社会的問題を解決することを目的に含むため, 企業はこのような代替性のない極めて小さな市場でも積極的に参入するマネジメントを求められる場合があることを示している。また新規に市場参入に

9 世界で約 40 億人いるとされる年間 3000 ドル未満で暮らしている貧困層（BOP：base of the pyramid）を対象とするビジネスのこと。
・日本貿易振興機構 HP：https://www.jetro.go.jp/theme/bop/basic/（2024 年 1 月 15 日参照）

成功しても利益性や市場の成長性に問題があった場合に撤退が難しいことも述べている。社会的弱者を対象とする市場から安易に撤退すれば，当該企業は，その財・サービスに依拠せざるを得なくなった社会的弱者の生活を脅すので社会全体の利益と相克し，想定外のレピュテーションリスクを抱える可能性が想定されるからである。経済活動のマネジメントならば，このような場合は当該活動から即時撤退して他の効率的な市場に経営資源を振り向けることが求められるので両者を区分しなければならない。したがって本書は経済活動とCSV等の活動を社会からの要請に対応する意思の有無を基準として明確に分類し，マネジメントを区別する必要があると考えるのである。

4　まとめ―本書で対象とする企業活動に該当する具体的活動とその分類

4.1　本章の論説のまとめ

すべての企業活動の中で「企業の存続と社会全体の利益を整合する企業活動」は企業の目的を達成する企業活動となるため，すべての企業活動の中で優先されるという意味で独立性とその範囲内の活動の正当性が担保され，本書で対象とする企業活動の範囲はそこに限定している。先述のステークホルダーに係る諸理論と小林の議論から，私益＝狭義のステークホルダーの利益＝企業の存続，公益＝広義のステークホルダーの利益＝社会全体の利益となるため，本書で対象とする企業活動は私益と公益を一致させる企業活動となる。この企業活動の範囲内の活動は経済活動，CSV等の活動，法規制の順守，予防的なCSR活動と積極的なCSR活動の5分類に分割できるのも既述のとおりである。市場メカニズムが機能する領域で私益と公益を自動的に一致させる活動は企業の経済的責任の遂行となる。それは社会全体の利益への寄与を最初から目的とするか否かで経済活動とCSV等の活動に分類される。市場メカニズムが機能しない領域では私益と公益が自動的に一致しないので，人為的手段で自主的・自律的な方法によって一致させる活動が企業の社会的責任の遂行となる。法規制バイアスの有無で予防的なCSR活動と積極的なCSR活動に分類される。同領域で両者の利益を義務的・強制的に一致させる活動はやる／やらないについて企業がマネジメントできない外部要因を意味し，強制力のある法規制の順守となり，それは社会的義務の遂行となる。

企業の社会的責任の遂行においては，人為的な手段を考察する必要がある。小林は狭義のステークホルダーと広義のステークホルダーの双方の利益を統合する経営理念による制御を手段とするよう主張するが，すべてのステークホルダーの利益を認識してその利益を統合する企業理念の設定は現実的には難しい。本書は寄本の議論を踏襲し，企業が社会の中で自らの役割分担を明確にした利益を目的に含まない経営理念である社会的企業理念で，小林の提唱する企業理念に代替するよう提唱しているのは先述のとおりである。企業は社会的課題の解決について社会的企業理念を価値基準として，認識すべきステークホルダーの利益あるいは対応すべき問題を取捨選択し優先順位をつけて対応すること（公益＝社会全体への寄与）になるため，社会的企業理念は企業の社会的責任の遂行を制御する。なお社会的企業理念は日本企業ではポピュラーな概念である。

CSR 活動は社会的企業理念で制御された活動でなければ企業の存続と社会全体の利益への寄与を考慮される活動になりにくい。予防的な CSR 活動は自社の活動なので社会的企業理念と親和性が高い。積極的な CSR 活動は事業とかけ離れたものでなく社会的企業理念に蔵して事業に関わる経営資源を流用できる活動に資源を向ける必要がある。一度始めたら関係するステークホルダーが継続を求める限りは企業の都合でやめることが難しいので，積極的な CSR 活動に振り分けられた個別活動は可能な限り低費用で効果のある方法が求められる。なぜなら自社の経営資源を流用して費用対効果を考える必要があるからである。それ以外の例えば単純な寄付活動といった社会全体の利益には寄与するが企業の存続への関与が曖昧な個別活動は，企業が優先すべき企業活動の範囲外であり，株主や株主の役割を担う機関投資家にその意義を納得してもらう必要があろう。本書はこのような活動を否定しないが，当該個別活動を継続するには明確な説明責任を求められると考える。

CSR 活動のうち予防的な CSR 活動の必要性はわかりやすいが積極的な CSR 活動は企業の存続への効果がわかりづらくマネジメント方法も確立されていない。これについては第Ⅱ部で詳細に考察するが当該活動を一度始めた場合は社会からの要請が続く限り継続しなければならないことや予防的な CSR の活動に移行する可能性は無論のこと，寄本は政治の立場から企業が役割相乗型社会を形成する企業市民として効率的・効果的に社会的課題等の公共的課題を解決する方法として当該個別活動に期待している。さらに初期の組織文化論の知見や高（2010, 57-66）の実証分析では，社会的企業理念の従業員への浸透が彼らのパフォーマンスに好影響を与えるとされる。積極的なCSR活動が社会的企業理念に沿った活動であれば従業員にその理念を学習させる教育的効果が期待できることになるが本書では当該的効果を狙った企業が実際に存在することを資生堂の東日本大震災の震災復興ボランティアで確認した。

4.2 企業活動の分類

本書で対象とする企業活動の範囲内の活動として分類した5種類が企業の優先する活動のすべての要素を網羅していることから，寄本と小林の定義に倣い私益を企業の存続，公益を社会全体の利益への寄与として下記のように

図4.2　企業活動の分類—経済活動とCSV等の活動の差異を中心に

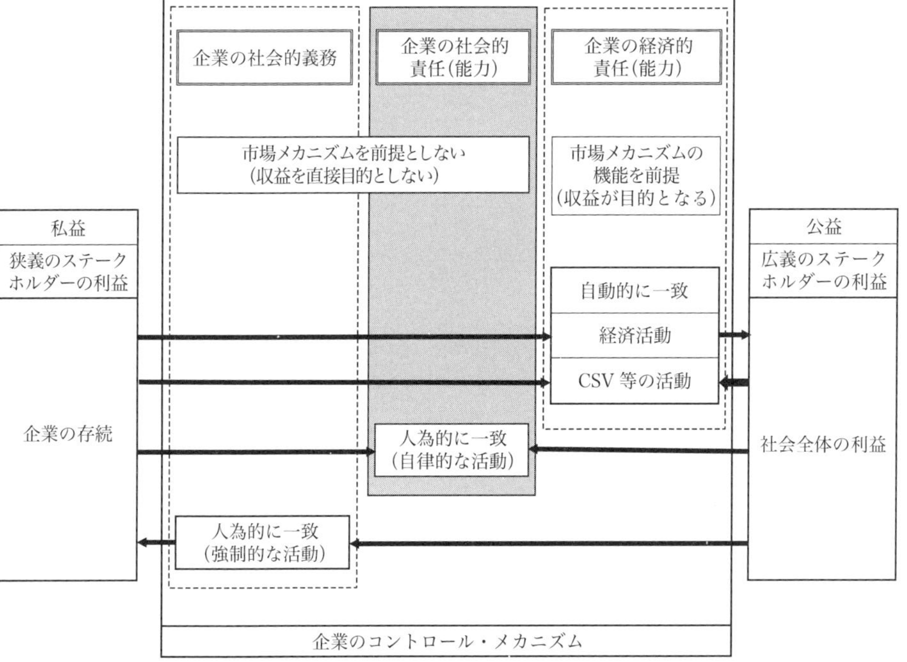

再定義する。これらの関係は（図4.2）で表される。

(1) 企業の社会的義務の遂行

私益と公益が市場メカニズムの作用によって自動的には一致しない領域において，法規制を通じて，人為的かつ他律的・強制的に私益と公益を一致させる企業活動

（ア）法規制の順守

・企業の社会的義務の遂行の具体的活動をいう。なお企業外部からの強制力（罰則等）がある。

(2) 企業の社会的責任の遂行（CSR活動）

私益と公益が市場メカニズムの作用によって自動的には一致しない領域において，社会的企業理念を通じて人為的かつ自律的・自発的に私益と公益を一致させる企業活動

（イ）予防的なCSR活動

・法規制バイアスを前提とするため，多大で予想できない損失が想定される潜在リスクを回避するために現在の比較的安価な費用で対応することを目的とする企業の社会的責任の遂行（CSR活動）の具体的活動をいう。

（ウ）積極的なCSR活動

・法規制バイアスを前提としないため，能動的で自由度も高く，利益以外の方法で積極的に企業の存続に寄与することを目的とする企業の社会的責任の遂行（CSR活動）の具体的活動をいう。

(3) 企業の経済的責任の遂行

私益と公益が市場メカニズムの作用によって自動的に一致する領域において，自律的・自発的に私益と公益を一致させる企業活動

（エ）経済活動

・私益のみを目的とした経済的責任の遂行の具体的活動をいう。なお，公益は結果として享受する活動となる。

（オ）CSV等の活動

・私益と公益の双方を目的とした経済的責任の遂行の具体的活動をいう。社会的企業理念に依拠する活動となる。

第5章

企業活動とその動態的マネジメント

本書ではここまで，本書で対象とする企業活動，すなわち企業が優先すべき活動に属する個別活動が5分類できることを示してきた。また個別活動を目的及びマネジメントによって何れかの活動に一度分類しても，時代や社会背景等が変われば他の活動に変わり得ることは既述したとおりである。つまり企業は，分別された個別活動が他の分類に移行することを前提にマネジメントを行う必要があるため，それを「動態的マネジメント」と呼称し，本章では5つの活動を網羅する動態的なマネジメント方法を検討する。

1 CSR 活動の動態的マネジメント—基本領域

CSR 活動の個別活動は予防的な CSR 活動と積極的な CSR 活動に分別されるが相互に互換することもある。予防的な CSR 活動に分別された個別活動が企業の社会的義務活動（法規制の順守）に移行する場合もあれば，積極的な CSR 活動の個別活動でも資本利益率等の企業の業績目標に影響するほど利益化して CSV 等の活動に移行すべき場合もあろう。ここでは現状の CSR 活動の個別活動がどのような状況にあるのかを可視化することで，企業が CSR 活動に適切なマネジメントを適用できるよう，CSR 活動の3過程の動態的マネジメントモデルを提示する。

1.1 CSR 活動の選択

企業は社会的課題の解決となる社会からの要請すなわち広義のステークホルダーの利益に寄与すると同時に自社の役割分担を果たすために，社会的企

図 5.1　CSR 活動の実効性過程

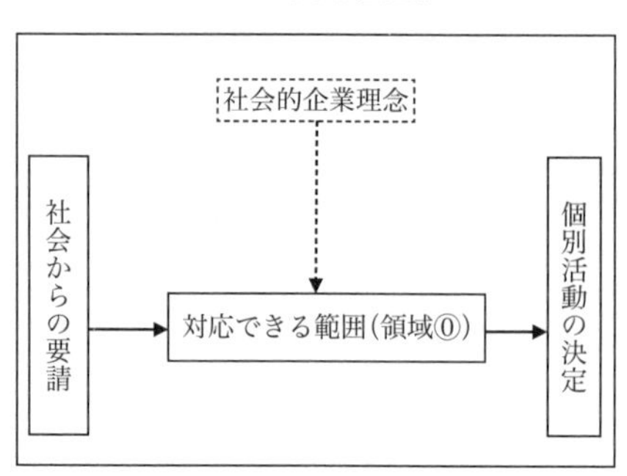

業理念を通じた個別活動を取捨選択するマネジメントを求められる。社会の要請により CSR 活動に係る個別活動を抽出する際には，社会的企業理念に則り自社の経営資源を使える個別活動を選択することなる。初期の組織文化論では長期的に繁栄する企業の特徴を「社会的企業理念を持ちそれを有形無形のシステムを通じて強い組織文化へと昇華させる」こととしているが，予防的な CSR 活動の個別活動は自社に関わる活動になるので社会的企業理念に関わるのは当然である。潜在リスクを抱える企業はそれを理解できる従業員はもちろん取引先や顧客も長期的には当該企業から手を引くため徐々にその存続が厳しくなろう。そして積極的な CSR 活動の個別活動は初期の組織文化論や高（2010）の議論から，社会的企業理念を通じることが肝要となる（詳細は後述）。このようなマネジメント過程は SDGs から自社の行うべき目標を見出して CSR 活動に係る個別活動を選択するものとして考えられる。本書ではこのマネジメント過程を「実効性過程」と呼称する（図 5.1）。

実効性過程を通すことで CSR 活動に係る個別活動は抽出される。次に抽出された個別活動がどのようなマネジメントをされるかを考えてみたい。

1.2 CSR 活動とそのマネジメント領域

本書では社会的義務にしたがう企業活動，すなわち法規制の順守を企業の社会的義務活動と呼称して自主的にマネジメントできる活動と区別している。それは罰則を伴う強制力を持ち，やる / やらないについて自主的なマネジメントが行えないからである。しかし，実務面で企業が予防的な CSR 活動を行うには企業の社会的義務活動の参照やそこへの移行を日常的に考えなくてならない。そうすることで近年のアスベスト規制のように法規制がある日突然企業に課せられるような場合でも事前に予防的なCSR活動で対応できるからである。CSR活動のマネジメントを行う企業の立場を考慮すれば，企業は従来以上に双方の境界線を意識して参考・移行の領域と捉えて企業の社会的義務活動を常に意識するよう求められると考えられる。よって本書は，企業の社会的責任の遂行（CSR活動）と企業の社会的義務活動（法規則の順守）をあわせて，便宜上，広義のCSR活動と規定して分析を行う。

• 広義のCSR活動＝CSR活動＋企業の社会的義務活動

(1) 広義のCSR活動の2分割モデル

上述の広義のCSR活動の定義をそのまま利用すると，広義のCSR活動は，法規制等の義務，強制により他律的にしたがう企業の社会的義務活動の領域と，自律的，自発的な活動であるCSR活動の領域に区分できる（図5.2）。

図5.2　広義のCSR活動の2分割モデル

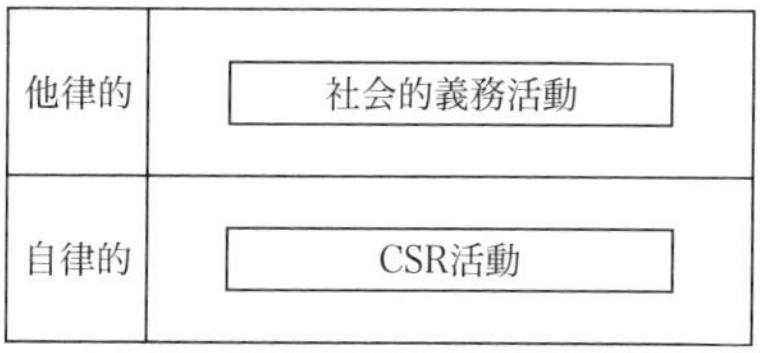

他律的	社会的義務活動
自律的	CSR活動

(2) 広義のCSR活動の4分割モデル

さらに，広義のCSR活動が，利益<0の活動であるか，利益≧0の活動であるかという利益による区分を加え，4分割のマトリクスで分類できる（図5.3）。

図5.3　広義のCSR活動の4分割モデル

	利益<0	利益≧0
他律的	社会的義務活動 B領域	社会的義務活動 A領域
自律的	C領域 CSR活動	D領域 CSR活動

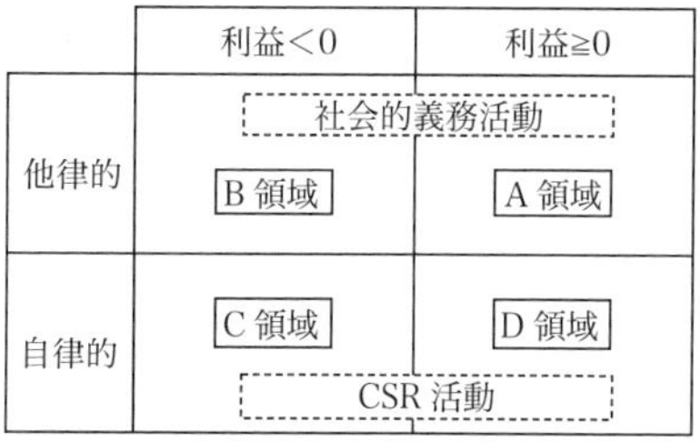

企業の社会的義務活動は法規制の順守で表されるように企業が義務・強制にしたがうものである。すなわちアスベストの事例のように対応する／しないを自律的に決定できる CSR 活動から強制的に対応すべき企業の社会的義務活動に移行するとき，マネジメントで参考にするのは B 領域（他律的で利益＜0）となる。A 領域（他律的で利益≧0）は法規制を守って収益を上げることを意味するので法律違反を犯してまで対応しないというのは合理的ではないうえ，技術で法規制を突破して利益を上げるということから参入障壁ともいえよう。本書では A 領域をこれ以上は分析しない。

さて，利益を直接目的に含まない活動であっても結果的に利益が出ることはあり得るし，それを企業は否定する存在でもない。実務面で見れば企業が CSR 活動をマネジメントする中で結果として D 領域（自律的で利益≧0）に移行すれば，継続が容易という意味で有効性があると考えて放置するか CSV 等の活動へ移行を選択するかが求められる。

(3) 広義の CSR 活動の 7 分割モデル

本書ではさらに，4 分割モデルを，利益＜0 の項目を費用対効果線，利益≧0 の項目を業績寄与線で 7 分割する（図 5.4）。この各分割図の領域とその内容の詳細は（表 5.1）で示される。この文脈で費用対効果の「効果」とは利益以外の方法で企業の存続に寄与する効果を意味する。また業績寄与線の「業績」とは企業の業績目標に影響するほど利益化する場合や事業活動とし

図 5.4　広義の CSR 活動の 7 分割モデル

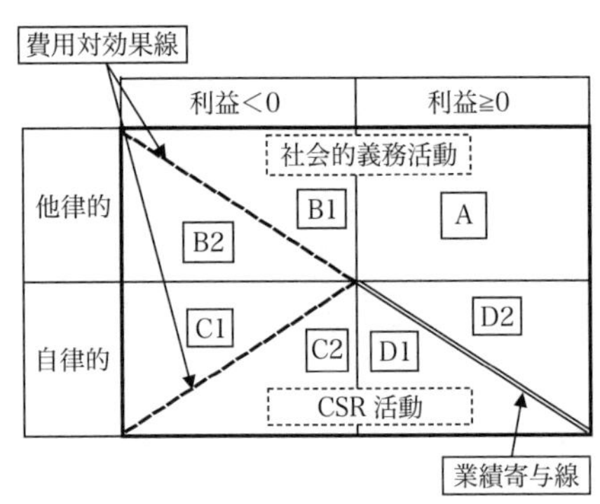

て独立可能かどうかで判断する。

前述のとおり A 領域は対象外とする。企業の社会的義務活動で利益化しない B 領域のうち，B2 領域は CSR 活動の範囲ではないが参考領域と捉えられる。なお B1 領域はいくら費用をかけてでも効果を上げなければならない状態に陥ったこと意味する。例えば井熊（1999, 60-64）の「環境規制を契機として突然現れる負の遺産」または「簿外債務」の顕在化を意味し，土壌汚染ならば汚染地の巨額な浄化費用支出と地価下落という直接的損失に加え，マスコミ対策費，通常以上に厳しい監視下での汚染対策費用の高騰や企業イメージ低下等の「追加的損害を被る」状況（井熊, 1999, 60-64），あるいは集団食中毒事件や牛肉偽装問題等が起きた雪印乳業や雪印食品のように企業の存続の危機に陥った場合を含む非常事態を意味する。この状況で必要なマネジメントは「危機管理」で通常のマネジメントとは異なる。本書では非常事態のマネジメントを意味する B1 領域は対象とせず B2 領域を CSR 活動が社会的義務活動になるかを判断する参考領域とする。

CSR 活動で利益化した D 領域は業績寄与線で分割する。D2 領域は CSR

表 5.1　広義の CSR 活動の 7 分割モデルの領域とその内容

	縦軸	2分割領域	横軸	4分割領域	費用対効果/業績寄与	7分割領域	特徴
広義のCSR活動	他律的	社会的義務活動	利益≧0	A 領域		A	社会的義務でありながら利益が出る。
			利益<0	B 領域	費用対効果<0	B1	いくら費用をかけても社会的義務を果たさなければならない。
					費用対効果≧0	B2	法律・慣習等に従い社会的義務を果たす。
	自律的	CSR 活動	利益<0	C 領域	費用対効果≦0	C1	費用対効果と無関係か，効果がない。
					費用対効果>0	C2	費用対効果があることが認識できる。
			利益≧0	D 領域	業績寄与≦0	D1	業績への寄与はないが，収支プラスである。
					業績寄与>0	D2	業績に寄与し，事業として独立できる。

注：太線で囲んだ部分が CSR 活動のマネジメント領域となる

活動が資本利益率等の企業の業績目標に影響するほど利益化に寄与する状況になったことを意味する。当該状況になれば CSR 活動としてマネジメントをするのではなく CSV 等の活動へ移行してマネジメントすべきと考える。D1 領域において個別活動の利益化は CSR 活動の継続を容易にする意味でそのまま放置するか CSV 等の活動への変換を考慮する D2 領域へ移行するマネジメントを適用するかを決定する領域であって CSR 活動のマネジメント範囲である。

CSR 活動で利益化をしない C 領域で費用対効果の確認される C2 領域は，利益以外の方法で企業の存続へ寄与する CSR 活動の領域を意味し，当該領域が基本的に積極的な CSR 活動のマネジメント目標となる。費用対効果がわからない，あるいは確認されない C1 領域は CSR 活動を受け入れる窓口となる。当初，CSR 活動を開始した場合にはその効果はわからないので C1 領域に分類され，その後 C2 領域あるいは B1 領域へと移行するマネジメントが求められる。あるいは一度始めた CSR 活動は社会からの要請が継続する限り対応する必要があるため，その活動を意味する領域にもなる。この場合は C2 領域へ移行するマネジメントが求められよう。あるいは費用対効果が不明でも社会的義務活動 B2 領域に移行する可能性があれば継続するマネジメントを余儀なくされよう。

以上をまとめたのが（表 5.1）で，A，B1，D2 の各領域は各々参入障壁，危機管理，CSV 等の活動への接続となるためここでは対象外，B2 領域は CSR 活動の参考領域ではあるが厳密には対象外である。C1，C2，D1 の各領域が CSR 活動のマネジメント領域となる。

1.3 CSR 活動の動態的マネジメント

CSR 活動のマネジメント領域に移行参考領域としての B2 領域を加えると（図 5.5）の太線で囲まれた三角形の領域が CSR 活動のマネジメントにおける主要な領域となる。繰り返しになるが，各領域に属する個別活動は各領域に留まるものではない。前項で指摘したように境界線を意識して B2 領域への移行を前提に C1 領域内で個別活動を継続させる場合や，CSR 活動はとりあえず C2 領域が目標であるため，C1 領域の分別された個別活動を C2 領域へと移行させるマネジメントも求められよう。さらにCSR活動の継続を容易にするためC2領域内に分別した 個別活動をD1領域へと移行させることもマネジメントの範囲と考えられる。すなわちCSR活動のマネジメントとはC1，C2，D1の各領域内の各個別活動が中心となり，それらが属する領域を移行させることが求められる。ここでC領域を費用対効果で細分化すると，CSR活動のマネジメント領域は（図5.6）のようになり，活動停止するまで①～⑧の8領域で表される（各領域の詳細は下記及び（表5.2）を参照されたい）。

いま利益以外で企業の存続に寄与する効果のことをここでは単純に「効果」と呼称する。ある個別活動の活動が決定されたときにその意図とは別に効果は不明であるため，当該個別活動は領域①に分類される。企業は領域①に分別された個別活動を領域④，領域⑤あるいは領域②のいずれかに振り分けるマネジメントを行う。領域①に分別された個別活動が法規制化等の可能性が強いと判断した場合は，領域④に移行して予防的なCSR活動として継続するマネジメントを行う。また，領域①に属する個別活動のうち効果があまりないと判断される活動は領域①から領域②に移行し，さらに明らかにほ

図5.5　広義のCSR活動の7分割モデル　　**図5.6　CSR活動の動態的マネジメント領域**

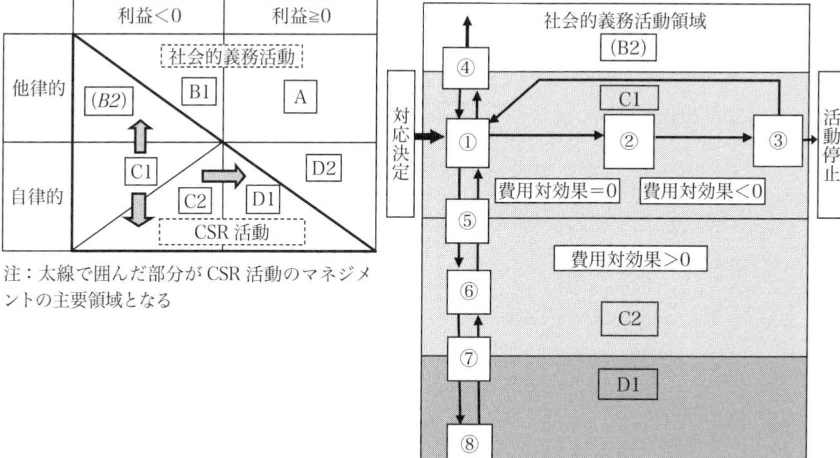

注：太線で囲んだ部分がCSR活動のマネジメントの主要領域となる

表5.2 CSR活動の領域の内容と具体的マネジメント

領域	CSR活動の内容	具体的マネジメント
①	新たに対応を決定した活動及び費用対効果が曖昧な活動	領域②，領域④，領域⑤のいずれかに振り分けるマネジメントを行う。
②	企業の判断であまり効果がない，あるいは費用対効果が低減していると考えられる活動（中間領域）	いわば，モラトリアムの領域であり，領域③への移行のマネジメントを行うことを求められる。
③	企業単体の判断で効果がない，あるいは費用対効果が著しく低減していると考えられる活動	以下の条件で継続の可否を決めるマネジメントを行う。
		(A) ステークホルダーとの対話で社会からの要請も法規制化の可能性もないことを確認したうえで活動を停止するマネジメントを行う。
		(B) ステークホルダーとの対話で社会からの要請があること，あるいは法規制化の可能性があることを確認して活動の継続を決定し，領域①に移行させるマネジメントを行う。
④	法規制化へ移行する可能性がある活動（予防的なCSR活動）	将来の多大な損失を現在の安価な費用で回避するマネジメントを行う。
⑤	費用対効果が確認されつつある活動（中間領域）	領域⑥を目指して費用対効果を高めるマネジメントを行う。
⑥	費用対効果が高い活動（積極的なCSR活動）	一応のCSR活動のマネジメントの目標となる。
⑦	費用対効果が高くかつ費用≦収益の可能がある活動（中間領域）	積極的なCSR活動の中で，結果的に収益化できそうなものを選択し，収益化のためのマネジメントを行う。
⑧	費用対効果が高くかつ費用≦収益を達成している活動	費用対効果に支障が出ない範囲で収益化を継続し，企業業績に影響を与えるまで利益化すれば必要に応じてCSV等の活動に移行するマネジメントを行う。

注：効果とは，収益以外の方法で企業の存続に寄与する効果のことを意味する。

とんど効果がないと判断される活動は領域③へと移行して，当該個別活動が(A)関連するステークホルダーとの対話によって社会からの要請はなくなったと判断できるか将来の法制化とも無関係であると客観的に理解されれば活動停止，(B)関連するステークホルダーとの対話によって社会の要請が続いていると判断できる場合もしくは法制化に関係する可能性があれば領域①へ差戻して継続するマネジメントを行う。

CSR活動は一度開始した以上継続することを求められる性格を持つので領

域①に分類された個別活動はまずは費用対効果を向上させる領域⑤→領域⑥に移行するマネジメントが求められる。領域⑤に属する個別活動に費用に対して効果が確認できれば当該個別活動は積極的なCSR活動のマネジメントの目標である領域⑥に移行される。領域⑥の中で利益化できそうな個別活動は継続へのアドバンテージを得るので領域⑦に移行して利益化を行う。企業業績に影響を与えられると判断された活動は領域⑧に分類され，CSV等の活動への移行を考慮するマネジメントが行われる。このように，企業は，CSR活動の個別活動をその範囲内でも動態的にマネジメントしなければならない。

1.4 CSR活動の動態的マネジメントにおける3過程モデル

ここまで説明してきたCSR活動の動態的なマネジメント，具体的には（図5.6）及び（表5.2）を利用することで，企業は各々のCSRの活動が現状どの領域に属しているのかを把握し，どのようなマネジメントを行うべきかを検討できる。

その中で（図5.6）を見ると領域①を中心に大枠で右方向と縦方向でマネジメントの質が異なることがわかる。右方向は予防的なCSR活動のマネジメントとCSR活動を停止するマネジメントが含まれ，縦方向は積極的なCSR活動のマネジメントと戦略的CSRの活動への移行を考慮するマネジメントが含まれている。すなわち右方向は企業の存続にマイナスの影響を与えないような領域移動を意味し，社会の中で当該企業がその存在が正当であることを容認されるための客観性を担保する動態的なマネジメントの過程を示している。縦方向は企業の存続にプラスの効果を与える領域移動を意味し，当該企業がその存続を推進するための実効性を示す動態的マネジメントの過程を示している。すなわち対応が決定したCSR活動内においてこのような2系統の目標を持つ動態的マネジメントの過程が存在する。これに個別活動の対応を決定する過程である実効性過程（図5.1）を組み合わせるとCSR活動の開始から停止までを含み，予防的なCSR活動と積極的なCSR活動に振り分けて他の活動への出口も見えるCSR活動の動態的マネジメントの3過程モデルが成立する（図5.7）。

CSR活動のマネジメントは⑴社会からの要請のうち，社会的企業理念に

図 5.7 CSR 活動の動態的マネジメントの 3 過程モデル

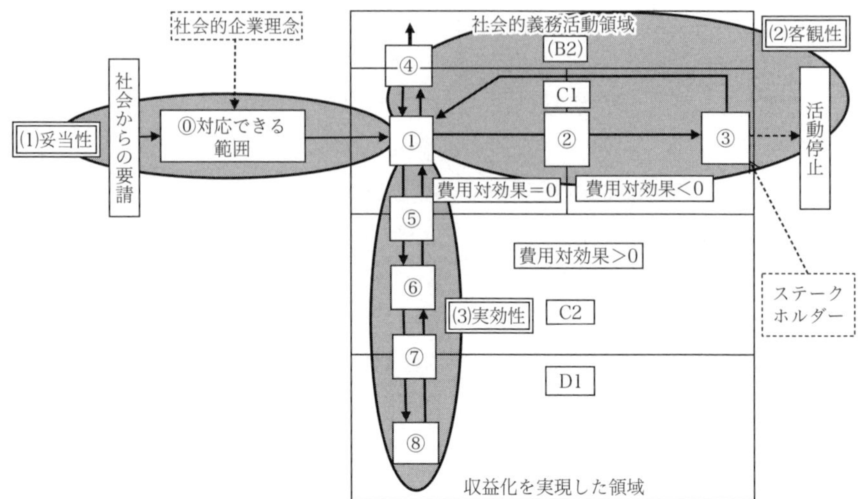

よって対応すべき CSR 活動に係る個別活動を取捨選択して妥当性を担保するマネジメントの過程（妥当性過程），(2)企業の存続について正当性を維持することに関する客観性を担保するマネジメントの過程（客観性過程），(3)企業の存続の蓋然性を向上することに関する実効性を担保するマネジメントの過程（実効性過程）という 3 つの動態的マネジメントで構成される。各々のマネジメントの過程の内容は以下のとおりである。企業は CSR 活動に係る個別活動が現在どの領域にあるのかを把握し，必要に応じて領域を移動させることが求められる。

(1) 妥当性過程（領域⓪⇒①）

前述のとおり CSR 活動に係る個別活動を選択するにあたり社会的企業理念を通じて収益を直接目的としない活動を選択するマネジメントを求められる。実効性過程への接続あるいは客観性過程における社会的義務活動への移行を想定して，個別活動を選択・創造するマネジメントを求められる点で動態的マネジメントの一部を構成する。

(2) 客観性過程（領域①⇒③，領域①⇒④）

対応を決定した CSR 活動に係る個別活動は利益を直接目的に含まないが，

社会からの要請に応えている限り，あるいは社会的義務活動への移行の可能性がある限り継続することを求められる。企業が当該活動から撤退するのは社会からの要請がなくなった場合に限られる。個別活動の継続の可否の決定は企業の都合（費用や利益性等）ではなく，外部のステークホルダーと対話によって決めることで企業の独善性を排する必要がある。将来的な法規制化等を考えたときにその時点では義務強制がない故にCSR活動で対応していなければ，将来法制化がなされたときに企業の存続に係る大きな損失が起こり得るという意味で7分割モデルのB1領域（危機管理）へと一気に移行する恐れがある。よってステークホルダーとの対話を踏まえて法規制バイアスを正確に把握し，将来想定される多大な被害のリスクを現在の比較的安価な費用で回避する予防的なCSR活動が肝要となる。したがって，この過程は企業が独善的な存在ではなく社会に許容される存在であるための客観性を担保する動態的マネジメントと考えられる。

(3) 実効性過程（領域①⇒⑥，領域⑥⇒⑧）

CSR活動は利益を直接目的としないため，まずは個別活動が利益以外の方法で企業の存続に寄与する効果を見出す領域⑥を目標とするマネジメントが求められる。また，CSR活動は社会からの要請がなくならない限り継続を求められるため，積極的なCSR活動の個別活動が結果的に利益化するのは継続のための最有力な手段と把握される。さらに当該分類に区分される個別活動が企業の業績目標に影響を与えるようになればCSV等の活動に移行するマネジメントも求められよう。したがってこの過程は，企業の存続を向上するための実効性を担保する動態的マネジメントと考えられる。

なおCSR活動の動態的なマネジメントの3過程モデルの個別活動に係る優先を確認すると，まずは領域①から領域⑥を目指し，かつ領域⑦及び領域⑧のCSV等の活動としての可能性を考慮し，次に企業の存続にプラスの効果が見極められない場合には領域①へと戻して領域④の予防的なCSR活動への移行を考慮することが合理的である。なぜなら予防的なCSR活動は将来の損失回避を目標とする活動であって現在の効果を焦点とするものではないからである。すなわち継続を前提とする以上は，本来は予防的なCSR活動として分類されるべき個別活動であっても現在の効果を得ることが可能な場合はまずは積極的な CSR 活動として扱って現在の効果を享受する方が効果的なため，マネジメント上適切と考えられるからである。

2 統合的な動態的マネジメントモデル
―CSR 活動の動態的マネジメントの 3 過程モデルと CSV 等の活動との接続

本節ではまず CSV 等の活動における固有のマネジメントについて議論し，CSR 活動と相互補完性があることを明確にする。次に CSV 等の活動のマネジメントを CSR 活動の動態的マネジメントの 3 過程モデルに接続することを考察する。

CSV 等の活動の概念は企業の経済的責任の遂行に属するが，経済活動とは違う性格を持つ。しかし実務面において企業はこの関係を曖昧にしたまま（あるいはその差を理解しないまま）CSV 等の活動を実践している場合が多く，様々な問題が表出する可能性を抱えている。一方 CSV 等の活動は市場メカニズムの機能を利用するため社会的課題の解決に効率的・効果的に寄与できることは自明である。企業が市場の持つ機能を十二分に発揮することで地球環境問題を含む社会的課題を上手に解決するのであれば，本書では本来の意味での企業の社会的責任の遂行ではないという理論面に起因する理由で否定すべきでないと考える。すなわち CSV 等の活動は取扱いを間違えなければ社会的課題を解決する有効な手段であるという見解を持つ。ここでは CSV 等の活動と経済活動との差異，CSR 活動との相互補完性を考察して，CSR 活動のマネジメントと接続できることを中心に議論する。

2.1 CSV 等の活動の概念とその問題点―経済活動との差異

Porter and Kramer（2006）は前述のとおり戦略的フィランソロピーは戦略的 CSR の一部であることを認め，高岡（2002, 22-26）もその同一性を明示していることや Porter が戦略 CSR と CSV は基本的に同じ概念としているので，本書では 3 つに通底する概念は同じものとして CSV 等の活動と総称している。高岡（2009, 33-36, 54-55）は CSV 等の活動が社会的便益と当該企業にとっての経済的利益の創出の効果，そして費用対効果という形の意味次元をすべて包含すると分析するが，これらはCSV等の活動が市場メカニズムの機能を前提とすることを示している。市場メカニズムが機能する以上は効率的な資源配分と有効性の高い社会的便益といった優れた問題解決能力や経済的便益をもたらすので，企業がCSV等の活動を推進しようとすることは当然であり，その傾向は現在の日本でも広範囲に見受けられる。

前述のとおり市場メカニズムが作用するといっても，経済活動が利益のみを目的として，社会全体の利益への寄与は自動的に達成される結果として受容する性格を持つのに対し，CSV等の活動は利益と社会全体の利益への寄与を同時達成することを目的とする。すなわち両者は目的の異なる活動であり目的が違う以上は異なるマネジメントを求められる。本書はその差異が参入と撤退にあると考えている。利益のみを目的とする経済活動ならば，効率の良い市場に参入して利益性に問題が出れば即時撤退することが求められる。一方，社会的課題の解決も目的に含むCSV等の活動の場合は，代替性のない極めて小さな市場でも積極的に参入するうえ利益性に問題が出た場合でも即時撤退が難しい。ここに両者の決定的な差異があるが，両者共に市場メカニズムの作用を前提とするので，企業経営者自身がこのふたつの区別をつけられていないように（特にCSV等の活動が上手くいっている場合には）見受けられる。そもそもPorter and Kramer自体がCSV等の活動と経済活動に係る参入と撤退のマネジメントに差異があることや，そこに問題があることを提起していない。高岡（2009, 42-43）の「株主利益に反するような企業活動を避けるため，ビジネスセクター以外の領域に経済原則や企業の都合を持ち込ませ，自己の都合主導の社会操作の余地を高めさせることから，安易な方法論に流されるべきではない」との批判やBakan（2004, 39, 46-50）が最終的に企業利益に寄与しなくなればCSR活動を中止する企業に対する非難[1]にあらわれると述べていることから，CSV等の活動と経済活動とに必要なマネジメントの差異を明確に意識していないことが見て取れる。

1　Bakanは，企業の管理職や取締役には株主の利益を最優先する義務があり，他の利害関係者に奉仕する法的権限がないとする「企業の最高利害者関係原則」を現在も企業文化に根づいた行動原理として保持するという前提に基づき，すべてのCSRの継続は，直接間接的かは別として利益に関与するか否かで決まると考える（Bakan, 2004, 36-37, 39）。Bakanの立場から見れば，既存の利益を目的としないCSR活動は存在しないか淘汰されることになると考えられる。

それでも深刻な状態に陥り救いの手を急務とする社会的課題に対し，高い問題解決能力を持つ CSV 等の活動を「安易な方法論」（高岡, 2009, 42）と一蹴することは現実的ではなく，これらの批判に耐えうるマネジメントを行うべきであると考える。

2.2 CSV 等の活動に固有のマネジメント

(1) 単独で CSV 等の活動を始めるマネジメント

初期の組織文化論の知見では長期に繁栄する企業の特徴について，価値観として，社会的企業理念を持ち，その理念を有形無形のシステムで徹底して行動基準としての組織文化まで昇華させると論結している（Deal and Kennedy, 1982, 5-7, 15-16, 21-25; Collins and Porras, 1994, 71-79, 85-86, 136-139）。CSV 等の活動の個別活動も社会全体の利益を目的とする以上は一度始めたらやめにくいという性格がある以上，経営資源を流用して社会的企業理念を通ずることで可能な限り費用を抑えて効果を高める必要がある。よって CSV 等の活動も CSR 活動に係る動態的マネジメントの妥当性過程を流用することが効率的かつ効果的といえる。そのような個別活動は従業員から見れば業務の延長上にある参加しやすい活動となり技術や財・サービスの転用も容易となろう。より具体的には妥当性過程を経て対応を決定した個別活動で当初から利益化が望めると判断される活動は CSV 等の活動，それ以外を CSR 活動で行うことを意味する。

(2) CSV 等の活動から CSR 活動に移行するマネジメント

CSV 等の活動は企業利益と社会的課題の解決の両立する活動なので，利益化できない個別活動はもはや CSV 等の活動にならないことに注意すべきであろう。また一度始めれば関係するステークホルダーの利益に寄与する限り継続するよう求められるのですぐに撤退することは許されない。したがって社会全体の利益との相克を回避してレピュテーションリスクを顕在化させないようにするため，利益化ができなくなった CSV 等の活動に係る個別活動は CSR 活動に移行して継続し，その後に客観性過程のマネジメントで企業の独善性を排した判断を行って，その活動の撤退の是非を決定する必要があると考えられる。実は多くの経営者が CSV 等の活動のメリットを理解して日本版スチュワードシップ・コードや有価証券報告書の事業活動の機会として着目するが，一度始めたCSV等の個別活動は単独でマネジメントできないことに気づいていないか見て見ぬふりをしていると思われる。本書は企業がCSV等の活動から撤退する場合，すぐに全面撤退するのではなく，CSR活動に再編成して継続するマネジメントが必要と考える。

この事例として資生堂（以下，S社）のファインライス事業が挙げられる[2]。ファインライスはS社が大学との共同研究の一翼を担ったアトピー性皮膚炎患者用の低アレルゲン米の商品名である。同商品は1994年に特定保健用食品の第1号，1994年には病者用食品として厚生省の認可を受けて，販売は子会社の資生堂ビューティーフーズ（以下，SBF社）に委託されたという。実は当初S社はファインライスの製品化を予定していなかったそうである。しかし，アトピー性皮膚炎の子供を持つ社員の家族の手紙により，その重要性を知った当時の社長の福原義春が利益の如何を問わずその製品化を指示したのをきっかけとして，1991年に事業化して当初大きな反響を呼んだとされる（資生堂企業文化部, 1993, 327-328）。この事業は当時の企業理念である「美しい生活文化の創造」にコミットして企業が社会的問題の解決を意思表示して市場を通じた事業活動といえるのでCSV等の活動による市場参入といえよう。しかしSBF社の担当者は，ファインライス事業が販路を医師のネットワークに頼っていること等から，2005年当時でも売上が低迷して量産効果も出ず，販売価格は1kg当たり約2500円と高額であるばかりか，会社も1kgの販売で1万円以上の損失が出た旨を述べている。よって当該事業はCSV等の活動としては失敗と考えられる。しかし，同担当者は顧客（ステークホルダー）からの要請が続いていることや他社製品の品質が低いことに加えて「日本人として特に子供がお米を食べられないのは可哀想」という想いから継続した旨を述べており，当該個別活動は積極的なCSR活動に移行して継続されたのである[3]。最終的に同製品は2007年3月に

2　筆者が資生堂ビューティーフーズのファインライス担当者に対して2005年3月23日に同社本社内会議室で行ったインタビューによる。

3　SBF社の担当者は，ファインライス事業を継続する積極的な意義として「会議等で多少問題のある製品企画等が出た場合，『当社は赤字でも志を持ってファインライスを販売している。このような企業の企画として問題があるのではないか』という議論で退けられる」と述べている。彼らは当該事業が利益以外で企業の存続に寄与する積極的なCSR活動と考えているとわかる。

販売を終了したが，S社のCSR部長（当時）[4]は，他社の製品が品質改良されて同社の製品より安くかつ十分な効果があることが確認できたため，資生堂が無理に提供する必要がなくなった旨を述べている。このようにファインライス事業は当初はCSV等の活動として展開したが，利益化に失敗したために積極的なCSR活動に移行して継続し，最後は他社製品で補えることを確認して撤退している。ファインライス事業は，社会全体の利益に相克することなくその使命を終えたと考えられる。

(3) CSRの活動からCSV等の活動に移行するマネジメント

本書ではCSR等の活動に係る個別活動が結果的に利益化すれば継続の重要な手段を確保したと考えるが，資本収益率等の企業が掲げる業績目標に寄与するならばCSV等の活動に移行すべきと考えている。経営資源を流用した慣れ親しんだ活動なために，高い問題解決能力や市場規模の予測や業務上のノウハウが蓄積されていると想定できるので，新規にCSV等の活動を創造・選択するより楽なことが期待される。結果的にでも企業業績に影響を与える程度に利益化できる積極的なCSR活動の個別活動は，CSV等の活動に移行するマネジメントが求められる。

例えばS社は1975年より高齢者福祉施設等で痴ほう等の高齢者に化粧方法を教えるボランティア活動を実践している[5]。この活動は入院患者の痴ほうの症状を緩和する効果があり「化粧療法」として認知されている（図5.8）。同社は，年々当該活動への依頼が増加し，ボランティアの人員確保が困難になってきたことを背景に有料化しても一定の需要が見込めると考え，2011年4月に既存の無料のボランティア活動と並行して，当該活動の内容に付加価値を付けた有料の「化粧療法プログラム」をCSV等の活動（開始当時は戦略的CSRの活動とされていた）として発足させたのである（図5.9）。

このCSV等の活動に係る個別活動は需要動向がある程度把握できていることに加えてCSR活動で蓄積したノウハウを活用できるので，参入リスク

4　筆者が資生堂CSR部長（当時）に対して2010年1月13日に同社本社内喫茶室で行ったインタビューによる。

5　S社の化粧療法については，同社HP及び2012年2月1日にS社本社内会議室で行った「ESGアナリストミーティンング（企画:大和証券キャピタルマーケッツ）」で，CSR担当の副社長（当時）等とのミーティング内容に基づく。
・化粧療法のHP：https://corp.shiseido.com/seminar/jp/labo//index.html（2024年1月15日参照）

図5.8　化粧療法ボランティア

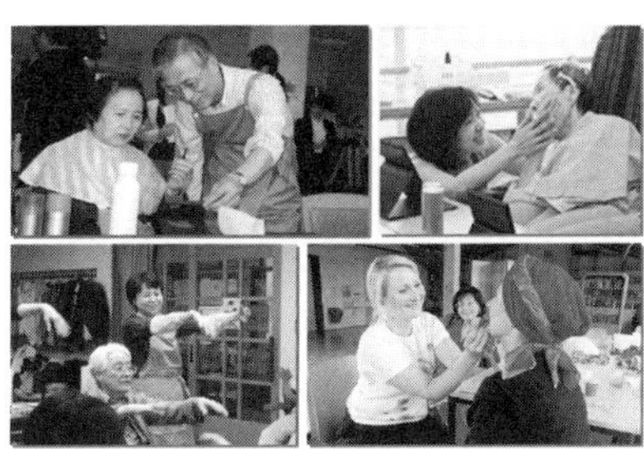

提供：資生堂。

図5.9　化粧療法プログラム

提供：資生堂。

は極端に小さいうえ，利益化の道筋もマネジメントも容易と考えられる。また，理論的にはこのCSV等の活動の個別活動が行き詰った場合でも，もとのCSR活動に吸収すればよい。このマネジメントはCSV等の活動のリスクを最小限にとどめ，高い成果を上げる可能性の高い方法と考えられる。

(4)　経済活動からCSV等の活動に移行するマネジメント

CSV等の活動と経済活動は市場メカニズムの作用を前提に，前者は企業が社会的問題を解決する意思を持ち，後者はそれを持たないことで分類される。理論上，経済活動の個別活動に企業が社会的課題を解決し，収益性を理由にやめない意思を付与することでCSV等の活動に再編できることになる。上手く行っている経済活動の転用であるため個別活動の参入リスクはなく市場環境に変化がなければ継続は容易である。本書は企業が社会的企業理念に基づく経済活動で社会的問題の解決に寄与することを社内外に宣言してCSV等の活動として再編することで移行する場合があると考える。ただし，経済活動から移行してCSV等の活動に係る個別活動となるので，利益悪化を理由とした（経済活動のマネジメント）による撤退はできないことを理解する必要がある。すなわち企業あるいは企業の責任者は経済活動からCSV等の活動に移行する意義を十分考えるべきであろう。なお，もともとCSV等の活動として始めた個別活動を経済活動に変換することは，社会的弱者の生活を脅かす安易な移動となる可能性があるため考えない。

本書では味の素（以下，A社）が東南アジアで展開するBOPビジネスを事例として[6]，このマネジメント及びその意義を考察する。まずA社はBOPビジネスを行うにあたり現地にうま味調味料の工場を設立し，現地の人を雇用することで彼らの自立支援を行うと同時に安価な労働力を確保する。次に原材料となるキャッサバ（イモの一種）の調達のため，現地の農家に高収穫栽培技術の支援を行ってキャッサバの大量生産を可能にする。これらによって彼らの自立支援を行うと同時に安価で安定した原材料の供給先を確保している（図5.10）。そして最下層の貧困者にまで商品を提供するため，彼らがワンコインで買えるよう商品の容量を調整する（図5.11）。

このような形で貧困者の居住先に商品を供給するために，現地の地理を知り尽くした現地人を販売員に雇用する。現地人の販売員に物流から資金回収まで可能なように教育して直販体制をつくり，販売員の自立支援だけでなく将来マネジメントができる人材を育成する（図5.12）。

消費者としての貧困層も恩恵を受ける。当時の彼らは調味料をほとんど使えないため（図5.13），食事が不味く食欲も湧かないとのことであった。しかし，うま味調味料の使用は彼らの食欲不振を解消させるだけでなく同じ食事量でも栄養の摂取量を増加させる効果があることがわかっている。

図5.10　農業支援前後のキャッサバ収穫量

＜支援前＞

＜支援後＞

出所：味の素資料より筆者作成。

図5.11　各国の実情にあったパッケージ

途上国における「味の素」の販売活動

➤Affordable Price の追求

ー 適切な価格・容量体系の構築

	【インドネシア】	【フィリピン】	【インド】	【ナイジェリア】

	(1g)	(5.9g)	(2.5g)	(13g)
価格	50Rp	1P	1R	5N
	(0.66円)	(2.52円)	(2.93円)	(4.3円)

出所：味の素資料。

6　A社の東南アジアにおけるBOPビジネスについては，特に明記がない限り，筆者が依頼した講演会（2009年2月5日開催）の内容に基づく。ただし，筆者はそれ以外にも担当者に同社・本社内会議室でインタビューを行っている（2008年9月10日，2011年11月.17日）。同インタビューで得た内容は，文末等に各々<2008.9.10>，<2011.11.17>と日付を明記している。なお，（図5.10）～（図5.13）の写真は，筆者が吉田（2013a）の査読論文に応募する前に味の素より使用許可を得ていると同時に，今回書籍の刊行においても許可を得た。

図 5.12　現地人従業員による直販体制の確立（左: 物流，右: 売上回収金の帳簿記入）

出所：味の素資料。

図 5.13　貧困者（フィリピン）の家庭の台所と調味料

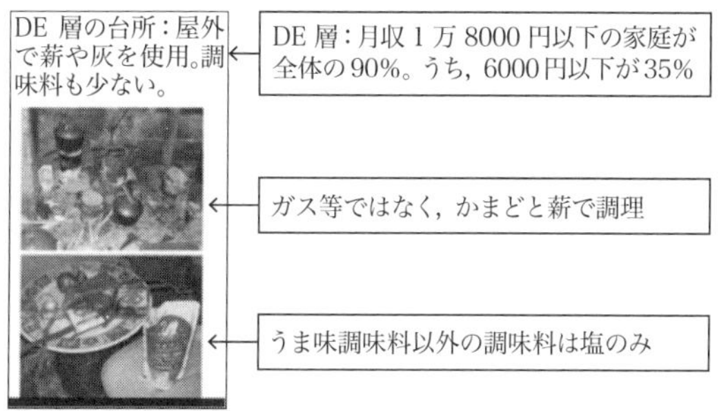

出所：味の素資料より筆者作成。

A 社は現場主義を徹底して経済活動のマネジメントを適用することで，東南アジア向け BOP ビジネスを同社の売上高の 10%以上を占める中核事業へと成長させている。一方で貧困者の生活向上という社会的問題の解決に寄与する意思も明確で，その意味で高岡が述べる CSV 等の活動の 3 要件を満たす。しかし同社の CSR 担当者によれば，この活動が社内において創業時の経営理念の延長線にあると位置づけられていたにもかかわらず，社会的問題の解決への寄与についての認識はあまり持たれていなかったと述べている。彼は当該活動が同社の経営理念の実践を通じて社会的問題の解決と企業利益に寄与する事例で企業の存在意義や社会的役割を体感できると気づき，従業員がそのことを再認識すべきと考え，今後も当該活動で社会的問題の解決に寄与することを社内外に宣言して CSV 等の活動に移行して成功した旨を述べている（開始当時は戦略的 CSR 活動とされていた）。

この移行は社会的企業理念を通じた経済活動で社会的問題の解決への寄与が際立つ場合に，企業が今後とも当該活動を通じた社会的問題の解決の意思表示をすることで可能になることを示す。また，A 社の事例から従業員に自社の企業理念と存在意義を認識させる効果がある点で意義があると考える。

2.3 CSV 等の活動の 3 過程モデルへの接続

本章では CSV 等の活動が内在する問題を回避するマネジメントを考察し，経済活動と参入・撤退でマネジメントが異なることを明確にして，下記の具体的マネジメントⒶ～ⒹをCSR 活動の 3 過程モデル及び経済活動と連結する（図 5.14）。

(1) 市場からの撤退

企業は CSV 等の活動に係る個別活動が利益の追求を断念した場合でも社会全体の利益と相克する可能性があるため安易に撤退はできない。企業は当該個別活動を撤退ではなく CSR 活動として再編成して継続するマネジメントが求められる。この過程は（図 5.14）のⒷに相当する。なお CSV 等の活動に係る個別活動は CSR 活動に移行できるように社会的企業理念を通じることが求められるともいえよう。

(2) 市場への参入

CSV 等の活動に係る個別活動は経済活動のマネジメントで回避されるような小規模でリスクの高い市場に参入する可能性がある。よって社会的企業理念を価値基準とすることで従業員に理解されやすいうえに経営資源の流用も容易な個別活動を選択し，可能な限り費用を抑えて高い効果をもたらす活動で参入する必要がある。そこで企業が様々な社会からの要請から CSV 等の活動に係る個別活動を取捨選択する場合には，社会的企業理念を価値基準とする CSR 活動の妥当性過程のマネジメントを援用することで経営資源を有効活用できる範囲で行うことが有効と考えられる。この過程は（図 5.14）のⒸの過程を意味する。同様の考え方で利益化したあるいは利益化できると判断した既存の積極的な CSR 活動に係る個別活動を CSV 等の活動に移行し

図 5.14　統合的な動態的マネジメントモデル

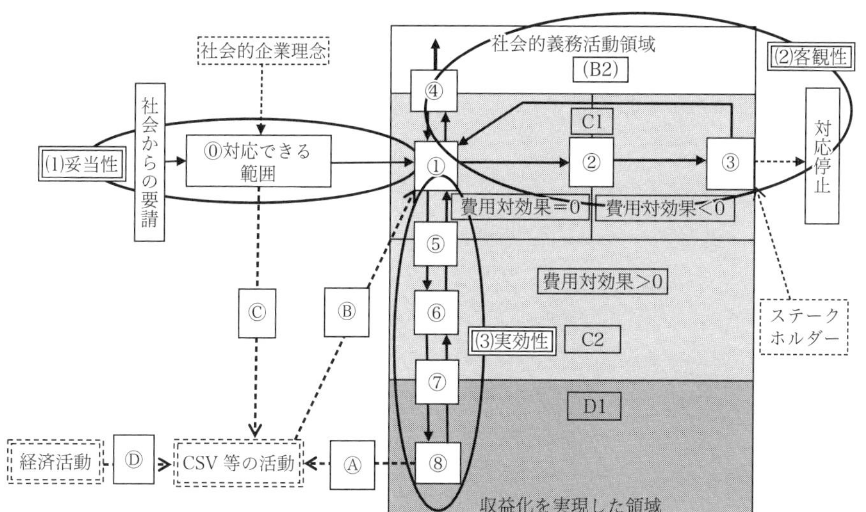

て再編成するマネジメントも有効と考える。この過程は（図 5.14）のⒶの過程を意味する。また，企業が既存の経済活動に係る個別活動において社会的問題の解決を継続することを宣言することで，当該個別活動を CSV 等の活動へと移行するマネジメントもある。この過程は（図 5.14）のⒹが相当する。

CSV 等の活動の個別活動は特に利益化や市場規模の拡大を失敗した場合等に見られる CSV 等の活動として存続できないという問題があるため，CSR 活動との相互補完関係が必要となる。換言すれば CSR 活動があることで CSV 等の活動の個別活動は成立するし，CSV 等の活動に係る個別活動のマネジメントについて批判を回避して社会全体のコスト[7]を最小化することになると論結される。

7　この議論は，資生堂企業文化部（1993, 325-329）が資生堂が無償提供する視覚障碍者向け点字版美容テキストを事例に挙げて「そもそも社会全体のコストから考えても，その活動領域に経営資産を有するゆえにわずかな余力で行うことができる資生堂が，そうした社会貢献活動を行った方がより効率的なのである」との主張を踏襲している。

3 まとめ

CSR活動に係る個別活動は様々な社会からの要請に対して社会的企業理念を価値観とすることで，すべての要求あるいは要請に唯々諾々としたがいすべて平等に対応するのではなく，自社の持つ価値観を中心に取捨選択して対応すべき活動を決定して開始する（妥当性過程）。その個別活動は予防的なCSR活動と積極的なCSR活動に区別されるが，まず積極的なCSR活動として成立するようマネジメントする（実効性過程）。次に予防的なCSR活動として成立するマネジメントを考え，停止はステークホルダーとの対話によって社会からの要請が無くなって初めて撤退できる（客観性過程）。

予防的なCSR活動に係る個別活動は企業の社会的義務の遂行（法規制の順守）を出口として移行する可能性を考慮する必要がある。またCSR活動が結果的に利益化すればCSV等の活動への移行を考慮する必要がある。すなわち計9個のマネジメント領域を持つCSR活動の3過程マネジメントモデルはCSR活動に係る個別活動の開始，停止，内部での互換性と外部接続（出口としての法規制の順守とCSV等の活動への接続）をすべて含んでいる。同モデル内の活動はすべて企業の目的と整合することから本書で対象とする企業活動の範囲内である。すなわちCSR活動の動態的なマネジメントの3過程モデルは企業の目的に添った企業活動の範囲でCSR活動に係る個別活動のすべてのマネジメントを網羅していることを意味する。

CSV等の活動も本書で対象とする企業活動の範囲内である。本章ではCSV等の活動に係る個別活動にも独特のマネジメントとしてCSR活動と同様に社会的企業理念を通じて新規に開始する過程を援用（実効性過程の援用）することや，停止する場合は一度CSR活動へ接続してCSR活動として停止すること，そして経済活動を出口とすることを示した。そしてCSV等の活動に特有のマネジメントと，CSR活動の動態的マネジメントの3過程モデルを接続した統合的な動態的マネジメントモデルを提示した。

統合的な動態的マネジメントモデルはCSR活動とCSV等の開始，停止，内部互換性，外部接続をすべて網羅し，経済活動を入り口，法規制の順守を出口に据えていることから5つの領域をすべて網羅して実務面で利用できる。すなわち，企業の社会的課題への取組みに係る個別活動をマネジメントするのに必要十分なモデルと論結される。なお，経済活動の中身は本書の対象ではないことを再度確認しておく。

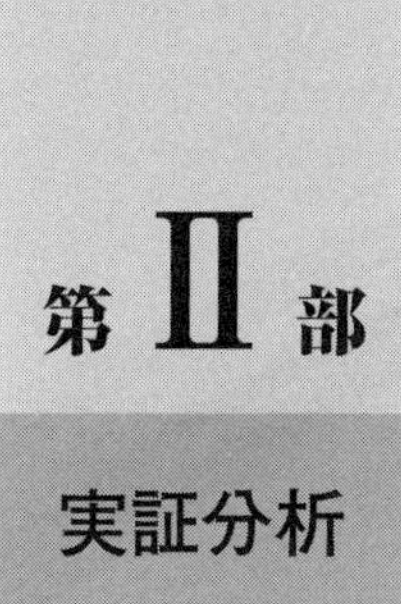

第 II 部 実証分析

積極的な CSR 活動の効果と具体的なマネジメント

第6章

質的な実証分析とマネジメントの特徴に関する考察
―日本のベストプラクティス企業3社の個別活動から

本書ではここまで，積極的なCSR活動は法規制バイアスがかからないので利益とは別に企業の存続へ寄与する効果があることを前提としてきている。これについては第Ⅰ部で資生堂の東日本大震災の復興支援ボランティアの実例から帰属意識やロイヤルティ等の効果があると述べたが，活動の企画段階でその効果を見越している企業はあまり見られない。

またこのような効果を考察する先行研究は国内ではほとんど見受けられない。海外の先行研究では企業のCSR活動への取組みの程度と従業員モチベーション等の効果を調査する研究は相応にあるが，個別企業を対象に企業の社会的課題の取組みに係る積極的なCSR活動に相当する個別活動が企業の存続に寄与する効果を調査する研究はあまり見られない。Porter and Kramer（2006）はその効果が不明瞭という理由で批判している。

第Ⅱ部では積極的なCSR活動の個別活動の効果を明確にすることを目的としている。これは第Ⅰ部で示したマネジメントモデルの有効性を担保するうえでも重要な意味を持つ。積極的なCSR活動に係る個別活動の企業の存続に寄与する効果が明確になって具体的なマネジメント方法も提示されることで，企業は積極的なCSR活動を自らの存続のために導入する動機になりうるうえ，日本版スチュワードシップ・コードを狭義に解釈する偏狭な機関投資家に対する説明責任を果たしてイニシアティブを確保できるからである。また，SDGsから目標を選び自分の企業にあった個別活動を選ぶ具体的な方法論にもなろう。

まず本章では，日本のベストプラクティス企業3社の質的な実証分析を行う。

1 ベストプラクティス企業3社の個別活動の質的分析 ―積極的なCSR活動の効果とマネジメントの特徴

1.1 本分析で対象とする積極的なCSR活動―本業に依拠した積極的なCSR活動

CSR活動の個別活動は関係するステークホルダーからの要請がある限り継続することが最重要の目標となるため，企業は効率的で効果的な個別活動を選択または創造して費用対効果を高めるマネジメントを行う必要がある。本書は企業が経営資源を効率的で効果的に活用できるという視点と今までの議論を踏まえ，社会的企業理念を通じた本業に依拠した積極的なCSR活動を分析の対象にする。

1.2 本分析で対象とするベストプラクティス企業

Deal and Kennedy（1982, 5-7, 15-16, 21-25）やCollins and Porrass（1994, 79, 85-86, 136-139）の初期の組織文化論の知見や坂下（1992, 8-13）の提唱する「企業経営の仕組み」の概念を踏襲する。そうすると長期に繁栄する企業は社会的企業理念を持って有形無形のシステムで徹底して行動規範となる強い組織文化を構築・維持・向上させる特徴を持つとされる。このような企業での本業に依拠した積極的なCSR活動の個別活動は，社会的企業理念の理解や浸透とそれに伴う従業員モチベーションの向上等の効果があると想定される。こうしたCSR活動を理解していると思われる企業をベストプラクティス企業として抽出する。ベストプラクティス企業の本業に依拠した積極的なCSR活動に係る個別活動ならば効果が見出しやすいと考えられるからである。より具体的にいえば①外部からCSRに関して一定の評価をされている，②CSR活動の重要性を自ら認識している，③長期的な繁栄を継続している，④社会的企業理念を保持している，⑤強い組織文化が存在する条件を満たしている，⑥組織文化の急激な変更・停滞が起こりにくいと想定される，という6条件を満たす企業について，ベストプラクティス企業と規定する。

1.3 ベストプラクティス企業の積極的なCSR活動の個別活動の効果に関する仮説

従業員が本業に依拠した積極的なCSR活動の個別活動に参加することは，利益を目的としない価値観を個別活動で示すことになるので，自社の社会的企業理念を体感・理解する活動になり得ると想定される。坂下（1992, 8-13）は「企業経営の仕組み」の概念で，企業が持続可能性を確保するマネジメントの枠組みを「企業経営の仕組み」と規定し，①戦略を立てる（経営戦略，すなわち成長戦略と競争戦略），②組織をつくる（組織構造，組織形態，組織文化），③人を動かす（インセンティブ・システム，リーダーシップ）という3つのマネジメントで構成されると主張している。当該個別活動は組織文化を強化するシステムやインセンティブ・システムの枠組みとなって企業の存続にポジティブな効果があると考えられる。

前述の6条件に及ぶ厳しい条件に適合するベストプラクティス企業の，本業に依拠した積極的なCSR活動に係る個別活動ならば，企業の存続に対する効果として従業員モチベーション向上が顕著に見られることを想定して以下の仮説を設定する。

【仮説】ベストプラクティス企業において，本業に依拠した積極的なCSR活動に係る個別活動は，従業員モチベーション向上に効果がある。

1.4 ベストプラクティス企業の抽出と対象企業の決定

(1) ベストプラクティス企業の抽出条件

前項で規定した仮説を検証するため，まずベストプラクティス企業を抽出する。前述のベストプラクティス企業に関する条件①～⑥に該当する項目を以下のように具体的に設定し，ベストプラクティス企業の抽出を行う。

①外部からCSRに関して一定の評価をされている。

・以下イ～ハの条件をすべて満たす企業と規定する。

イ．東洋経済新報社（2010, 14-17）の「第4回CSR企業ランキング」の（総合）上位200社に選出され，その評価項目のうち雇用，環境，社会＋企業統治の各分野において，その分野別の得点が3分野すべて当該200社の平均点以上を獲得している企業[1]

ロ．2011年9月1日現在，モーニングスターの提供するSRI-Indexの「モーニングスター社会的責任投資株価指数」に採用されている企業

ハ．2011年7月4日現在，Forum Ethibelの提供するSRI-Indexの「Ethibel Sustainability Index Excellence」に採用されている企業

② CSR活動の重要性を自ら認識している。

・2011年9月9日時点で国連GCに署名し，グローバル・コンパクト・ネットワーク・ジャパン（GCNJ）に加盟している企業

③長期的な繁栄を継続している。

・2009年度決算末から過去30年間かつ過去10年間の平均[2]で，自己資本比率と総資本経常利益率が東証一部上場企業の平均より高い企業

④社会的企業理念を保持している。

・社会的企業理念を明示し，収益を目的とする条項を全く含まない企業

⑤強い組織文化が存在する条件を満たしている。

・Collins and Porras（1994, 2）が提唱する強い組織文化を持つことが想定されるビジョナリーカンパニーの条件の6つの特徴（A～F）に各々対応する下記の具体的な検索条件（a～f）を満たす企業

<ビジョナリーカンパニーの条件>

A. 業界で卓越した企業である。

B. 見識のある経営者や企業幹部の間で，広く尊敬されている。

C. 私たちが暮らす社会に，消えることのない足跡を残している。

D. 最高経営責任者（CEO）が世代交代している。

1　同ランキングは財務状況も評価対象とするが，この財務評価は直近3期間のみを対象としている。本書は，長期的な繁栄を財務状況と考えるため，長期的な指標に置き換え，条件①-イと平仄をあわせた。

2　過去30年と過去10年の双方のデータから，当該企業が徐々に衰退していないことを確認している。

E. 当初の主力商品（またはサービス）のライフ・スタイルを超えて繁栄している。

F. 設立後50年を経過している。

<検索条件>

a. その業界で市場シェア3位以内の財・サービスを保持している。

b. 歴代の経営者が経済団体の主要構成員，社外取締役等に選任されている。

c. 企業が提供する財・サービス等が必要不可欠である。

d. 社長が世代交代をしている。

e. 当初の主力商品以外の財・サービスで成功している。

f. 1961年以前に設立された企業である。

⑥組織文化の急激な変更・停滞が起こりにくいと想定される。

・国内で対等合併やそれに準じる大規模な合併等を直近30年程度していない企業

(2) ベストプラクティス企業抽出の手順

ベストプラクティス企業を抽出するため，条件①～⑥にあてはまる企業を下記のように手順1～7にしたがって具体的に抽出作業を行う。

<条件①に適合する企業を抽出>

手順1：東洋経済新報社（2010, 14-17）の「第4回CSR企業ランキング」の（総合）上位200社に選出された企業の中で，その評価項目のうち雇用，環境，社会＋企業統治の各分野において，その分野別の得点が3分野すべて当該200社の平均点以上を獲得している該当する企業を抽出する（候補1）。

手順2：候補1の企業群からモーニングスターのHPの「モーニングスター社会的責任投資株価指数　構成銘柄リスト」及びForum EthibelのHPの「The company databank」から，双方のSRI- Indexに採用されている企業を抽出する（候補2）。

<条件①と条件②に適合する企業を抽出>

手順3：候補2の企業群から，2011年9月9日時点でグローバル・コンパクト・ネットワーク・ジャパン（GCNJ）のHPから，その加盟企業を抽出する（候補3）。

<条件①と条件②と条件③に適合する企業を抽出>

手順4：候補3の企業群から，みずほ証券リサーチ＆コンサルティングの提供データ（2011年2月18日提供）から，2009年度末決算から過去30年間かつ過去10年間の平均で，自己資本比率と総資本経常利益率が東証一部上場企業の平均より高い企業を抽出する（候補4）。

<条件①，条件②，条件③と条件④に適合する企業を抽出>

手順5：候補4（7社）の企業群の中で，社会経済生産性本部（2010）及び各社のHPから，社会的企業理念を明示しており，その一部に収益を目的とする条項を含まない企業を抽出する（候補5）。

<条件①，条件②，条件③，条件④，条件⑤に適合する企業を抽出>

手順6：候補5（5社）の企業群の中で，下記のビジョナリーカンパニーの条件に関する検索条件にあてはまる企業を抽出する（候補6）。

（検索条件）

a. その業界で市場シェア3位以内の財・サービスを保持していることを日経産業新聞社（2010），HP，各社への問合わせで調査する。

b. 歴代の経営者が経済団体の役職等に選任されていることを日本経済団体連合会のHP，経済同友会のHP及び各社への問合せで調査する。

c. 企業が提供する財・サービス，あるいは社会システム等が必要不可欠であることを検索条件aで調査した財・サービス，あるいは企業HPでの商品情報を対象に，その社会に対する影響度を定性的に考察する。

d. 社長が世代交代をしていることを各社への問合わせで確認する。

e. 当初の主力商品以外の財・サービスで成功していることを各社HP等から確認する。

<条件①，条件②，条件③，条件④，条件⑤と条件⑥に適合する企業を抽出>

手順7：候補6で過去30年以内に国内において対等合併やそれに準ずる大幅な吸収合併，あるいは被合併等を経験していない企業を各社HPによって調査する。

(3) ベストプラクティス企業の抽出結果と対象企業の選定

7つの手順にしたがい抽出した結果，（表6.1）で示されるように最終的に4社が抽出された。この4社の中で積極的なCSR活動の個別活動が確認され，かつ当該活動の取材，現地調査，研究成果の公表等に応諾した企業は，リコー（R社），資生堂（S社），キッコーマン（K社），の3社であったため，本書は当該3社をベストプラクティス企業の対象企業として各社の個別活動を分析対象とする（表6.2）。表記はR社，S社，K社とする。

1.5 検証—対象企業3社の各個別活動[3]の観察

対象企業3社の積極的CSRな活動に係る個別活動について，実務担当者への直接取材や現場調査，そして筆者が各社の実務担当者に依頼した講演の記録を通じて具体的な内容とその特徴を俯瞰する。

表6.1　手順によって抽出された企業数

手順	企業数
当初	200
手順1	50
手順2	22
手順3	13
手順4	7
手順5	5
手順6	4
手順7	4

3　なお，（図6.3）のひな型については，筆者が吉田（2012）の査読論文に応募する以前に資生堂より使用許可を得ている。また，（図6.1），（図6.2）の写真については，リコーの撮影許可を得たうえで撮影して当該写真や概念図についても筆者が吉田（2012）の査読論文に応募する以前にリコーより使用許可を得ている。また，今回の書籍化にあたっても許可を得ている。

表 6.2　ベストプラクティス企業（対象企業）3 社の概要

条件		項目		R 社	S 社	K 社	平均値
①	イ	東洋経済 CSR ランキング	雇用	88.7	100.0	71.7	69.7
			環境	88.5	90.2	93.4	76.7
			社会＋企業統治	94.5	93.7	89.6	82.6
			3 分野合計（参考）	271.7	283.9	254.7	229.0
	ロ	モーニングスター社会的責任投資株価指数		○	○	○	
	ハ	Ethibel Sustainability Index Excellence		○	○	○	
②	GC 署名（2010.9.13 時点）			○	○	○	
③（＊1）	直近 30 年平均		総資本経常利益率	5.32%	7.18%	4.65%	2.76%
			自己資本比率	37.29%	54.83%	42.57%	24.96%
	直近 10 年平均		総資本経常利益率	5.99%	6.45%	5.56%	4.51%
			自己資本比率	41.24%	53.59%	49.07%	33.05%
④	社会的企業理念			三愛精神	5大主義,THE SHISEIDO WAY 等	（＊2）	
⑤	a	その業界で市場シェア 3 位以内の財・サービスを保持		複写機で国内市場トップ	化粧品で国内市場トップ	醤油で国内市場トップ	
	b	歴代の経営者が経済団体の役職等に選任		社長は経済同友会代表幹事，社外取締役を歴任	名誉会長は経団連事業委員長や公職を歴任	会長は経団連常任理事や社外取締役等を歴任	
	C	企業が提供する財・サービス等が必要不可欠		コピー機・カメラ等	化粧品・スキンケア・チェーンストア制度等	醤油・ケチャップ・清涼飲料水等	
	d	社長が世代交代（2010.9.13 時点）		6 代目	13 代目	11 代目	
	e	当初の主力商品以外に成功		デジタルカメラ，FAX，デジタル複合機等	多様な化粧品等	ケチャップ，ワイン，惣菜用加工調味料等	
	f	1961 年以前に設立		1936 年設立	1872 年創業	1917 年設立	
⑥	大規模合併等（2010.9.13 時点）			×	×	×	

注：（＊1）データ提供はみずほ証券リサーチ＆コンサルティング。

（＊2）K 社の経営理念。

1.「消費者本位」を基本理念とする

2. 高いクオリティの商品とサービスを提供し，食文化の国際交流をすすめる

3. 地球社会にとって存在意義のある企業をめざす

(1) R社（電機）…資本金1353億円，従業員10万9014名（2011年3月31日調査当時）

① 調査概要

◎具体的事例

・御殿場事業所[4]における，生産性向上を環境負荷低減に優先しない環境のフィルターを通す改善活動の醸成と台車式生産方式

◎取材日（取材場所）

・2007年4月6日，6月8日，2007年8月1日，9月3日，11月23日，2010年1月14日，2011年9月21日（R社御殿場事業所）

◎取材内容等

・特段の記載が無い限り，記載した日付（文末に＜日付＞で表記）における担当者への取材内容。

② 個別活動の背景

◎経営者の姿勢，態勢

・同社の環境経営報告書の「社長メッセージ」（抜粋，下線部修正は筆者）によれば，「R社グループは，地球環境保全を地球市民である自分たちの使命と捉え，環境保全と利益創出を同時に実現する『環境経営』を掲げ，積極的な環境負荷削減活動に取り組んできました。」として同社の環境綱領を確認し，「R社グループは，今後も，お客様，仕入先企業，株主・投資家，NGO/NPOや市民など，世界中のステークホルダーの皆様と力をあわせて持続可能な社会の実現に貢献し，地球環境と共に成長し続ける企業を目指します。」と述べている（リコー社会環境本部，2010, 4）。また御殿場事業所では独自の環境報告書を作成し，環境綱領を受けて「御殿場事業所は，これからも環境保全活動を，『全員参加』『一人ひとりが主役』を合言葉に，継続的に取り組んでいきます。」と明記している（リコー御殿場事業所，2010, 2）。

◎企業内での危機感，問題意識

・ベルトコンベアが想定する少品種大量生産体制が時代に合わなくなり，単

4　R社は環境経営を推進するがその内容は多岐にわたるため，本論では国内唯一の完成品組立工場でマザー工場でもある御殿場事業所（当時）に焦点を絞った。

なる組立作業は中国の方が上手でコストも安いため工場存続への危機感が台頭する＜2007年4月6日確認＞。

③ 個別活動：環境のフィルターを通じた改善活動と台車式生産方式の開発

◎環境のフィルターを通す意識を醸成＜2007年6月8日確認＞

・工場の日常業務の基礎である5S（整理・整頓・清潔・清掃・躾）活動の中で環境のフィルターを通す方法を徹底することで興味を持たせる。「整理」活動を廃棄物に適用することで，中国からの搬入品の包装材の廃棄物が多いことに気づき，その結果，パイプラックを梱包に利用し，年間92tのダンボールと2.6tの発泡スチロールを削減し，搬入品の調達コストも低下させる（図6.1）。

・また，コピー機とオプション品を別々に段ボールに梱包して顧客に送り，顧客のオフィス等の現場で販社の営業社員が組み立てていたが，コピー機とオプション品の組立てまで事業所で行い，パイプラック梱包等の循環型包装で顧客に届ける工場コンフィグを開発してゴミ削減と納品時間の短縮を可能にしている。これによって，営業社員は現場で組み立てる労力と時間を軽減できるだけでなく，顧客に使用方法を説明する時間が十分に取れるようになり，彼らのモチベーションを向上させる効果もあった旨を述べている＜2007年6月8日確認＞。

・2か月に1度，改善を行った社員の持ち場を興味のある社員が集団で任意でまわりその成果を聞く改善ツアーや，半年に1度，全員参加の改善大会

図6.1　パイプラック梱包の状態（左）と返送時の状態（右）

出所：筆者撮影2007年9月3日。

を開催し，改善結果はデータベース化されて全社で利用される＜2007年6月8日確認＞。事業所長（当時）は「一番重要なことは関心を持つことで，そのためには聞くことが大切で，週に1度聞く，1か月に1日はグループ会合を開いた結果を聞く，このサイクルを守ることで答えようとする動きが出てくる＜2007年4月6日確認＞」として「和を大切にして作業者のモチベーション低下を防止するため，派遣社員，正社員がすべて平等に成果を発表できる場をつくるのが目的である＜2007年9月3日確認＞」と明言する。

◎環境のフィルターを通じた「台車式生産方式」の開発

・工場のレイアウト担当者はコンベア式では多品種少量生産に対応できないことに興味を持つ。製品ひとつを1台の「台車」に載せて台車単位で作業すれば，動力を手動または空気圧にできるので環境負荷が低減する。そのうえ設備に依拠しない自由なレイアウト設計を可能にするので製品，生産台数に対応でき，作業者の熟練度を加味した作業の割当を行って作業負担も最小にするレイアウトを構築できる。それが生産性向上に寄与することに気づき，台車式生産方式を開発する（図6.2）＜2007年6月8日確認＞。

◎台車式生産方式の効果

・現場の作業者はレイアウト変更の権限を委譲されているため，無駄な作業負担を軽減し，その時点で最善な作業工程による生産が可能となるようにレイアウト変更を行う＜2007年6月8日確認＞。

・同生産方式の導入前後を比較すると消費電力は1日90kWhから1kWhと99%減，CO_2排出量は1日0.032tから0.003tと90%減に改善したとされる（リコー御殿場事業所，2005, 14)。また設備投資費用は99%減，省スペース化は67%減，メンテナンス費用は0円と低減している＜2007年8月1日確認＞。

日常の5S活動で常に環境のフィルターという価値観を通じた活動を行うため，パイプラック方式のような改善活動が自然となる。また，当該価値観が共有されて揺るがないため，自らの自主的な創意工夫が問われる改善活動でも無駄が低減すると想定される。そのうえですべての作業者が頻繁に成果を発表し，その成果は事業所全体や全社で評価されて改善に貢献することを

図6.2 「台車式生産方式レイアウト（左）」と実際の「台車（右）」

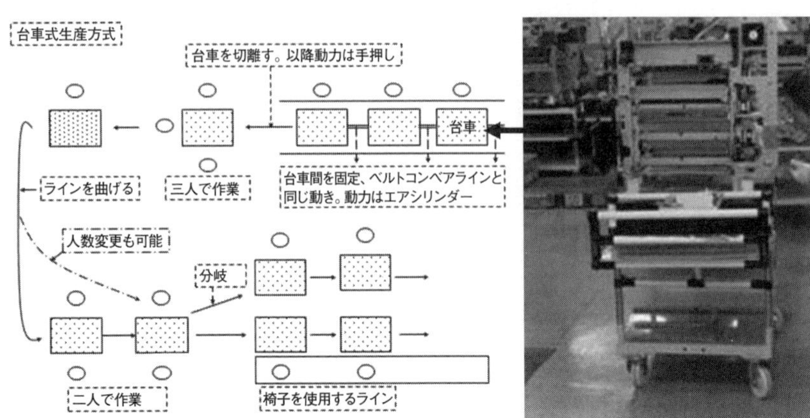

出所：筆者作成及び撮影，2007年9月3日。

認識できるシステムが構築されているため，作業者が自主的に企業活動に参加しようとするモチベーションが向上することが想定される。特に台車式生産方式は自らの作業を楽にするための権限が作業者に委譲されていることから，日常業務においても環境のフィルターという価値観の下で生産性向上と従業員モチベーションの向上が両立できることを意味する。すなわち，環境保全，生産性向上，従業員モチベーション向上の3者を両立できると考えられる。

(2) S社（化粧品）…資本金645億円，従業員3万1310名（2011年3月31日調査当時）

① 調査概要

◎具体的事例

・育児休暇者復帰支援Webシステム「wiwiw」と情報交換メール機能

◎取材日（取材場所）

・2004年7月7日，2006年6月15日，9月14日（以上，S社本社での取材），2006年11月27日（S社会議室での講演）

◎取材内容等

・特に記載（文末に＜日付＞で表記）が無い限り田中（2006）の講演録に基

づく。

② 個別活動の背景

◎経営者の姿勢，態勢

・社内のHP「想い」での当時の社長の談話より抜粋（下線部修正は筆者)。

「企業として女性の社会参画のインフラづくりに積極的に協力し，新しい社会を創るために力を尽くすこともS社の大切な使命である。」

◎企業内での危機感，問題意識

・約7割を占める女性社員が会社の生命線であると認識し，育児休業等に関する先進的な制度の整備・利用促進をしたが育児休業者の退職が減らない状況が続いた。

③ 個別活動：私益と公益と一致させる企業活動…情報交換メールの開発・運用

◎ wiwiw の開発

・開発者は，優秀で復帰意欲も高かった先輩社員が育児休暇取得を契機に次々と退職する理由に興味を持ち，約350名の育児休業者全員にアンケートを行うと同時に対象者100名に2，3時間の面接調査を行う。また上司や他社を含む人事担当者にまで面接調査をした結果，育児休暇中の約1年間に会社から育児休業者に全く連絡がないことに根本的な原因があり，それが育児休業者と企業が相互不信に陥る「負のスパイラル現象」を引き起こすことに気づく。

・負のスパイラル現象：育児休業者は休暇中に会社から一切連絡がないため「会社は自分を必要としているのか？」との不安から不信感が生まれる。全身全霊で自分を求める子供を保育所に入れて職場復帰することが「自分にも会社にも意義があるのか？」と悩み，モチベーションが低下して復帰を断念する。復帰しても1年間情報が遮断されているため社内事情もわからない浦島太郎状態である。その孤独感と戦いながら短時間勤務でも成果をあげたいとする想いと育児との両立に疲弊し，モチベーションが低下して退職する。しかし，人事担当者はこの現象を「育児休業者は当初から育児休暇制度を利用して辞めるつもりだ」と解釈し，不信感から女性の採用自体の抑制まで検討する。

◎情報交換メールの機能（図 6.3）

・情報交換メールは，育児休業者と上司との情報交換を支援するため，月 2 回育児休業者へのメール送付を促すリマインダーメールを直属の上司に自動送付する機能である。リマインダーメールには上司が挨拶文に困らないよう子供の成長に合わせた挨拶文と連絡内容を編集しやすいフォーマットが用意されている。上司は文面を編集し，自分のメールアドレスから，直接育児休業者にメールを送付する。

◎情報交換メール機能の効果

・上司と育児休業者は直接メールのやり取りを行うため第三者にメールを見られない。よって上司はメールに部外秘の情報，会議資料等をメールに添付することもできる。一方，育児休業者は復帰後の不安や希望等の相談をしやすく，回答があればその場で問題が解決するので休業期間中鬱々と悩むこともないし，自分の子供の写真をメールに添付すること等もできる。

図 6.3　上司向けリマインダーメールの例

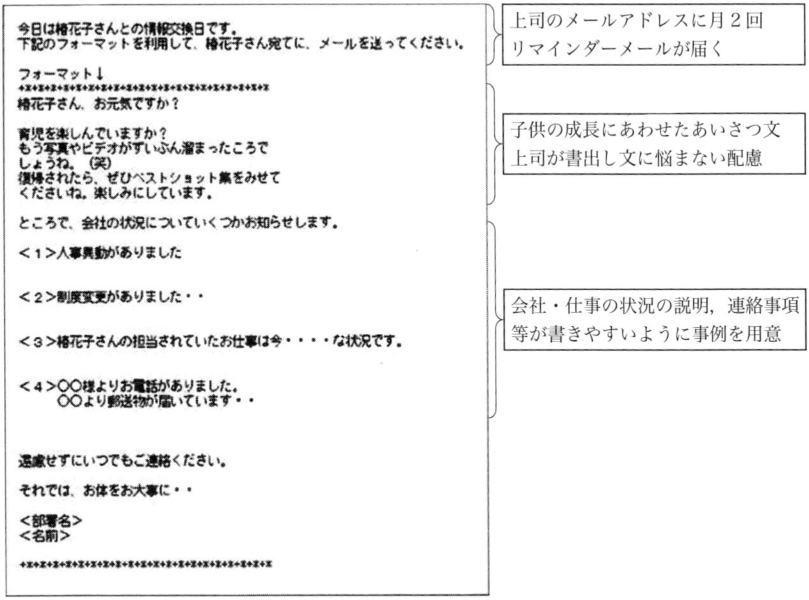

今日は椿花子さんとの情報交換日です。
下記のフォーマットを利用して、椿花子さん宛てに、メールを送ってください。

フォーマット↓
+*
椿花子さん、お元気ですか？

育児を楽しんでいますか？
もう写真やビデオがずいぶん溜まったころで
しょうね。（笑）
復帰されたら、ぜひベストショット集をみせて
くださいね。楽しみにしています。

ところで、会社の状況についていくつかお知らせします。

＜１＞人事異動がありました

＜２＞制度変更がありました・・

＜３＞椿花子さんの担当されていたお仕事は今・・・・な状況です。

＜４＞○○様よりお電話がありました。
　　　○○より郵送物が届いています・・

遠慮せずにいつでもご連絡ください。

それでは、お体をお大事に・・

<部署名>
<名前>

+*

上司のメールアドレスに月 2 回リマインダーメールが届く

子供の成長にあわせたあいさつ文上司が書出し文に悩まない配慮

会社・仕事の状況の説明，連絡事項等が書きやすいように事例を用意

出所：資生堂 wiwiw 上司ガイド，解説は筆者。

・上司は定型フォーマットで子供の成長過程にあわせた挨拶文を読み，このようなメール交換を継続するうち，育児休業者だけでなく彼女の子供にも興味を持ち子供の「じいちゃん」になったような感覚が生まれる。この感覚をS社の上司は「朝，部下から『子供の咳がひどいので，病院によってから……』という電話が来る。昔なら『あーわかった』と言って電話を切るものの『だから子持ちは困る』と内心思っていた。今は，そんなことを思う前に『それで正也君は大丈夫？熱はないのか？』という言葉が出てくる。これってすごいことですよね……」と表現する。

このようにwiwiwシステムの情報交換メール機能の利用によって，育児休業者は育児休暇中も上司と綿密なコミュニケーションを取ることができるため，モチベーションを維持して離職せずに復職することが容易になるとされる。復帰後も休業者を迎え入れる環境が整っているのでモチベーションを維持できるものと考えられる。

(3) K社（食料品）…資本金115億円，従業員5268名（2011年3月31日調査当時）

① 調査概要

◎具体的事例

・食育活動と出前出張ボランティア

◎取材日（取材場所）

・2006年11月6日，2007年6月7日，2008年4月10日，2009年5月14日，2010年5月7日（以上，K社本社），2007年2月7日（国連大学における社会的責任投資フォーラムでの講演），2007年12月3日（K社野田工場）

◎取材内容等

・特に記載（文末に＜日付＞で表記）が無い限り大津山（2007）の講演録に基づく。

② 個別活動の背景

◎経営者の姿勢，態勢

・食育活動のプロジェクトが会長の下命で発足，プロジェクトリーダー（以下，PL）にプロジェクト遂行を指示される。

・2005年5月に食育宣言を行い，以降，会長・社長が食育に取り組む企業姿勢を継続的に社内外に発信し続ける。

◎企業内での危機感，問題意識

・食育基本法が国会で審議されていることを契機に食品企業として食育に積極的に取り組む責任を認識する。

・食に関する実態調査から孤食化（一人で食事をとること）と個食化（家族が別々の料理を食べること）が進み，食材の話題を含めて家族間の会話が減少して子供が家族に悩み事等を相談しなくなり，携帯電話のコミュニティサイト等への依存が進んで最終的に犯罪に巻き込まれるリスクが増えるなどという問題が浮き彫りになる。

・現行家庭で子供が好きなハンバーグやスパゲティ等の料理だけを提供し，それほど子供が好きではない料理（野菜や魚の煮物，おひたしなど）を提供しない傾向がある。これは子供にとっては一生その料理を食さない可能性があることを意味する。日本の食文化継承の面に加え，企業として将来の醤油をはじめとした調味料の存在感の面からも現在の食の実態に危機感を持つ。

③ 個別活動：食育プロジェクトの構築と出前出張ボランティア

◎食育プロジェクトの構築

・PLが各部門の20～40代の食育に前向きに取り組んでくれそうな従業員に各々役割を明示しながら個別にスカウトして組織横断的な人員構成にする。メンバーの上司（各部門長）が興味を持つようにPL自身が各部署に出向き，食育活動の重要性とスカウトした人材の役割を説明し，最終的に全社的な協力態勢を構築する。

・工場見学や学校訪問等を活動する側から考えると担当部門の従業員の活動に限られるため，全社的活動となるように事業に根ざした食育活動を模索する。食育の動向を関係省庁や学校関係者からヒアリングを行って数十時間にわたる白熱した議論をした結果，食育に取り組む方向性や推進方針についてメンバー全員の意見を統合し，食育活動の理念・方針を策定している。これを様々な場で発表するだけでなくPL自らが主な事業所の現場に出向いて説明している。

・従業員とその家族に食に関する論文コンテストや料理レシピコンテストを実施する等，全社的活動となるよう腐心する。

◎「出前授業ボランティア」活動――希望者が全員参加できる制度を確立

・出前授業ボランティアとは，従業員が二人一組で小学校に出向いて醤油の醸造プロセスと機能や使い方，そして食への関心を促す授業を行う活動である。講師登録は上司の許可があれば希望者全員が登録できる。講師登録をすると該当者は半日の事前研修を受け，教材は自ら手作りで行う。講師登録者全員に年1，2回講師依頼を行い，勤務扱いにすることで全員参加を可能にする。

◎「出前出張ボランティア」活動の効果――自社事業の意義の確認と食育活動の浸透

・従業員は授業の準備・実践を通じて自社事業の意義と食育の重要性に気づく。

・小学生の反応も良く，授業内容が家族間の会話の増加や食生活改善の契機となる場合もあるため，一度講師を経験した従業員はほとんど継続を希望する。講師登録は2009年度末で全従業員（国内）の約10%の267名となる＜2010年5月7日確認＞。

・社内アンケートで92%の回答が食育に取り組む意義を「とても感じる」，「やや感じる」としている。

このように従業員は出前出張ボランティアに参加する過程で，醤油の醸造過程を学び直して醤油の日本の食文化への影響を再考すると同時に小学生の食生活改善のきっかけを提供する社会的意義を感じていることがわかる。これは，社会の中で自社の社会における存在意義を再確認することを意味し，自社に対するロイヤルティ向上につながるので従業員はモチベーションを向上できると考えられる。

1.6 検証結果

各個別活動に関する従業員の意識調査，活動への参加状況，業務への波及さらに各社の実務担当者の分析等から，対象企業3社の積極的なCSR活動は，従業員モチベーション向上に効果があることが確認できる。

R社の実務担当者は「作業者は台車式生産方式の運用を通じて自らの裁量によって自らの作業を楽にできるので，現場の作業者はレイアウト変更に興味を持つし創意工夫の面白さに気づく。また同じラインで複雑な工程を自らの裁量で行う熟練者を見て，非熟練者は多工程の方が面白いことに気づき技術習得や改善活動に興味を持つ傾向が高い」と分析する。これは，従業員の談話，インタビューをした台車式生産方式のライン長が「想いがすぐに形になる面白さがある」と述べていること＜2011年9月21日確認＞，5年間の取材中に台車の形態やレイアウトの変更が実際に確認されたこと，任意参加の改善ツアーに常時20％以上の作業者が参加すること＜2007年6月8日確認＞からも理解される。また改善ツアーの活況は，環境のフィルターを通じて環境負荷低減と生産性向上を両立させる改善活動が高い従業員モチベーションで行われていることを示唆するものと考える。

S社の開発・運用・営業そして自らも利用した担当者は，実体験も踏まえ「じいちゃん感覚が両立支援に対する上司の意識を変え，上司の意識の変化が周囲の意識を変え，風土をつくる。それによって育児休業者もモチベーションが高いまま戻り，復帰後も模範的な仕事の姿を見せる」と分析するが，これは，ユーザーアンケートの「こんな支援をしてくれた『会社』に感謝したい」，「この感謝の気持ちを復帰後仕事でお返ししたい」，「この会社なら働き続けられると思った」等の回答からも理解される（田中，2006）。また担当者は社内の声として，多くの20代の女性総合職にとっての目標は育児休業をものともしない苛烈なキャリア志向の働き方ではなく，仕事と育児を両立して自然にキャリアアップするそれまでにない働き方であり，このシステムで復帰した女性従業員は新しいロールモデルとなるので，彼女たちのモチベーション向上に寄与する旨を指摘している（田中，2006）。

K社の現場を熟知して自らも出前授業に参加するPLは，2006年4月の社内アンケート調査の分析結果等から出前授業ボランティアを中心とする食育活動の意義を「従業員が自社事業を再認識することで使命感・モチベーション向上が加速する」と分析する（キッコーマン食育プロジェクト，2006）。これは全従業員（国内）の約10％が講師登録を行いほぼその全員が出前授業に参加すること，社内アンケートの自由回答欄で「経営理念を具体的に示す取り組み」,「K社で働くことの誇りを感じる」と回答をうけたこと（キッコーマン食育プロジェクト，2006）や「食育の問題意識は食品メーカーの社員として持つべきものの1つだし，会社がそれを重要視していることは働きがいにもつながると思う」（大津山，2008）等の感想を紹介していることからも理解される。また，同社は2008年にコーポレートスローガンを刷新し，食育活動のスローガンを昇格させている。この刷新プロジェクトは食育活動のPLが担当したが，その言説から彼が食育活動の効果の重要性を認識して当初からその昇格を意図していたことが伺える<2009年5月14確認>。実際，2008年11月の社内アンケート調査では当該スローガンへの共感度は約88％と高くその関与が高い社員の方が高いモチベーションを持つと分析している（キッコーマン経営企画室，2009）。

1.7 各社に共通するマネジメント

対象企業3社のケーススタディを俯瞰すると，各社の本業に依拠した積極的なCSR活動には共通して，以下の4つのマネジメントの枠組みが観察されたのである。

①経営者がその推進に強い意思を持ち，そのことを従業員に周知徹底している。

②現場の従業員が持つ危機感や問題意識から個別活動が具現化される。

③個別活動の生成・運用の各局面で，ⓐ現場主義と全員参加型の活動を徹底し，ⓑ「興味・気づき・思いやり」の連鎖を生起・継続させる（表6.3）。

④従業員が社会的企業理念を体感し，理解する具体的システムとして機能し，結果的に従業員教育の場として活用されている。

表6.3　積極的なCSR活動に共通するマネジメント③

			R社	S社	K社
積極的なCSR活動			環境のフィルター通じた改善活動	wiwiwシステム	食育活動
開発・生成等	ⓐ	現場主義と全員参加	5S活動に環境のフィルターの方法を導入 全社員（契約・派遣を含む）平等に成果を聞く任意参加の改善ツアーに作業者の20%程度が常時参加	育児休業者全員へのアンケート 育児休業者100名への取材 社内外の上司，人事担当者への取材	事業に根ざした食育活動を確認 当初から全員参加を意図 組織横断型のプロジェクトチーム
	ⓑ	興味	工場存続の危機を脱するための方策	育児休暇を契機に優秀な女性社員が退社する理由	国内での醤油の存在感が低下しつつある事実
		気づき	環境のフィルターを通じた改善活動がコスト低減，生産性向上に結びつく	負のスパイラル現象	若年層の食に関する実態の惨憺たる状況 食文化継承の必要性
		思いやり	環境負荷低減と作業者の熟練度に適した作業割当で生産性を向上する方法を検索	育児休業者と上司のコミュニケーションを密にする方法の模索	希望者ほぼ全員が参加できる食育活動の施策
具体的事例			台車式生産方式	情報交換メール	出前事業
運用時	ⓐ	現場主義と全員参加	現場の作業者にレイアウト変更の権限を委譲	育児休業者と上司が直接メールを交換 現場の密な情報を育児休業者も共有，情報ギャップを回避	出前授業の教材は参加社員が用意 対象社員の10%超が登録（当時） 希望者全員が登録 年1回以上ほぼ登録者全員に依頼
	ⓑ	興味	現場の作業者による自由なレイアウト変更 熟練工が自らの裁量で行える多工程	育児休業者は社内状況や復帰後の処遇等を確認 上司は育児休業者の子供の状況も把握	食育の重要性と食品会社として取り組むべき業務を認識
		気づき	レイアウト変更が作業負担を軽減 創意工夫が生きる多工程の面白さ	上司のじいちゃん感覚 育児休業者とその候補者の孤独感や疎外感の回避 同僚等に新しいロールモデルを提示	授業を通じた自社事業の社会的意義と食を通じたコミュニケーションの重要性を再認識 小学生の良い反応
		思いやり	熟練度に応じた作業割当による作業負担の軽減 自分と同僚を楽にするためのレイアウト変更への直接参加 非熟練工の多工程移行への挑戦意欲の手段を確保，やりがいや目標を応援	上司が育児休業者の復帰後も子供まで配慮 上司が変われば職場の雰囲気も変化	ほとんどの社員が教師のリピートを希望 授業をきっかけに小学生の家族間の会話を促し，食生活を改善したいという意識が出る 企業の役割に関する再認識，使命感の錬成

2 まとめ―結論とインプリケーション

対象企業3社の個別活動を見ると少なくともベストプラクティス企業において，本業に依拠した積極的なCSR活動は，従業員モチベーション向上に一定以上の効果があることが確認された。よって，前節1.3項で設定した仮説は支持されたと論結される。

本書ではCSR活動の動態的マネジメントの3過程モデルを提示しているが，それは積極的なCSR活動の個別活動が直接的な収益以外の方法で企業の存続に寄与する効果があることを前提としており，本章での議論はその前提を補完できたと考える。

さて，本章では本業に依拠する積極的なCSR活動が従業員モチベーション向上に寄与することを質的な実証分析（ベストプラクティス企業の対象企業3社のケーススタディ）によって検証したが，量的な実証分析までは行っていない。このような活動に参加した従業員がその効果を享受していることをアンケート調査による量的調査で明確にすることで個別活動の質的調査で得た結論により説得性が増すと考えられる。よって，次章では積極的なCSR活動に対する効果について，従業員に対するアンケート調査を利用した実証分析を行う。対象企業3社の中で従業員アンケートに応諾いただいたK社の全従業員に対するアンケート調査結果から，本書の課題について検討する。

第7章

量的な実証分析
―日本のベストプラクティス企業K社の全従業員アンケート調査から

前章では積極的なCSR活動の個別活動の効果が期待されるベストプラクティス企業（4社のうち3社）について実地調査や取材による分厚い観察を行い，当該企業の個別活動に従業員モチベーション向上等の効果があることを質的な実証分析で検証した。

本章では，ベストプラクティスのうち，全社員アンケートに快諾いただいたキッコーマン（K社）を対象として，同社の個別活動に効果があることをアンケート調査とその分析による質的な実証分析で検証する。ただし，量的な実証分析の効果の仮説は従業員モチベーションより明確で絞った仮説を設定して疑似相関にならないよう注意している。

1 先行研究と問題点

1.1 CSRと従業員モチベーションに関する先行研究

CSRと従業員モチベーションの関係に着目した研究は日本ではほとんど見られないが海外では相応に確認される。また，両者の関係に関する量的な実証分析の研究が多く見られ，当該関係をポジティブと結論する研究成果が数多く見受けられる。(Aguilera, Rupp, Williams, and Ganapathi, 2007; Maclagan, 2002; Skudiene and Auruskeviciene, 2012; Papasolomou-Doukakis, Krambia-Kapardis, and Katsioloudes, 2005)。例えば，Skudiene and Auruskeviciene（2012, 55）はCSRの実践と従業員モチベーションに関する10の先行研究を調査し，いずれの研究も当該関係がポジティブであると述べている。

CSRと従業員モチベーションの関係を調査する量的な実証分析の先行研究では，一般的なCSRの概念を取り上げてその概念に適合するCSR（活動）の質問項目を設定して当該項目がもたらす効果を考察する研究が主流と見受けられる。例えばCarrollのCSRの4要素の定義に倣いCSRを経済的責任，法的責任，道徳的責任，慈善的責任に4分類して，各々適切と思われる質問項目を設定する方法（Maignan and Ferrell, 2001; Longo, Mura, and Bonoli, 2005; Galbreath, 2010）が見られる。またCSRと影響を与えるステークホルダーとの関係性からCSRを内的CSR（従業員）と外的CSR（顧客，地域社会，取引先）で分類し，各々適切と思われる質問項目を設定する方法（Papasolomou-Doukakis et al. 2005; Skudiene and Auruskeviciene, 2012）等が確認される。いずれも分類したCSR（活動）とそれに適した質問を設定して従業員モチベーションとの関係性を多数の企業を対象に調査する研究であり個別活動に着目してはいない。

1.2 モチベーション等に関する先行研究

モチベーションの概念は多種多様で金井・髙橋（2004, 59）はモチベーションを「ヤル気」，「努力」，「根気」，「意欲」，「情熱」と言い換えて「何かの緊張や欠乏があったとき，それを何とかしようとしてひとが動くときに，モチベーションが生まれる」と規定するが定義については現在も様々な議論が展開されている旨を述べている。Meyer, Becker, and Vandenberghe（2004）は「従業員モチベーション」の定義でも140存在すると指摘する。Skudiene and Auruskeviciene（2012, 53）はMeyer et al.の指摘を受けて一般的な「従業員モチベーション」の定義は現在も特定されないとするが，多くの研究家によって認知されていることを主な理由のひとつとしてLatham and Pinder（2005）の定義に倣い，仕事のモチベーション（work motivation）を「仕事に関する行動を開始し，その組織，目標，熱心さ，持続性を決めるために，個人的存在の内外から起きる一連の活気に満ちた力」

と規定する。彼らはCSRの実践に関する10の先行研究を俯瞰し，各々の研究が論結したCSRの実践が従業員に与える効果が14項目あること，そのうち従業員満足，自己イメージ，チームワーク，ロイヤルティ，従業員の定着，（自社への）信頼，帰属意識，従業員の勤労意欲とコミットメントの9項目が従業員の内的モチベーション[1]に関係するとの旨を述べている（Skudiene and Auruskeviciene, 2012, 54-56）。なお自己イメージとはTurban and Greening（1997, 667）の議論でCSRに優れた企業に勤めることで従業員が自分も社会に貢献するという感覚を持つことを意味するものとして紹介され，そのような自己イメージを持てる企業で働けることに従業員は魅力を感じ，高いパフォーマンスを持つ効果が見られることを考察している。

Skudiene and Auruskevicieneが調査対象とした先行研究を再整理すると従業員の定着やコミットメントはその意味するところから帰属意識とロイヤルティの双方あるいは片方の概念と重複するものと考えられる。従業員満足は多様性のある概念で先行研究でも他と重複することも多い。そこでSkudiene and Auruskevicieneが対象とした先行研究から，Brammer, Millington, and Rayton（2007）やHeslin and Ochoa（2008）が従業員満足を業務への参加意欲あるいは仕事の面白さと規定しているので，本書では従業員満足の概念を「仕事からの充足感」とする。そうするとCSRが従業員モチベーション向上に与える効果の要素は自己イメージ，チームワーク，ロイヤルティ，自社への信頼，帰属意識，仕事からの充足感の6項目に集約できると考える。対象企業3社の本業に依拠する積極的なCSR活動の個別活動を俯瞰すると濃淡はあるものの6項目すべてが観察される。

前章のR社の事例では従業員に「環境のフィルター」の価値観が徹底されて，それを通した改善活動の成果を認めデータベース化され，世界中で適用している。そしてその集大成ともいえる「台車式生産方式」は現場の従業員の着想がその場で生かせる柔軟な生産方式であるため，特に従業員のチー

1　Skudiene and Auruskeviciene（2012, 53）の議論から，従業員が働いている企業との間に親密な関係と信頼を感じたいとする欲求と考えられる。また，Vansteenkiste, Lens, and Deci（2006）は，その集団の価値観と信念を高度に接続するという意味での関係性の欲求を満足させることで，内的モチベーションは高まるとしている。

ムワークや仕事からの充足感の向上が強く示唆されて自己イメージの向上も示唆される。またS社の事例では上司が育児休業中の従業員とメールで直接コミュニケーションを密接にしている。そのため育児休暇中の育児休業者が帰属意識と自社への信頼そして自社に復帰したいという意味でのロイヤルティを維持する。そして育児休業から復帰した従業員は社内状況を把握しているため1年程度のブランクがあってもスムーズに業務に戻れ，上司は復帰した従業員との密なコミュニュケーションの結果として従業員本人だけでなくその子供に対する思いやりを持つ。復帰後の従業員は特に帰属意識，ロイヤルティや仕事からの充足感が向上することが強く示唆され，自己イメージの効果も示唆される。K社の事例では従業員が出前授業やその準備を行う中で自社事業とその日本の食文化に対する影響を再認識している。そして出前授業での子供の好反応から家庭での食習慣や家族のコミュニュケーションの改善に影響を与える可能性があることを体感する。参加した従業員は特に自分がこの企業で働く意義を再確認して自己イメージ，ロイヤルティ，帰属意識が向上することが強く示唆され，仕事からの充足感への影響も示唆されている。

1.3 先行研究の課題—従業員モチベーションの議論より

CSRと従業員モチベーションに関する量的な実証分析の先行研究では，複数の企業またはそれらに属する複数の従業員等を調査対象として，CSRに取り組む企業の特徴や企業がCSRに取り組む必要性を考察することが主流と考えられる。そこでは複数の企業を対象に規範理論で提唱された一般的なCSRの概念を援用して従業員モチベーションの把握には概ね前述の6項目が最低限利用されている。しかしひとつの企業とその企業内の従業員を対象に個別の積極的なCSR活動の個別活動の効果を調査するために従業員モチベーションの概念を適用することは難しい。それは，従業員モチベーション向上が最低限6つの項目で表されることについて，個別活動の質的調査で確認できても，従業員モチベーションを高める要因は他にも数多く存在することを否定できないので，量的な実証分析をするには適切といえないからである（例えば，他の要因には賃金の高さ，リストラの可能性，休暇取得の容易さ，残業の多寡等々が考えられよう)。それは積極的なCSR活動と従業員モチベーションの間に相関が認められたとしても疑似相関となる可能性を排除できないことを意味し，先行研究でも有効な項目をすべて特定していないことを示す。結論的にいえば従業員モチベーションの概念は広範囲に及ぶため，本書で考えている量的な実証分析にそのまま採用するのは難しい。

そこで本書では積極的なCSR活動が持つ効果について，従業員モチベーションの概念を限定する等して，より直接的な効果を想定する必要があると考える。

2 本業に依拠した積極的なCSR活動の効果に関する仮説

企業利益を直接目的に含まないCSR活動の個別活動は，社会的企業理念と「企業利益を追求しない」点で整合的である。また経営資源（例えば人材，技術，販路，商品等）を容易に流用できるので従業員が参加しやすい活動になると考えられる。組織文化論の知見によれば，長期的に繁栄する企業は社会的企業理念を持ち，有形固定のシステムで行動規範に落とし込んで強い組織文化を持つという特徴がある。すなわち「積極的なCSR活動⇒組織文化の強化（社会的企業理念の理解⇒社会的企業理念に基づく行動様式の徹底）⇒従業員モチベーション向上」を想定できる。組織文化の強化が従業員モチベーションを上げるという考え方は高（2010, 58）及び高尾・王（2012, 42-50）の経営理念の浸透の議論とも整合する。彼らは経営理念の浸透を「行動への反映（経営理念を自身の行動に具体的に繁栄させているのか)」，「内容認識（経営理念の内容を理解・認知しているのか)」，「共感（個人の価値観と齟齬しない形で経営理念を受容しているのか)」の3つの次元で把握し，その浸透が従業員パフォーマンスへつながるとしている。

本書では理論面から，積極的なCSR活動が直接的に影響を与える効果には「社会的企業理念の理解・浸透」があると考える。実務面でも資生堂の東日本震災に関するボランティアのように，CSR担当者が参加者に社会的企業理念の理解・浸透を意図した積極的なCSR活動を企画していることも確認されている。また対象企業3社の個別活動に係る現場担当者も，CSR活動には従業員に社会的企業理念を理解・浸透させる効果があると意識し，それが可能なように積極的なCSR活動の個別活動をデザインしているといえる。よって本書では「組織文化の強化（社会的企業理念の理解⇒社会的企業理念に基づく行動様式の徹底）」の経路を「社会的企業理念の理解・浸透」として「本業に依拠した積極的なCSR活動⇒社会的企業理念の理解・浸透」を想定する。当該個別活動は従業員の社会的企業理念が「共感」，「認識」，「行動への反映」をもたらす具体的システムとなる可能性が高いと考えられる。そこで本書では積極的なCSR活動に参加する回数や種類が多いことを「参加頻度」として仮説1を設定する。

【仮説1】本業に依拠した積極的なCSR活動に係る個別活動への参加頻度が高い従業員は，参加頻度が低い（非参加者を含む）従業員よりも社会的企業理念の理解度が高い。

Meyer and Allen（1997, 10-13）は組織へのコミットメントを「組織と従業員の関係を特徴づけ組織で構成員を続けるための判断と関連を持つ心理的状態」と規定して，情緒的，継続的（費用対効果），規範的（義務・道徳的責任）の3つに由来するとの見解を示し，情緒的コミットメントを「従業員の組織への愛着，帰属意識，充足感」と規定する。

CSR活動と従業員の組織へのコミットメントに関して先行研究となるKim, Lee, Lee, and Kim（2010）はCSRへの参加が「企業と従業員の一体感」を通じて従業員の組織へのコミットメントを向上させること，Tucker（2009）は従業員のCSRに対する意識が従業員のコミットメントに各々ポジティブな効果を与えること，そしてAli, Rehaman, Ali, Yousaf, and Zia（2010）はCSRが従業員コミットメントの向上と組織のパフォーマンスに影響を与えることを検証している。Tucker（2009）はMeyer and Allen（1997）の情緒的コミットメントを採用し，Ali et al.の質問はTuckerの内容を踏襲している。またKim et al.（2010）の規定する「企業と従業員の一体感」はその質問項目から情緒的コミットメントに該当している。よって3つの先行研究はCSRと情緒的コミットメントとの相関性を実証するといえる。また実務面では積極的なCSR活動の個別活動には情緒的コミットメントである帰属意識やロイヤルティの効果が見出せる。従業員モチベーションという枠組みで見れば情緒的コミットメントは帰属意識とロイヤルティを収斂させた概念で充足感は広範囲な概念であるため業務への高い参加意欲や仕事の面白さから得られる「仕事からの充足感」と考える（必要条件であっても十分条件ではない）。よって本書ではMeyer and Allenの情緒的コミットメントの考え方を踏襲してより具体的な概念として，帰属意識，ロイヤルティと仕事からの充足感の3つを積極的なCSR活動の個別活動の持つ効果と仮定する。情緒的コミットメントは量的な実証分析の先行研究において従業員モチベーションの概念で利用されている6つの概念のうち3つで構成されて従業員モチベーションの概念に内包されるので，質的実証分析で設定した場合の仮説とも整合する（この場合も必要条件であっても十分条件ではないとことを意味する）。以上の議論から，本書は広範囲な従業員モチベーションの概念を情緒的コミットメントの概念と置き換えて具体的に限定し，積極的なCSR活動と情緒的コミットメントに関して仮説2を設定する。

【仮説2】本業に依拠した積極的なCSR活動に係る個別活動への参加頻度が高い従業員は，参加頻度が低い（非参加者を含む）従業員よりも情緒的コミットメント（帰属意識・ロイヤルティ・仕事からの充足感）が高い。

積極的なCSR活動の効果は可視化しにくい。前章では積極的なCSRの活動の個別活動が従業員モチベーションの向上に寄与するとの仮説を立て個別活動の分厚い観察による質的な実証分析を行ってそれを検証したが，ここではこの議論をもとに個別活動が従業員モチベーションの向上に効果があることの量的な実証分析を行うための枠組みを検討している。

結果として従業員モチベーションの定義は多種多様で先行研究で使われた指標をまとめただけでも6項目あるがそれで従業員モチベーションの構成要素をすべて網羅しているとはいえないことがわかっている。そこで本書は質的な実証分析を行うにあたって積極的なCSR活動と従業員モチベーションの関係性があるとした時点に戻って再考し，対象企業の本業に依拠した積極的なCSR活動に係る個別活動には社会的企業理念の理解・浸透の効果があると考えて仮説1を想定している。またMeyer等の提唱する「従業員の組織への愛着，帰属意識，充足感」を意味する情緒的コミットメントのうち様々な意味合いにとれる充足感を「仕事からの充足感」に限定する。そのうえで先行研究を見ると従業員モチベーションとして認識できた6項目のうち3項目が情緒的コミットメントで説明される。また本書の質的な実証分析でも対象企業3社の従業員モチベーションに3項目は含まれることを観察できる。対象企業の本業に依拠した積極的な CSR 活動に係る個別活動には情緒的コミットメントが向上すると考えて仮説2を想定している。これらの仮説が支持されれば，企業は積極的な CSR 活動の意義を理解しうると考える。

3 本業に依拠した積極的な CSR 活動の効果 ―ベストプラクティス企業 K 社の量的な実証分析

本節では，量的な実証分析でベストプラクティス企業の本業に依拠した積極的な CSR 活動の企業の存続へ寄与する効果が企業理念の理解浸透と情緒的コミットメント（帰属意識，ロイヤルティ，仕事からの充足感）であるとの，前節で設定した仮説を検証する。仮説は以下の2つである（再掲）。

【仮説 1】本業に依拠した積極的な CSR 活動に係る個別活動への参加頻度が高い従業員は，参加頻度が低い（非参加者を含む）従業員よりも社会的企業理念の理解度が高い。

【仮説 2】本業に依拠した積極的な CSR 活動に係る個別活動への参加頻度が高い従業員は，参加頻度が低い（非参加者を含む）従業員よりも情緒的コミットメント（帰属意識・ロイヤルティ・仕事からの充足感）が高い。

3.1 K 社の本業に依拠した積極的な CSR 活動の具体的内容

K 社の食育活動は，公益（＝心と身体の健康増進と日本の食文化の継承・発展公益）と私益（醤油の存在意義向上）を一致させるため，社会的企業理念の一翼である「キッコーマンの事業領域」の「『食と健康』に関するサービス」に基づくもので，収益を直接目的としないことを PL（プロジェクトリーダー）が明言している本業に依拠した積極的な CSR 活動である。具体的な活動として前章で出前授業ボランティアに着目したが，食育活動全体としては①出前授業ボランティア（キッコーマンしょうゆ塾），②キッコーマン・アカデミー，③食育に関するフォトやエッセイ等の社内コンテスト，④取引先とのタイアップ（料理教室，工場見学，イベント出展等），⑤工場見学の案内や講師，⑥親子の食体験の案内等や⑦その他（主に教師向けの食育講座等）の7種類がある（2012年調査時点）。

（1）従業員アンケート調査の概要

イ．調査対象

食育活動の中心的な活動である出前授業ボランティアの参加対象となる者全員を対象とする。具体的にはグループ企業のキッコーマン，キッコーマン食品，キッコーマンビジネスサービスの3社全従業員，計1301名となる。

ロ．調査期間

2012年11月8日～2012年11月28日（20日間）

ハ．調査方法

主に社内メールからリンク先のWebサイトに接続するが，PC環境のない工場等は質問用紙を使用している。11月8日にK社の経営企画室から「質問票のWebサイト」のリンク先を記載した社内メールを一斉配信して，メール配信された従業員は同メールからリンク先のWebサイトに接続して質問に回答している。PC環境が整っていない箇所は同日に同社経営企画室から質問票を送付してもらい回答を依頼している。回答が終わった質問票は密閉のうえで社内便により同社経営企画室に返送してもらう方法を取っている。

・質問項目と具体的内容について

高（2010, 60）の調査項目を中心に社会的企業理念の理解・浸透や共感・内容理解・行動への反映に関して9項目，Meyer and Allen（1997, 118）及び高の調査項目等を参考に情緒的コミットメントに関して愛着・帰属意識と仕事からの充足感で8項目，食育活動への共感で3項目の計20項目の質問を設定し，4段階のリッカートスケールで回答を依頼している（表7.1）。

ホ．回収率

総回収率は78.8%（1026件）で有効回答率は，69.8%（907件）となっている。この差は100%同回答のデータを重複データと見做して排除したことや回答に不備のある質問票は排除してデータの正確性を高めたことに起因す

表 7.1　質問項目について

	質問項目
①	「自社の経営理念等」に共感を覚える。
②	「自社の経営理念等」は自分の価値観とは別物と割り切っている。(R)
③	「自社の経営理念等」は仕事上の難関を乗り越えるうえで助けとなる。
④	求められれば，社外の人に対しても「自社の経営理念等」をわかりやすく説明できる。
⑤	「自社の経営理念等」を入社間もない新入社員にわかりやすく説明できる。
⑥	「自社の経営理念等」の内容をよく知っている。
⑦	社内宛の文書やメールで，「自社の経営理念等」を引用したり，言及したことがある。
⑧	難問に直面したとき，「自社の経営理念等」を参照しながら考えることがある。
⑨	袋小路に陥ったとき，解決のヒントを得るため「自社の経営理念等」にまで立ち返ることがある。
⑩	この会社に愛着を感じる。
⑪	私が最も充実していると感じられるのは仕事をしているときである。
⑫	仕事から得られる満足感が非常に大きい。
⑬	この会社では，自分の能力は，存分に発揮されていると思う。
⑭	この企業で働くことを誇りに思う。
⑮	この会社の成功の助けになるならば，日々仕事で求められること以上の努力をしようと思う。
⑯	機会があれば，他の会社で働きたいと思う。(R)
⑰	自社で働くことを，社外の人に勧めたい。
⑱	当社がわざわざ食育活動を行わなくてもよいと思う。(R)
⑲	当社が食育活動を行うことは，「自社の経営理念等」に基づいた活動だと思う。
⑳	食育活動は，当社の発展に意義のある活動だと思う。

注：(R) は逆転項目である。

る。高回収率の理由はWeb回答での入力時間が概ね3分以内であること，従業員が（自社の）調査に慣れていること，当調査がK社の全面的な協力を得て事前に告知メール（担当役員名で1回，経営企画室名で1回）や督促メール等を入れてもらう等，社内調査とほぼ同じ態勢で行われたことにあると想定される。

(2) 仮説の検証―アンケート調査結果の分析

イ．因子分析の手順

20項目の回答を俯瞰した結果，参加頻度で明確に差異がある回答が認められるため，それらを考察できるよう次の手順で因子分析を行う。

表 7.2　質問項目と各記述統計量

質問項目	平均値	SD	肯定的回答の割合
①「自社の経営理念等」に共感を覚える。	3.49	.622	94.71%
②「自社の経営理念等」は自分の価値観とは別物と割り切っている。(R)	2.75	.917	36.82%
③「自社の経営理念等」は仕事上の難関を乗り越えるうえで助けとなる。	2.69	.800	60.86%
④求められれば，社外の人に対しても「自社の経営理念等」をわかりやすく説明できる。	2.52	.789	54.24%
⑤「自社の経営理念等」を入社間もない新入社員にわかりやすく説明できる。	2.54	.801	56.01%
⑥「自社の経営理念等」の内容をよく知っている。	2.70	.745	63.40%
⑦社内宛の文書やメールで，「自社の経営理念等」を引用したり，言及したことがある。	1.49	.781	14.44%
⑧難問に直面したとき，「自社の経営理念等」を参照しながら考えることがある。	1.77	.851	21.28%
⑨袋小路に陥ったとき，解決のヒントを得るため「自社の経営理念等」にまで立ち返ることがある。	1.68	.825	17.86%
⑩この会社に愛着を感じる。	3.55	.628	94.93%
⑪私が最も充実していると感じられるのは仕事をしているときである。	2.72	.839	66.81%
⑫仕事から得られる満足感が非常に大きい。	2.94	.739	76.85%
⑬この会社では，自分の能力は，存分に発揮されていると思う。	2.81	.701	72.55%
⑭この企業で働くことを誇りに思う。	3.46	.636	94.38%
⑮この会社の成功の助けになるならば，日々仕事で求められること以上の努力をしようと思う。	3.21	.690	88.42%
⑯機会があれば，他の会社で働きたいと思う。(R)	2.95	.874	28.34%
⑰自社で働くことを，社外の人に勧めたい。	3.09	.729	83.46%
⑱当社がわざわざ食育活動を行わなくてもよいと思う。(R)	3.65	.589	3.97%
⑲当社が食育活動を行うことは，「自社の経営理念等」に基づいた活動だと思う。	3.63	.603	95.70%
⑳食育活動は，当社の発展に意義のある活動だと思う。	3.61	.584	96.14%

注：(R) は逆転項目である

① 20 項目の質問の回答の平均と標準偏差（SD）及び全回答に対する肯定的回答の割合等を勘案して項目（質問①⑩⑭⑱～⑳）に天井効果とフロア効果を認め，以降の分析から除外する（表 7.2）。

② 残り14項目について主因子法による因子分析（1回目）を行う。固有値の変化は5.36，1.84，1.16，1.00…となったが，スクリープロットを勘案して3因子構造を妥当と考える。

③ 3因子を仮定して主因子法・Promax回転で因子分析（2回目）を行う。十分な因子負荷量を示さなかった項目（質問②⑯⑰）を分析から除外し，再度主因子法・Promax回転で因子分析（3回目）を行う。Promax回転後の最終的な因子パターンと因子係数を（表7.3）に示す。回転前の3因子で11項目の全分散を説明する割合は，72.50%である。

④ 各因子の質問項目から，（表7.3）で示される第1因子は従業員の社会的企業理念の仕事への利用，第2因子は社会的企業理念の理解，第3因子は

表7.3　積極的なCSR活動の効果の因子分析結果（Promax回転後の因子パターン）

質問項目	1	2	3	
⑧難問に直面したとき，「自社の経営理念等」を参照しながら考えることがある。	.963	-.035	-.023	第1因子
⑨袋小路に陥ったとき，解決のヒントを得るため「自社の経営理念等」にまで立ち返ることがある。	.952	-.036	-.017	
⑦社内宛の文書やメールで，「自社の経営理念等」を引用したり，言及したことがある。	.621	.114	-.028	
③「自社の経営理念等」は仕事上の難関を乗り越えるうえで助けとなる。	.400	.104	.227	
⑤「自社の経営理念等」を入社間もない新入社員にわかりやすく説明できる。	-.037	1.000	-.019	第2因子
④求められれば，社外の人に対しても「自社の経営理念等」をわかりやすく説明できる。	-.002	.954	-.010	
⑥「自社の経営理念等」の内容をよく知っている。	.127	.687	.045	
⑫仕事から得られる満足感が非常に大きい。	-.034	-.029	.921	第3因子
⑪私が最も充実していると感じられるのは仕事をしているときである。	.008	-.022	.741	
⑬この会社では，自分の能力は，存分に発揮されていると思う。	.024	-.008	.603	
⑮この会社の成功の助けになるならば，日々仕事で求められること以上の努力をしようと思う。	-.008	.072	.594	

		1	2	3
因子間相関	1	1.000	.583	.461
	2	.583	1.000	.474
	3	.461	.474	1.000

表 7.4　本業に依拠した積極的な CSR 活動の効果に係る下位尺度間相関等

	Ⓐ社会的企業理念の利用	Ⓑ社会的企業理念の理解	Ⓒ仕事からの充足感	平均値	SD	α係数
Ⓐ社会的企業理念の利用	—	.581**	.429**	1.91	0.68	0.85
Ⓑ社会的企業理念の理解		—	.422**	2.59	0.73	0.93
Ⓒ仕事からの充足感			—	2.92	0.59	0.80

注：**は 相関係数が 1% 水準で有意（両側）なことを示す。

仕事からの充足感を示すと考える。よって各因子名を命名する。下位尺度得点を計算すると，各々Ⓐ社会的企業理念の利用（平均：1.91，SD：0.68），Ⓑ社会的企業理念の理解（平均：2.59，SD：0.73），Ⓒ仕事からの充足感（平均：2.92，SD：0.59）となる（表 7.4）。

⑤ 内的整合性を検討するため各下位尺度のα係数を算出したが，Ⓐは$\alpha=0.85$，Ⓑは$\alpha=0.93$，Ⓒは$\alpha=0.80$と十分な値が得られている（表 7.4）。本業に依拠した積極的な CSR 活動の効果に係る下位尺度相関も（表 7.4）に示す。また，3つの下位尺度は互いに有意な正の相関を示す。

情緒的コミットメントに関する質問の内，帰属意識とロイヤルティの効果を確認するための質問（質問⑩⑭～⑰）において，直接的に帰属意識を問う質問（質問⑩）及び直接的にロイヤルティを問う質問（質問⑭）は，質問⑩の回答の平均値が 3.55，ポジティブな回答（そう思う＋ややそう思う）の割合が 94.93%，質問⑭の回答の平均値が 3.46，割合が 94.38% と極端な回答値となっており差異を検討するには適さないと考えられる。帰属意識とロイヤルティに関する間接的な質問事項（質問⑮⑯⑰）のうち，質問⑯⑰は第2回目の因子分析で十分な因子負荷量（0.400）を下回っていたため除外され，質問⑮は第3因子の仕事からの充足感の質問項目と読み替えられている。よって，帰属意識とロイヤルティに関する効果は測定できないことがわかる。

ロ．参加頻度による差の検証（t 検定）

＜A＞参加種類2種類以上を基準

参加種類の多さを2種類以上と 0～1 種類（平均＋1/2SD＝1.6＜2＜平均＋1SD＝2.2）の差で検討するため，下位尺度得点の t 検定を行う。Ⓐ t

(408.13) ＝7.44，P＜0.001，Ⓑ t (495.84)＝8.45，P＜0.001，Ⓒ t (528.49)＝4.67，P＜0.001，となり，すべての下位尺度が，参加種類2種類以上の方が有意に高い得点を示している（表7.5）。

＜B＞参加回数4回以上を基準

参加回数の多さを4回以上と0～3回（平均＋1/2SD＝3.3＜4＜平均＋1SD＝4.6）の差で検討するため，下位尺度得点のt検定を行う。Ⓐ t (374.43)＝6.90，P＜0.001，Ⓑ t (435.98)＝8.27，P＜0.001，Ⓒ t (905)＝5.53，P＜0.001となり，すべての下位尺度が，参加回数4回以上の方が有意に高い得点を示している（表7.6）。

ハ．検証結果

t検定の結果，食育活動の参加種類や参加回数が多い従業員すなわち食育活動への参加頻度が高い従業員は，それが低い従業員より社会的企業理念の理解や社会的企業理念の浸透が高いといえる。よって仮説1は支持される。帰属意識とロイヤルティについては食育活動の参加頻度が高い従業員はそれが低い従業員よりもこれらの意識が高いとはいえない。よって仮説2は支持されるとはいえないが，食育活動の参加頻度が高い従業員は参加頻度が低い

表7.5　参加種類別の平均値と標準偏差及びt値

食育参加2種類以上	2種類以上		0～1種類		t値
	平均値	SD	平均値	SD	
Ⓐ社会的企業理念の利用	2.18	0.75	1.80	0.61	7.44***
Ⓑ社会的企業理念の理解	2.89	0.69	2.46	0.71	8.45***
Ⓒ仕事からの充足感	3.06	0.55	2.86	0.60	4.67***

*** $P<.001$

表7.6　参加回数別の平均値と標準偏差及びt値

食育参加4回以上	4回以上		0～3回		t値
	平均値	SD	平均値	SD	
Ⓐ社会的企業理念の利用	2.18	0.76	1.81	0.61	6.90***
Ⓑ社会的企業理念の理解	2.90	0.72	2.47	0.69	8.27***
Ⓒ仕事からの充足感	3.09	0.57	2.85	0.59	5.53***

*** $P<.001$

(非参加者を含む）従業員より仕事からの充足感が高いといえる。

4 まとめ—結論とインプリケーション

本章では，K社の全従業員アンケート調査から本業に依拠した積極的なCSR活動の効果とその経路について分析を行った。

ふたつの仮説を検証するため，対象データからt検定を行ったところ，参加頻度の高い従業員の方が社会的企業理念の理解度が高いことが検証されたため，仮説1は支持されたといえる。一方，仮説2の情緒的コミットメントのうち帰属意識とロイヤルティに関する質問項目は天井効果や因子分析の過程で除外されて当該効果は確認されなかったため，仮説2は支持されなかったといえる。ただし積極的なCSR活動の参加頻度が高い従業員は参加頻度が低い（非参加者を含む）従業員より仕事からの充足感が高いことは判明した。よって積極的なCSR活動には従業員が社会的企業理念を理解して価値基準としての利用するように促す，すなわち社会的企業理念を浸透させる教育的効果があること，そして従業員の仕事からの充足感を向上する効果があることが認められたことがわかる。

以上の議論から，積極的なCSR活動は企業にとって有意義な活動になり得ること，そして積極的なCSR活動は企業の存続に一定の貢献をすることが検証された。第I部で提唱したふたつのマネジメントモデルに共通する実効性過程に係る有効性は担保されると論結する。

終章

結　語

1 本書のまとめ

本書の執筆は2004年に筆者が企業の社会的責任の研究に関わるようになったときから現在に至るまで続く疑問に起因する。ひとつは多くの実務家のみならず一部の研究者も企業の社会的責任（CSR）の概念を明確に規定しないままでその重要性を述べていることである。特にCSRの実務面に多くの実務家や研究者が注力した一方で，理論面の進展はあまり見られなかったと考える。そして筆者は理論面と実務面にギャップが生じたまま放置されていることに危機感を持ったのである。それを強く思ったのは2007年頃である。すなわち理論面に問題点があるので実務面で企業が全面的に受け入れられないはずの経営戦略論に連なるPorter and Kramer型の戦略的CSRの概念が，多くの日本企業に採用されたときである。その結果として企業の現場や一部の研究者にも混乱が生じたことを筆者は確認している。また，2015年に発表されたSDGsが市民権を得たことで企業の社会的課題への取組みも主流になったが，そのマネジメントは依然として財務的価値の向上に目が行きがちである。このことがもうひとつの疑問である収益を直接目的に含まないCSR活動の効果の社会認知度が低いこととあいまって本書を書く原動力となった。

研究の過程で，企業は理論体系に依拠したCSR活動を実践していないことや研究開始時に最も進んでいると感じた企業（S社）でも企業独自の体系でマネジメントしていることが確認された。これはCSR活動以外のマネジメントは財務諸表分析やマーケティング理論等のように企業が依拠している状況と対極にある。近年，COVID-19 がまん延した後に環境問題を中心とする企業の社会的課題の取組みが，利益中心か環境保護中心かでブレるのは，理論面があやふやなことの証左ともいえよう。企業の ESG を評価する機関投資家が ESG ロンダリングに悩まされるのも同様と考える。特に ESG に係るマネジメントはその企業を深く理解しなければわかりづらい。日本でも東日本大震災が起きるまでの東京電力や代々の経営者が骨肉の争いをして会社が存続できなくなった東芝は，問題が表面化するまでは ESG の代表的な優良企業とされていたと記憶している。

1.1 企業の本質と CSR 活動

この問題は企業の本質を原点の「企業と社会」論から見るとわかりやすい。同理論の系譜にある小林（1978）の議論を踏襲すると，企業は社会から切り離されて株主のために利益を最大化する主体でも社会のために社会的課題を解決するための主体でもなく，株主・従業員・顧客・取引先・金融機関等の経営に直接関わるステークホルダーの利益を達成する主体となる。そして企業価値の議論を加えると「金銭で評価できる価値＝財務価値」に関わる経済的便益と帰属意識やロイヤルティ（忠誠心），ブランド選好や社会的信用といった「金銭で評価できない価値＝非財務価値」に関わる便益を誘因として経営に直接関わるステークホルダーに提供し，その対価として彼らから貢献を得る関係を継続しなければ機能・存続しないし，そうすることで彼らの利益も達成できると説明される。したがって企業の目的は企業の存続であり，それは財務価値と非財務価値からなる企業価値の持続的成長をマネジメントすることで可能になることを意味する（図終.1）。すなわち収益を直接

図終.1　企業の本質

の目的としないCSR活動も非財務価値の向上を通して企業の存続に寄与する限りは，企業が優先すべき活動として企業の財務価値向上の活動（経済活動やCSV等の活動）と全く同じように扱われるべきとなる。

1.2 CSR活動に係る理論

さて理論面で企業の社会的責任の理論を見ると「企業利益に資する事象に限って対応すべき」とする経営組織論の立場と「社会からの要請にすべて平等に対応すべき」という現行の「企業と社会」論の立場が拮抗して企業が全面的には許容できない状況になったまま放置されている状況になっている。利益に着目する経営戦略論がCSR活動にも利益を求めるのはある意味で主旨一貫しているが，企業と社会の適切な関係を構築することを目的とするはずの「企業と社会」論がCSR活動に企業の立場を考慮しないで議論を展開していることには疑問が残る。そこで本書は「企業と社会」論の系譜を調べることから始めたのである。調査の過程で「なぜ企業はその社会的責任を引き受ける必要があるのか」という問題に対し，原点の「企業と社会」論はDavis and BlomstromあるいはDavisの「その歴史的事実から，権力主体がその社会的責任を放棄すれば，自らの社会的権力も減退し，存在できなくなるという『鉄の法則』を意味する」という権力と責任の均衡論に依拠したが，現行の「企業と社会」論ではMcGuireの「企業あるいは企業経営者が社会の一員としての自覚の下で企業の社会的責任を引き受ける」という社会内企業の前提に代わって依拠していることを発見している。そしてこの前提は自由権に加えて社会権を認めたケインズ経済学の価値観に基づく社会システムで初めて成立し，1980年代以降に自由権のみを認める新古典派経済学の価値観に基づく社会システムが復活してグローバルに展開した以上は通用しないことを提示している。すなわち社会内企業の前提は自由権に加えて社会権という“Cool head but warm heart”を地で行くケインズ経済学の価値観に基づく社会システムを企業及び企業経営者が受容するという特殊な条件下で権力と責任が均衡した状態と捉え直すことができる。よって現状では権力と責任の均衡論の復権を必要としたのである。これは新古典派経済学の価値観に基づく社会システムの欠点が再び明確になった現在も同様である。各国の政策もケインズ経済学のときに犯した間違いを繰り返さないようにしていると見える。その意味でいえば，手痛い経験を経て，社会は企業をそこまで信用していないといえるかもしれない。

本書では権力と社会の均衡論を「企業はその社会的責任を果たさなければ社会的権力を失い存続できなくなる」という意味で内容は同じであるが，よりマネジメントを行う企業に焦点を当てた「企業がその社会的責任を引き受けるのは企業が存続するため」と規定する。企業の存続という企業の立場を加味すると現行の「企業と社会」論の中核をなすCarroll and BuchholtzのCSRの定義も原点の「企業と社会」論と整合する。このことからも「社会内企業の前提」は特殊条件下で企業と社会の不安定な一致にすぎず，本質的に「企業と社会」論の論拠が権力と責任の均衡論にあるとわかる。

1.3 企業活動の分類と動態的マネジメントモデル

この議論から「企業が優先する企業活動」すなわち「企業の目的を達成する活動」は「企業の存続と社会全体の利益を整合する企業活動」になるという枠組みが成立する。この枠組みでは利益を直接目的としないCSR活動も非財務価値の向上を通じて企業の存続を達成する活動となって，企業の目的を達成する企業活動のひとつとなる。企業の目的を達成する企業活動は市場メカニズムの機能や義務強制的に両者を整合させる方法も含められるので，CSR活動（ふたつに分類される）の他，経済活動とCSV等の活動や法規制の順守も含まれる。企業の目的を達成する企業活動は他のすべての企業活動に優先されるという意味で独立性を考えることができ，かつその範囲内の活動には正当性がある。よって本書で対象とする企業活動を「社会全体の利益と企業の存続を整合させる企業活動」に限定し，その範囲にある活動に経済活動，CSV等の活動，予防的なCSR活動，積極的なCSR活動，法規制の順守の5種類の活動が分類されると説明している。また原点の「企業と社会」論の系譜から，私益（企業の存続）と公益（社会全体の利益）の一致を企業の責任とする小林（1977; 1978）の議論を踏襲している。そして小林の企業のコントロール・メカニズムの議論に倣って対象とする企業活動を分類し，その分類に5種類の活動がすべて属していることを確認している。

企業の目的を達成する企業活動はステークホルダー理論を適用すると，狭義のステークホルダーの利益と広義のステークホルダーの利益を調整することを意味する。狭義と広義のステークホルダーは重複してはいるが同一ではない。よって狭義と広義のステークホルダーの利益は必ず一致するとは限らないことから，双方の利益が整合する何かしらで制御することが求められる。小林はCSR活動において私益と公益を一致させるためには狭義と広義のステークホルダーの双方が納得できる経営理念で制御されるよう述べているが，それは小林自身も認めるように困難で実務面では不可能といえよう。そこで本書は寄本の議論を援用して公益を社会全体の利益から社会全体の利益への寄与と限定し，企業が社会の中で収益を目的に含まない役割分担を意味する社会的企業理念によって私益と公益を一致するように修正する。なお，社会的企業理念は少なくとも日本企業ではポピュラーである。この修正で企業が社会全体の利益，すなわち社会からの要請にすべて平等に唯々諾々としたがうのではなく，企業の存続と適合できるように，社会的企業理念を価値基準として取捨選択し優先順位をつけることで社会全体の利益に寄与するマネジメントを行えると示している。なお社会的企業理念は組織文化論を発端とするが，現在では「purpose（パーパス）」という用語と同等の概念だといえる。

本書では企業の社会的責任の遂行を小林の定義に倣い，かつ社会的企業理念による制御を加味して「私益と公益が市場メカニズムの作用によって自動的には一致しない領域において，社会的企業理念を通じて，人為的にしかも自律的，自発的に私益と公益を一致させる企業活動」と定義している。そして将来の法制化を根拠に企業に対応を要請する社会からの圧力を法規制バイアスと呼称し，法規制バイアスのある予防的なCSR活動とそれがない積極的なCSR活動に分類する。また他の活動もこの定義に合わせて定義している。この定義にしたがいCSR活動の具体的マネジメントを考察すると，妥当性過程を経る過程で様々な社会的課題から社会的企業理念を通じて対応すべき課題を定めて個別活動を決定し，次に実効性過程を通じて積極的なCSR活動としての可能性を吟味し，それが上手く行かない場合には予防的なCSR活動を考えるといったマネジメントに合理性がある。また関連するステークホルダーとの対話で停止は決定されるが，そのマネジメントは客観性過程に含まれる。これらの議論から本書ではCSR活動に係る個別活動の生成→積極的あるいは予防的なCSR活動への振り分け→停止をすべて網羅する「CSR活動の動態的マネジメントの3過程モデル」を提示している。

本書ではCSV等の活動を否定していないことを強調している。市場メカニズムの機能を利用するために上手く行けば社会的課題の解決に効率的で効果的な解決を期待できるからである。しかし，そもそも収益性に難が出た時点で「企業利益と社会全体への寄与」の双方を目指すCSV等の活動からはずれてしまう。かといって当初から社会全体の利益への寄与を目的にする以上は社会的弱者を対象とした市場に参入する場合もある。そのような個別活動について利益等の理由で撤退すれば，その企業は社会的弱者の生活基盤を脅す企業としてレピュテーションリスクが顕在化する可能性もある。すなわち企業はCSV等の活動に関する個別活動に即時撤退するマネジメントを選択すべきではない。当該個別活動はCSR活動へ移行したうえで縮小して継続し，撤退は客観性過程を通じて関連するステークホルダーとの対話で決める手順が求められる。また，参入も当初から経済的利益だけでなく社会全体の利益への寄与も目的とするために，単純に経済的利益を求め社会全体の寄与を結果として受け取る経済活動より難しい。すなわち費用をかけない効果的な活動が求められるので，社会的企業理念を通じることで経営資源も簡単に流用できるようにすること，具体的にはCSR活動と同様に妥当性過程を通じて自社の社会的企業理念に準じた社会的課題に関する個別活動を抽出することが求められる。また積極的なCSR活動に係る個別活動は継続のために収支プラスになることが有利であるが，ものによっては企業の掲げる業績目標にプラスの効果をもたらしそうな個別活動が想定される（利益を直接目的にしない活動でも実際に利益が出ることもある）。その場合は改めてCSV等の活動としてリニューアルすべきであろう。このように考えるとCSR活動とCSV等の活動は相互互換性が求められる。そこで本書ではCSR活動の動態的マネジメントにCSV等の活動のマネジメントを接合させた「統合的な動態的マネジメントモデル」を提示している。

予防的なCSR活動に係る個別活動は，法規制が整備されれば法規制の順守の活動となり逆はないので，法規制の順守は予防的CSR活動の出口のひとつとなる。経済活動の場合は経営者が社会的企業理念に添い「やめない」意思を明確にした場合にCSV等の活動の入口になる。ただし，本書では利益性が伴わなくても停止が難しいCSV等の活動からいつでも停止すべき活動へと逃げられる経済活動へ移行するマネジメントは想定しないし，経済活動の内部の効率性やマーケティングは主旨と異なるために捨象する。よって経済活動は入口として法規制の順守は出口として機能する 。そうすると企業は「統合的な動態的マネジメントモデル」を利用することで，自身の社会的課題への取組みに係るすべての企業の目的を達成する個別活動を網羅し，一度分類された個別活動も企業の目的を達成する範囲内の他の活動に移行する動態的マネジメントができる。具体的には企業自身が行う社会的課題の取組みに係る個別活動について，同モデルのどこに位置づけられるかを理解して個別活動に適切なマネジメントを適用できる。また時代背景や環境に応じて変化する個別活動に適切なマネジメントを適用できる。そしてどのような社会的課題に係る個別活動に手をつけ，あるいは手をつけないかをはっきりさせることができる。

このマネジメントモデルを活用することで企業が社会への説明責任を果たすと同時に機関投資家が望む「目的のある対話」でも主導権をとることになると考える。実際問題として同じ社会的課題への取組みでも企業によって予防的なCSR活動か経済活動かで異なる活動となることもある。予防的なCSR活動のマネジメントを適用しなければならない個別活動に経済活動のマネジメントを適用して収益性の面から中止すれば，法規制が整備されたときに想定できない多額の支出を余儀なくされることになりかねない。その場合には企業が立ち行かなくなることも想定される。つまり企業が自社の社会的課題の取組みに係る個別活動に適切なマネジメントを適用すると同時に機関投資家等に関する説明責任を果たすためにも，正確な分別とその把握が重要となる。また企業のESGの評価機関や機関投資家が個別活動の分別に係るマネジメントを正確に評価することも肝要である。国際比較を急ぎたい投資家の気持ちはわかるが，安易な外形評価は企業の長期的発展に悪影響を及ぼそう。

1.4 積極的なCSR活動の効果

筆者は予備調査等の結果やいくつかの企業のCSR活動の現場担当者の話から，積極的なCSR活動が収益以外の方法で企業の存続に効果があることを聞いていた。しかし当該効果に係る先行研究はほとんど見られないうえにPorter and Kramer（2006）は当該効果を否定している。本書ではこれに関する疑問の解消及びモデルの正当性の確認をするためにも積極的なCSR活動の企業の存続に対する効果を可視化している。「企業と社会」論と初期の組織文化論の知見から，従業員がCSR活動に参加することとは社会的企業理念の理解・浸透を従業員が受容し，行動規範としての組織文化を強化することで最終的に従業員モチベーションの向上に寄与することが想定される。そこで本書では長期に発展し，強い組織文化があることが想定され，かつCSR活動の重要性を理解しているベストプラクティス企業を抽出し，最終的に3社（資生堂，キッコーマン，リコー）を対象企業として調査分析を行った。このような厳しい条件に適合する企業の本業に依拠した積極的なCSR活動ならば，従業員モチベーションの向上の効果が見られると考えて，ケーススタディ（質的な実証分析）を行ったのである。なぜなら，この効果は企業内部で確認されても外部から見えにくいのでケーススタディによる分厚い観察が必要と考えたからである。そして3社の個別活動に従業員のモチベーション向上の効果があるかを検証し，当該効果を見出している。同時に3社の個別活動に共通するマネジメントとして①経営者がその推進に強い意思を持ち，そのことを従業員に周知徹底している，②現場の従業員が持つ危機感や問題意識から個別活動が具現化される，③個別活動の生成・運用の各局面で，現場主義と全員参加型の活動を徹底し，「興味・気づき・思いやり」の連鎖を生起・継続させる，④従業員が社会的企業理念を体感し，理解する具体的システムとして機能し，結果的に従業員教育の場として活用されているという4要素を発見している。

また，以下2つの仮説を設定し，量的分析を行った。まずCSR活動は社会的企業理念で制御された収益を直接目的にしない活動であるので価値観と行動の一貫性が保たれていることから，従業員が社会的企業理念を体感・理解しやすい活動になること，換言すれば従業員に対する教育的効果があるという仮説である。次に従業員モチベーションは広範囲な概念で量的な実証分析には向かないため，その効果の範囲を絞って情緒的コミットメント（帰属意識，ロイヤルティ，仕事からの充足感）に限定してその効果があるという仮説である。そして対象企業3社のうち，K社の食育活動を対象に，①従業員の企業理念の理解・浸透の効果と②従業員の情緒的コミットメント向上の効果のふたつがあるかの量的な実証分析を行った。その結果，従業員の社会的企業理念の理解・浸透の効果があるので①は支持され，②は支持されなかったが仕事からの充足感の向上については効果があることがわかったのである。

よって，質的，量的な実証分析から，積極的なCSR活動には企業の存続に対する効果があると論結する。それは統合的なCSR活動の動態的マネジメントモデルの正当性と実用性を担保することになる。

2 本書の課題

本書の限界と今後の課題について触れておきたい。第一に本書では対象とする企業活動を企業の存続と社会全体の利益を整合する企業活動に限定している。当該企業活動は企業の目的を達成する企業活動を意味するので，その他の企業活動より優先されその独立性や正当性が担保されるが，本書ではそれ以外の劣後する企業活動を捨象している。かといって企業の存続にはほとんど効果がないが社会全体の利益には効果があるような活動をすべて否定しているわけではない。このような活動は本来「CSR活動の動態的マネジメントの3過程モデル」（表5.2，図5.7参照）の領域②に属して，継続する場合は企業の存続に対する効果を付加して積極的なCSR活動を示す領域⑥へ移行するマネジメントを求められる活動と考える。しかし企業が自ら劣後する企業活動としてカテゴライズすれば当該活動は本書の対象から外れる。すなわち，本書は劣後する企業活動を捨象しているため，実務面における劣後した企業活動のマネジメントあるいは優先–劣後間を移行する活動に関するマネジメントを考慮していない。ただし，企業はこのような個別活動について社会や機関投資家等をはじめとする様々な主体から明確な説明責任を求められよう。またこのような活動であっても社会全体の利益に寄与するならば収益性を理由に撤退することは簡単ではない。当該議論は今後の課題としたい。

第二に本書は規範理論をベースにしながらもそれが実務面で利用できる企業の社会的責任の遂行の概念を規定し，具体的な企業活動と整合することを事例等で確認しながら最終的に統合的な動態的マネジメントモデルを提示している。しかし，当該マネジメントモデルは実際に直接企業に利用していただき，その有効性を検証したわけではない。すなわち，当該モデルは現段階において規範理論から導出されたモデルの域を出てはいないと言わざるを得ない。当該モデルの実証検証が今後の課題となる。

第三に本書はベストプラクティス企業の対象企業3社の本業に依拠した積極的なCSR活動の効果を質的な実証分析を行って従業員モチベーションの向上の充足感の効果があることを検証し，共通する4つのマネジメントを発見している。しかしその一方で，企業は当該活動を必ず行わなければならないのかということ，あるいはこのような効果は対象企業に限られるのではないかという問題が残る。すなわち本書における検証はあくまでも対象企業3社の本業に依拠した積極的CSR活動に共通する効果であることを理解する必要がある。よって例外があることを本書は認めなければならない。またベストプラクティス企業として抽出されたのは4社であるが対象企業から1社が外れたことを改めて報告する。その1社のCSR担当部長（当時）から同社では積極的なCSR活動に該当する活動を行ってはおらず，CSV等の活動（当時は戦略的CSR活動）しか思い浮かばないという理由で調査に応諾しなかったことを注記しなければならない。ケーススタディの範囲を広げて発見したマネジメントの特徴等を考慮しながら，その効果を再確認していくことが今後の課題となる。

第四に，質的な実証分析では従業員の情緒的コミットメントの効果における帰属意識とロイヤルティの効果が検証されたが，量的な実証分析では当該効果が検証されなかったことについて述べておきたい。この結果は1社のみしかアンケート調査が許可されなかった点で量的な実証分析の限界と考えられる。実はK社の従業員はそもそも帰属意識とロイヤルティが極めて高いことをアンケート実施時に責任者から言われている[1]。すなわち積極的な普遍的CSR活動において帰属意識とロイヤルティを向上させる効果がないことが検証されたわけではない。質的な実証分析を見るとK社に限らず明らかに帰属意識とロイヤルティが向上することが確認されているので対象企業を増やすことで当該効果が検証される可能性が高いと注記したい。

第五に個別のCSR活動に係る費用を確定できれば，企業がCSR活動に支出している総費用に対して各領域に属する個別活動の費用を各々積算することが可能になる。それは企業のCSR活動に関する効率性を評価できることを意味する。また，様々な技術が進むことで，予防的なCSR活動を放棄した場合に将来法制化した場合に被る被害額を想定し，割引現在価値を算出することで，その費用対効果を金額ベースで把握する事も可能となろう。さらにアンケート調査等によって個別の積極的なCSR活動の効果をより一層見出すことができれば，効果をもたらす活動にどの程度の費用がかかるかを把握できる。このような費用対効果の管理には企業の会計システムとの接続や非財務情報の可視化等の問題が想定されるが，それらも今後の課題としたい。

3 本書の展望—新規の研究者と社会人に向けて

本書は哲学や倫理学等ではなく経営学の視点から「企業の社会的責任」は「企業の在り方（well-being）」であると明示している。このことを読者の皆様にわかってほしい。丁度良い例として2022年6月30日付の日本経済新聞[2]に掲載されていた米国の有名な電気自動車メーカーの話がある。それはある業者のESGリスト（ESG評価の高い米企業で構成される株式銘柄群）にそのメーカーは載ったが，工場での労働環境や運輸当局への調査の対応が影響して他の業者のESGリストからは外れたため，社長が「ESGは詐欺だ」と猛反発したというものである。ここで社長の言い分が正しいと思うのなら

1　量的分析の質問⑯（表7.1参照）は想定と真逆の回答となったが，PLから「この質問だと当社社員はグループ企業の何れかに移動することを想定してしまい，他社に移るとは考えない」とアンケート実施前に言われていた。実証分析の途中で抜け落ちたのであえて触れなかったが，それが真逆の結果となった理由である（もし残ればこのことが理由になるので問題はないと判断した）。それでも質問の意図が上手く伝わっていなかったことは事実なので，次回は質問を細かくするようにしたい。

2　詳細は2022年6月30日付『日本経済新聞』第7面，中山淳史「J&JのESG歴79年」参照。

残念ながら本書の趣旨を100%は理解していただけなかったと思う。というのは電気自動車の開発・販売は環境に配慮した新時代の自動車の幕開けを担う華々しい試みであり，社長が反発しているのは「それらの先見の明と技術力」を認めないのは許しがたいと主張していると考えるからである。一見すると社長の言い分は正論に見えるかもしれないが，第二次世界大戦前から続くGEやUSスチールあるいはGMやフォードも時代を巻き戻せば同じである。つまり，これで企業と社会の関係がより良いものとして成立するならば，全体主義や暴力的な共産主義革命あるいは第二次世界大戦の要因に貧富の格差や失業も関係なかったことになろう。

電気自動車メーカーの社長の「先見の明や技術力」は企業に不可欠ではあるが「企業の在り方（well-being)」とは100%一緒ではない。そもそも企業の社会的責任とは（市場メカニズムの機能のみで企業と社会をつなぐので）企業の利益追求活動が社会全体の利益と必ずしも一致しなくなり，企業と社会の良い関係を改めて構築しようとして生まれたものである。この概念は政府への権力の集中をよしとせず（あるいは政府を信用せず)，企業の自主的で自律的な活動で社会との新たな関係性を構築しようというものである(図終.2)。

その意味で利益を目的に含まないCSR活動は「企業の在り方（well-being)」を示す。逆説的にいえば筆者が20年にわたるファンドマネージャーのときに主張（主流からは無視されたが）したのは，収益を直接目的としないCSR活動のマネジメントは企業全体のマネジメントの巧拙を表すので

図終.2　企業と社会の関係

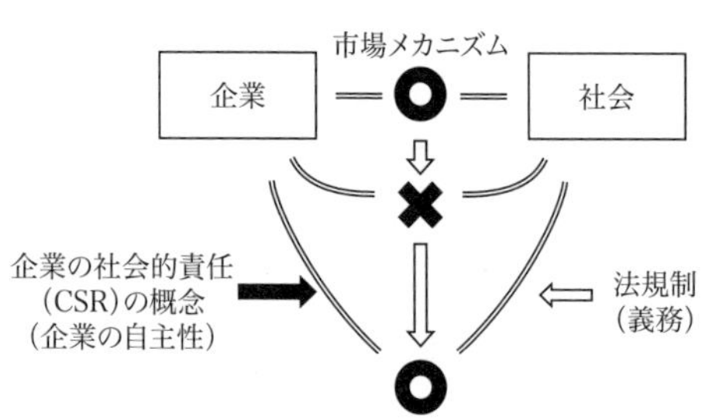

注：○，×は関係性の良い，悪いを表す。

「CSR活動を見ればその企業の本質がわかる」というものである。これは当時のSRI（socially responsible investment）投信の複数のファンドマネージャーと共感している。

このようにCSR活動の本質を理解すれば現在のSDGsやESG（環境・社会・企業統治の略）の議論が「脱炭素」という名目で各国からお金が流れる方向性に流れつつあることやESGロンダリングに対しても一定の方向性で議論できよう。例えば「脱炭素」はロシア紛争等によってかなり遅れそうな様相を呈しており，化石燃料の株価セクターが上昇するにつれてESG評価に対する疑問の声が上がり始めている。しかしそれは投資家や目端の利く経営者が短期に収益を上げられないことに対する怨嗟である。新規の研究者や企業人に理解してほしいことは，これらが機関投資家やESG評価機関等の「先見の明や技術力」不足をとがめる不満であっても「企業のあり方（well-being)」とは関係ないことである。企業に求められるのは「企業の存続」のために脱炭素とどう向き合うかであり，財務パフォーマンスは重要であるがそれだけではない。こういった「先見の明や技術力」は財務価値向上に欠かせないが，企業価値の向上には財務価値と非財務価値の向上の両方が必要なのである。本書で「統合的な動態的マネジメントモデル」を提示した目的には，企業が社会的課題から個別活動を選択する方法と同活動がどの活動の枠組みに属してどのような意味を持つかを明確にすることも含まれる。すなわち財務価値＋非財務価値で構成される「企業価値」の向上に対する視点についての手段を提供しているつもりである。積極的なCSR活動が企業の存続に効果があることを想定して，一定のマネジメント水準以上ではあるが，効果があることを検証したのもその一環といえる。そして新規の研究者が混乱しやすく企業人が見逃しがちな視点を提供して企業のSDGs活動やESG評価を含めてCSRを研究しようとする人たちに警笛を鳴らすものでもある。

最後に本書でも何度か触れたが機関投資家について記しておきたい。機関投資家とは「受託者責任を負うが経営責任を負わない」という意味でシンプルな存在で，多くは毎年の運用成績を問われる存在である。すなわち（誰がどう言おうが）現在の受託者である年金の受給者や投信の受益者等は目先の「利益」に敏感で「短期的な株主」の利益と親和性が高い。その意味で特に企業人としての皆さんは，企業の存続あるいは持続的成長のために基本的には機関投資家と闘わなければならないことになる。すなわち企業がステークホルダーの利益を達成する主体である以上，機関投資家が過度にシェアホルダー（株主）の利益を代弁して利益を要求するならば狭義のステークホルダーの利益にとって障害になるからである。そのときに企業の社会的課題の取組みに係る個別活動が企業の存続にとってどのような意味を持っているのかを明確に把握して説明責任を果たすことで，機関投資家が望む「目的のある対話」に主導的な意義を持てよう。彼らはSDGsを「機会とリスク」で見るので，積極的なCSR活動がそれらに入るかを考える余地があるとは限らない。費用対効果が明確でないという理由で予防的なCSR活動ですら問題視する可能性がある。またレピュテーションリスクを過小評価してCSV等の活動の即時撤退を打診する恐れもある。経営責任を持たない彼らはR&Dですら「経営者が儲からないことに投資をしている。それくらいなら株主に配当しろ」という存在であることを忘れてはいけない。また，逆に現在はやり始めた環境団体等が機関投資家を巻き込んで「議決権行使」による役員を送り込む等の動きも企業の「自由な発想」や「自主性」という視点で注意が必要となろう。

現在（機関投資家をはじめとする投資家にはありがたいかもしれないが）IFRS財団等がESGに関する国際標準をつくって比較しようとする動きがあるが,「企業の在り方（well-being)」は企業内部をよく見ないとわからない。安易な指標は企業をかえって弱くしよう。現場現物で小まめに企業を分厚く観察して，企業に必要な指標と国際比較すべき指標を明確にすることや，非財務価値の数値化をどのように設定して取り扱うかは，新規の研究者と企業人のフロンティアとなろう。その意味で統合報告書の在り方は，企業が機関投資家に説明責任を果たして主導的な立場を堅持するためにもより一層の重みを増すものとなろう。

さて，今まで機関投資家のことをネガティブに議論してきたが新たな動きも出ている。それは現在の受託者責任を将来の受託者責任と時間軸を変えることでESGを評価する動きである。筆者はそれを2019年3月4日りそなアセットマネジメント本社会議室で同社の担当者との面談で教えていただいている。同社は海洋プラスチック問題の国際的な枠組みに関連する投資先企業が参加することを推進する等時間軸を広くとり，将来の受益者を想定した活動を行っている。このような機関投資家は多くの投資先企業の先進的なESG情報や動きを「目的のある対話」を通して得ている。社会的課題に関する出口を求める企業が彼らと対話すれば様々な情報やノウハウあるいは協働のきっかけをつかむことができるし，実際にそのような動きも観察される。企業と機関投資家の間で新しい建設的な動きが期待できよう。

企業の社会・環境問題への取組みは，株主のご機嫌を伺うためでも利益が出ない活動を仕方なくやるというものでもない。その中で利益を直接の目的に含まない企業の社会的責任の遂行あるいはCSR活動に属するものは一部の企業が実践するとおり，企業価値を高め，企業のwell-beingの向上に寄与し，企業の目的の達成に寄与している。一方，利益を直接の目的に含むCSV等の活動は社内で決裁はおりやすいかもしれないが，危うさのある活動である。本書はこれらを明確にして各々に適切なマネジメントを適用するための枠組みを提供し，見えにくい効果も明示している。次々に流行する様々な議論に惑わされないためには，理論面と実務面をしっかり連携させることが肝要である。本書がその一助になれば望外の喜びである。

初出一覧

本書は2018年度に上梓された筆者の上智大学大学院地球環境学研究科の博士論文が基礎となっている。実はこの論文は2016年により経営学に近い内容で上梓して専門家による内部審査を通ったものを，環境学の論文としても通用するように調整して博士論文としている。しかしながら若干論点がぼけると考えて両者をまとめたのが本書となる。又，新たに企業価値の概念との整合性や機関投資家等への対応にも言及している。

本書を刊行するにあたりいくつか先行して論文化しているためそれを記す（以下に記すもの以外は本書が初出）が，すべて本書刊行にあたり加筆・修正を行っている。無論，環境問題に関わる固有の問題に係る議論をすべて捨象しているわけではないので環境問題に興味のある読者にも納得していただけると考えている。

第1章…第1節から第7節，「企業の社会的責任論の問題点とその解決に対する論考」『日本経営倫理学会誌』第24号，日本経営倫理学会，2017年，pp.57-92を加筆・修正。第8節，第9節は初出。

第4章…第2節，「普遍的CSR活動の概念・機能とその動態的マネジメントに関する考察」『日本経営倫理学会誌』第18号，日本経営倫理学会，2011年，pp.147-161の一部を加筆・修正。

第5章…第1節，「普遍的CSR活動の概念・機能とその動態的マネジメントに関する考察」『日本経営倫理学会誌』第18号，日本経営倫理学会，2011年，pp.147-161の一部を加筆・修正及び「企業組織の実務担当者がSDGs活動をマネジメントするための具体的方法論の考察」日本経営倫理学会『日本経営倫理学会誌』第27号，2020年，pp.365-380の一部を加筆・修正。

第2節，「戦略的CSRの活動と具体的マネジメントに関する考察」

『日本経営倫理学会誌』第20号，日本経営倫理学会，2013年，pp.147-161を加筆・修正，及び「企業組織の実務担当者がSDGs活動をマネジメントするための具体的方法論の考察」『日本経営倫理学会誌』第27号，日本経営倫理学会，2020年，pp.365-380の一部を加筆・修正。

第6章…「普遍的CSR活動の効果と具体的なマネジメントに関する考察」『日本経営倫理学会誌』第19号，日本経営倫理学会，2012年pp.113-128を加筆・修正。

第7章…第1節，「普遍的CSR活動の概念・機能とその動態的マネジメントに関する考察」『日本経営倫理学会誌』第18号，日本経営倫理学会，2011年，pp.147-161を加筆・修正。

第2節，「普遍的CSR活動とその効果に関する分析の枠組みについて」『経営会計研究究』，第17巻第2号，日本経営会計学会，2013年，pp.123-135を加筆・修正

第3節，「収益を目的に含まない普遍的CSR活動を行う意義とその効果」『日本経営システム学会誌』第31巻第1号，2014年，日本経営システム学会，pp.9-14を加筆・修正

謝辞

本書を刊行するため多方面の方々からいただいた様々なご協力に感謝したい。特に取材やアンケート等にご協力いただき掲載等を快諾していただいたキッコーマン株式会社をはじめ株式会社資生堂，株式会社リコー，味の素株式会社の担当部署等の部門長，担当者の皆様に心からの感謝を申し上げたい。皆様の協力がなければ本研究自体が成立しなかったことは自明である。また，本書は自身の博士論文をもとにしていることから，博士課程在学中にご指導いただいた藤井良広前上智大学教授に御礼を申し上げたい。そして，何より長年にわたりメンターとしてご指導いただいた常田稔早稲田大学名誉教授に深く御礼を申し上げたい。さらに副査を引き受けていただいた鷲田豊明上智大学教授，Bjoern Frank 上智大学准教授，倍和博麗澤大学教授（いずれも所属・肩書は当時）に御礼を申し上げたい。最後に満期退学後にもかかわらず，温かいご指導をいただいた主査の鈴木政史上智大学教授に心から感謝したい。また，コロナ禍や私個人の問題を飲み込んで刊行まで粘り強く応援していただいた白桃書房の平千枝子取締役（当時）と金子歓子氏にも深く謝辞を申し上げたい。

なお，本書の第 7 章第 3 節は平成 23 年度石井記念証券振興財団の研究助成の対象となっている。また本書は令和 5 年度富士大学学術研究会の出版助成を受けている。ここに記して感謝したい。

著　　者

参考文献

足達英一郎・金井司（2004）『CSR 経営と SRI―企業の社会的責任とその評価軸』金融財政事情研究会

Aguilera, R.V., Rupp, D.E., Williams, C.A. and J. Ganapathi（2007）“Putting the S back in corporate social responsibility: A multilevel theory of social change in organizations,” *Academy of Management Review, Vol.32, Issue3*, pp.836-863

味の素株式会社広報・CSR 部（2008）『味の素グループの海外事業と CSR』SIF-Japan 第28回定例勉強会資料, 2008.9.10

Ali, I., Rehman, K.U., Ali, S.I., Yousaf, J. and M. Zia（2010）“Corporate social responsibility influences, employee commitment and organizational performance,” *African Journal of Business Management, Vol.4, Issue12*, pp.2796-2801

Ansoff, H.I.（1965）*Corporate strategy*, McGraw-Hill

アスベスト問題に関する関係閣僚による会合（2005）「アスベスト問題に係る総合対策」第５回アスベスト問題に関する関係閣僚による会合資料, 厚生省
厚生省 HP: https://www.mhlw.go.jp/new-info/kobetu/roudou/sekimen/kaigou/dl/051227b.pdf（2024.1.15 参照）

Bakan, J.（2004）*The corporation: The pathological pursuit of profit and power*, Free Press

Barnard, C.I.（1938）*The functions of the executive*, Harvard University Press（Thirtieth Anniversary Edition, 1968）（バーナード著, 山本安次郎・田杉競・飯野春樹訳（1968）『新訳　経営者の役割』ダイヤモンド社）

Biddle, B.J.（1964）“Roles, goals, and value structures in organizations,” in W.W. Cooper, H.J. Leavitt and M.W. Shelly, Ⅱ（Eds.）, *New Perspectives in Organizational Research*, John Wiley & Sons, pp.150-172

Brammer, S., Millington, A. and B. Rayton（2007）“The contribution of corporate social responsibility to organizational commitment,” *International Journal of Human Resource Management, Vol.18, No.10*, pp.1701-1719

Buchanan, J.M. and R.E. Wagner（1976）*Democracy in deficit: The political legacy of Lord Keynes*, Academic Press（ブキャナン・ワグナー著, 深沢実・菊池威訳（1979）『赤字財政の政治経済学―ケインズの政治的遺産』文眞堂）

Carroll, A.B.（1979）“A three-dimensional conceptual model of corporate performance,” *Academy of Management Review, Vol.4, No.4*, pp.497-505

Carroll, A.B.（1993）*Business & society: Ethics and stakeholder management, 2nd ed.*, South-Western Publishing

Carroll, A.B.（1999）“Corporate social responsibility: Evolution of a definitional construct,” *Business & Society, Vol.38, No.3*, pp.268-295

Carroll, A.B. and A.K. Buchholtz（2003）*Business & society: Ethics and stakeholder management, 5th ed.*, South-Western Publishing

中央環境審議会（2004）『環境に配慮した事業活動の促進方策について（意見具申）関係資料集』環境省
環境省 HP: https://www.env.go.jp/policy/hairyo_law/council/all.pdf（2016.10.25 参照）

中央環境審議会（2005）『地球温暖化対策推進大綱の評価・見直しを踏まえた新たな地球温暖化対策の方向性について（第 1 次答申）』環境省
環境省 HP: https://www.env.go.jp/council/toshin/t060-h1611/mat_all.pdf（2024.1.15 参照）

Clarkson, M.（1994）"Introduction － The Toronto conference: Reflections on stakeholder theory," *Business & Society, Vol.33, No.1*, pp.82-131

Collins, J.C. and J.I. Porras（1994）*Built to last: Successful habits of visionary companies*, HarperCollins（コリンズ・ポラス著，山岡洋一訳（1995）『ビジョナリー カンパニー―時代を超える生存の原則』日経 BP 出版センター）

伊達宗雄（1956）「イギリス産業関係史論の断想」『成城大學經濟研究』第 6 巻，成城大学経済学会，pp.59-69

Davis, J.H., Schoorman, F.D. and L. Donaldson（1997）"Toward a stewardship theory of management," *Academy of Management Review, Vol.22, No.1*, pp.20-47

Davis, K.（1960）"Can business afford to ignore social responsivilities?," *Calfornia Manegiment Review, Vol.2, Issue3*, pp.70-76

Davis, K. and R. L.Blomstrom（1966）*Business and its environment*, McGraw-Hill

Davis, K. and R. L.Blomstrom（1975）*Business and society: Environment and responsibility, 3th ed.*, McGraw-Hill

Deal, T.E. and A.A. Kennedy（1982）*Corporate cultures: The rites and rituals of corporate life*, Addison-Wesley（ディール・ケネディー著，城山三郎訳（1983）『シンボリック・マネジャー』新潮社）

De Giovanni P.（2012）"Do internal and external environmental management contribute to the triple bottom line?", *International Journal of Operations & Production Management, Vol.32, Issue3*, pp.265-290

Donaldson, L. and J.H. Davis（1991）"Stewardship theory or agency theory: CEO governance and shareholder returns," *Australian Journal of Management, Vol.16, No.1*, pp.49-64

Donaldson, T. and L.E. Preston（1995）"The stakeholder theory of the corporation: Concepts, evidence, and implications," *Academy of Management Review, Vol.20, No.1*, pp.65-91

Driscoll, C. and A. Crombie（2001）"Stakeholder legitimacy management and the qualified good neighbor: The case of Nova Nada and JDI," *Business & Society, Vol.40, No.4*, pp.442-471

Drucker, P.F.（1946）*Concept of the corporation*, The John Day Company（ドラッカー著，上田惇生訳（2008a）『企業とは何か』ダイヤモンド社）

Drucker, P.F.（1954）*The practice of management*, Harper & Low Publishers（ドラッ

カー著，上田惇生訳（2006）『現代の経営（上・下)』ダイヤモンド社）

Drucker, P.F.（1958）"Business objectives and survival needs: Notes on a discipline of business enterprise," *The Journal of Business of the University of Chicago*, pp.81-90

Drucker, P.F.（1974）*Management: Tasks, responsibilities, practices*, Harper & Row Publishers（ドラッカー著，上田惇生訳（2008b）『マネジメント―課題，責任，実践（上・下)』ダイヤモンド社）

Epstein, E.M.（1987）"The corporate social policy process: Beyond business, ethics, corporate social responsibility, and corporate social responsiveness," *California Management Review, Vol.29, No.3*, pp.99-114

Epstein, E.M.（1989）"Business ethics, corporate good citizenship and the corporate social policy process: A view from the United States," *Journal of Business Ethics, Vol.8, Issue8*, pp. 583-595

Evan, W.M. and R.E. Freeman（1988）"A stakeholder theory of the modern corporation: Kantian capitalism," in T.L. Beauchamp and N.E. Bowie (Eds.), *Ethical theory and business, 3rd ed.*, Prentice Hall, pp.97-106

Frederick, W.C., Davis, K. and J.E. Post（1998）*Business and society: Corporate strategy, public policy, ethics, 6th ed.*, McGraw-Hill

Friedman, M.（1962）*Capitalism and freedom*, University of Chicago Press（フリードマン著，村井章子訳（2008）『資本主義と自由』日経 BP 社）

Freeman, R.E.（1984）*Strategic management: A stakeholder approach*, Pitman Publishing

Frooman, J.（1999）"Stakeholder influence strategies," *Academy of Management Review, Vol.24, Issue 2*, pp.191-205

藤井良広（2006）『金融で解く地球環境』岩波書店

藤井良広（2013）『環境金融論―持続可能な社会と経済のためのアプローチ』青土社

藤岡惇（2011）「現下の世界恐慌をどうとらえるか―いったん起こると「底が抜ける」理由と克服薬を探る」『立命館経済学』第 59 巻第 5 号，立命館大学経済学会，pp.78-107

福谷尚久・土橋正和（2008）『M&A 敵対的買収防衛完全マニュアル』中央経済社

Galbraith, J.K.（1987）*Economics in perspective: A critical history*, Houghton Mifflin Co.（ガルブレイス著，鈴木哲太郎訳，都留重人解説（1988）『経済学の歴史―いま時代と思想を見直す』ダイヤモンド社）

Galbraith, J.K.（1997）*The great crash, 1929*, Houghton Mifflin Co.（ガルブレイス著，村井章子訳（2008）『大暴落 1929』日経 BP 社）

Galbreath, J.K.（2010）"Drivers of corporate social responsibility: The role of formal strategic planning and firm culture," *British Journal of Management, Vol.21, Issue2*, pp.511-525

原子力災害対策本部（2016）「（参考 1）避難指示区域の概念図」『川俣町における避難指示区域の解除について』経済産業省

経済産業省 HP: https://www.meti.go.jp/earthquake/nuclear/kinkyu/hinanshiji/2016/pdf/1028_01_03.pdf（2024.1.15 参照）

合力知工（2004）『現代経営戦略の論理と展開―持続的成長のための経営戦略』同友館

Hae-Ryong, K., Moonkyu, L., Hyoung-Tark, L. and K. Na-Min (2010) "Corporate social responsibility and employee-company identification," *Journal of Business Ethics, Vol.95, Issue4*, pp.557-569

Heslin, P.A. and J.D. Ochoa (2008) "Understanding and developing strategic corporate social responsibility," *Organizational Dynamics, Vol.37, No.2*, pp.125-144

日引聡・有村俊秀（2002）『入門　環境経済学—環境問題解決へのアプローチ』中公新書

廣畑富雄（1980）「IARC による種々の化学物質の人体への発がん性評価検討について」『産業医学』第 22 巻第 6 号, pp.671-674.

井熊均編著（1999）『環境倒産—環境による企業淘汰が始まった』日刊工業新聞社

IPCC（2013）"Summary for policymakers," *climate change 2013: The physical science basis, Contribution of Working Group I to the Fifth Assessment Report of the Intergovernmental Panel on Climate Change*, Cambridge University Press（IPCC, 気象庁訳（2014）「気候変動に関する政府間パネル 第 5 次評価報告書 第 1 作業部会報告書　政策決定者向け要約」『気候変動 2013：自然科学的根拠』）

IPCC HP: https://www.climatechange2013.org/images/report/WG1AR5_ALL_FINAL.pdf

気象庁 HP: https://www.data.jma.go.jp/cpdinfo/ipcc/ar5/ipcc_ar5_wg1_spm_jpn.pdf（共に 2024.1.15 参照）

ISO/SR 国内委員会編（2010）『やさしい社会的責任—ISO26000 と中小企業の事例』ISO/SR 国内委員会

ISO/SR 国内委員会 HP: http://iso26000.jsa.or.jp/_inc/top/iso26000_tool/2.kaisetsur.pdf（2014.11.2 参照）

ISO/SR 国内委員会監修（2011）『日本語訳 ISO26000:2010—社会的責任に関する手引』日本規格協会

岩田喜美枝（2012）『資生堂の ESG の取り組み』ESG ミーティング資料, 2012.2.1

Jaffe, A.B. and K. Palmer (1997) "Environmental regulation and innovation: A panel data study," *The Review of Economics and Statistics, Vol.79, No.4*, pp.610-619

Jensen, M.C. (1986) "Agency costs of free cash flow, corporate finance, and takeovers," *American Economic Review, Vol.76, No.2*, pp.323-329

Jensen, M.C. (2000) "Governance, residual claims, and organizational forms," *A theory of the firm: Governance, residual claims, and organizational forms*, Harvard University Press, pp.136-167

Jensen, M.C, and W.H. Meckling (1976) "Theory of the firm: Managerial behavior, agency costs and ownership structure," *Journal of Financial Economics, No.3*, Issue4 pp.305-360

加賀田和弘（2008）「CSR と経営戦略—CSR と企業業績に関する実証分析から」『総合政策研究』第 30 巻, 関西学院大学総合政策学部研究会, pp.37-58

金井壽宏・髙橋潔（2004）『組織行動の考え方—ひとを活かし組織力を高める 9 つのキーコンセプト』東洋経済新報社

姜健栄（2006）『アスベスト公害と癌発生』朱鳥社

環境庁企画調整局企画調整課（1994）『環境基本法の解説』ぎょうせい

環境省（2005a）「別添－②　石綿（アスベスト）問題に関する環境省の過去の対応について－検証結果報告の概要－」『アスベスト問題に関する政府の過去の対応の検証について』アスベスト問題に関する関係閣僚による会合（第2回）配布資料，首相官邸，2005.8.26
首相官邸 HP: https://www.kantei.go.jp/jp/singi/asbestos/dai2/2gijisidai.html（2024.1.15 参照）

環境省（2005b）「別添－②　石綿（アスベスト）問題に関する環境省の過去の対応について―精査報告―」『アスベスト問題への当面の対応（再改訂案）（別紙3）政府の過去の対応の検証について（補足）』アスベスト問題に関する関係閣僚による会合（第3回）配布資料，首相官邸，2005,9.29
首相官邸 HP: https://www.kantei.go.jp/jp/singi/asbestos/dai3/betten2_2.pdf（2024,1.15 参照）

環境省・国立環境研究所（2016）『日本の温室効果ガス排出量データ（1990～2014年度）確報値について』2016年4月15日発表
国立環境研究所 HP: https://www.nies.go.jp/whatsnew/2016/jqjm10000007ei16-att/honbun.pdf（2024.1.15 参照）

川村雅彦（2003）「2003年は『日本のCSR経営元年』―CSR（企業の社会的責任）は認識から実践へ―」『ニッセイ基礎研 REPORT Ⅲ』2003年6月，ニッセイ基礎研究所
ニッセイ基礎研究所 HP: https://www.nli-research.co.jp/report/detail/id=36156?site=nli（2023年8月14日参照）

経済同友会・「市場の進化と21世紀の企業」研究会（2003）第15回企業白書『「市場の進化」と社会的責任経営―企業の信頼構築と持続的な価値創造に向けて』経済同友会
経済同友会 HP: https://www.doyukai.or.jp/whitepaper/articles/no15.html（2022.8.15 参照）

経済同友会・2006年度社会的責任経営推進委員会（2007）日本企業のグッド・プラクティス2007『CSRイノベーション―事業活動を通じたCSRによる新たな価値創造』経済同友会
経済同友会 HP: https://www.doyukai.or.jp/policyproposals/articles/2007/070530a.html（2024.1.15 参照）

経済同友会・2009年度社会的責任経営委員会（2010）『日本企業のCSR―進化の軌跡　自己評価レポート2010』経済同友会
経済同友会 HP: https://www.doyukai.or.jp/policyproposals/articles/2010/pdf/100413a.pdf（2024.1.15 参照）

経済産業省（2019）『SDGs経営ガイド』経済産業省
経済産業省 HP: https://www.meti.go.jp/press/2019/05/20190531003/20190531003.html（2021.4.30 参照）

Kennedy, A.A.（2000）*The end of shareholder value: Corporations at the crossroads*, Basic Books（ケネディ著，奥村宏監訳，酒井泰介訳（2002）『株主資本主義の誤算―短期の利益追求が会社を衰退させる』ダイヤモンド社）

企業活力研究所（2010）『拡大する企業の社会的責任（CSR）への日本企業の対応に関する調査研究報告書』企業活力研究所

企業活力研究所 HP: http://www.bpfj.jp/act/download_file/98193838/69808556.pdf (2016.2.11 参照)

企業活力研究所（2014）2013 年度 CSR 研究会報告書『企業の社会的責任に関する国際規格の適切な活用のあり方についての調査研究』企業活力研究所
企業活力研究所 HP：http://www.bpfj.jp/report/csr_h25/（2023.9.19 確認）

キッコーマン食育プロジェクト編（2006）『キッコーマンの食育に関するアンケート調査結果レポート』キッコーマン, 2006.6.13

キッコーマン経営企画室（2009）『新コーポレートブランドの導入と商品施策の連動について』キッコーマン, 2009.4.17

Kim, H.R., Lee, M., Lee, H.T. and N.M. Kim.（2010）, "Corporate social responsibility and employee-company identification," *Journal of Business Ethics, Vol.95, Issue4*, pp.557-569

岸本吉浩（2014）「最新『CSR 総合ランキング』トップ 700」『CSR 企業総覧』東洋経済 ONLINE, 2014.5.12
東洋経済 ONLINE HP: https://toyokeizai.net/articles/-/37124（2024.1.15 閲覧）

岸本吉浩（2015）「最新版！『CSR 総合ランキング』トップ 700 社」『CSR 企業総覧』東洋経済 ONLINE, 2015.4.16
東洋経済 ONLINE HP: https://toyokeizai.net/articles/-/66593（2024.1.15 閲覧）

岸本吉浩（2016）「最新版！『CSR 企業ランキング』トップ 700 社」『CSR 企業総覧』東洋経済 ONLINE, 2016.4.13
東洋経済 ONLINE HP: https://toyokeizai.net/articles/-/113426（2024.1.15 閲覧）

小林順治（1977）「企業の社会的責任の概念規定と本質的条件」『上智経済論集』第 24 巻第 1 号, 上智大学経済学会, pp.11-27

小林順治（1978）「企業の社会的責任と経営理念」『上智経済論集』第 25 巻第 1 号, 上智大学経済学会, pp.7-27

Kotter, J.P. and J.L. Heskett.（1992）*Corporate culture and performance*, Free Press（コッター・ヘスケット著, 梅津祐良訳（1994）『企業文化が高業績を生む―競争を勝ち抜く「先見のリーダーシップ」207 社の実証研究』ダイヤモンド社）

國部克彦・伊坪徳宏・水口剛（2015）『環境経営・会計　第 2 版』有斐閣アルマ

厚生労働省（2012）『平成 24 年版労働経済の分析<要約>―分厚い中間層の復活に向けた課題―』厚生労働省, pp.16-19,
厚生労働省 HP: https://www.mhlw.go.jp/wp/hakusyo/roudou/12-2/dl/02_01.pdf (2024.1.15 参照)

小山嚴也（2006）「アメリカにおける企業の社会的責任論の生成と展開」松野弘・堀越芳昭・合力知工編著『「企業の社会的責任論」の形成と展開』ミネルヴァ書房, pp.107-131

久保田富也（2004）「私法と環境―憲法改正と環境権の明文化の動向」『名古屋経営短期大学紀要』第 45 巻, 名古屋経営短期大学, pp.11- 17

Latham, G.P. and C.C. Pinder（2005）"Work motivation theory and research at the dawn of the twenty-first century," *Annual Review of Psychology, Vol.56*, pp.485-516

Longo, M., Mura. M. and A. Bonoli（2005）“Corporate social responsibility and corporate performance: the case of Italian SMEs,” *Corporate Governance, Vol. 5, Issue4*, pp.28-42

Maclagan, P.（2002）“Corporate social responsibility as a participative process,” *Business Ethics: A European Review, Vol.8, No.1*, pp.43-49

間所健司（2012）「M & A における買収価格の考え方～ひとつの方法に固執せず，多面的な評価が必要～」『コンサルティング レポート』大和総研

大　和　総　研 HP: https://www.dir.co.jp/report/consulting/ma_valuation/ 12051601 consulting_rpt.pdf（2024.1.15 参照）

Maignan, I.O. and C. Ferrell（2001）“Antecedents and benefits of corporate citizenship: An investigation of French businesses,” *Journal of Business Research, Vol.51, Issue1*, pp.37-51

松橋和夫編（2005）「アスベスト問題とその対応策」『調査と情報』第 495 号

国立国会図書館 HP: https://dl.ndl.go.jp/pid/1000692（2023.9.19 参照）

松本紗矢子（2011）「わが国企業の四半期財務情報と株価の実証的関連性―四半期進捗率の分析」『經營研究』第 62 巻第 2 号, 大阪市立大学経営学会. pp.105-125

松野弘・堀越芳昭・合力知工編著（2006）『「企業の社会的責任論」の形成と展開』ミネルヴァ書房

McGregor, D.（1960）*The human side of enterprise*, McGraw-Hil（マグレガー著，高橋達雄訳（1970）『新版　企業の人間的側面―統合と自己統制による経営』産業能率短期大学出版部）

McGuire. J. W.（1963）*Business and society*, McGraw-Hill

Meyer, J.P. and N.J. Allen,（1997）, *Commitment in the workplace: Theory, research, and application*, Sage Publications

Meyer, J.P., Becker, T.E. and C. Vandenberghe（2004）“Employee commitment and motivation: A conceptual analysis and integrative model,” *Journal of Applied Psychology, Vol.89, No.6*, pp.991-1007

目指すべき市場経済システムに関する専門調査会（2013）『目指すべき市場経済システムに関する専門調査会中間報告　平成 25 年 6 月 6 日』内閣府

金融庁 HP: http://www.fsa.go.jp/singi/stewardship/siryou/20130806/05.pdf（2013.8.24 参照）

南博方・大久保規子（2002）『要説　環境法』有斐閣

Mitchell, R.K., Agle, B.R. and D.J. Wood（1997）“Toward a theory of stakeholder identification and salience: Defining the principle of who and what really counts,” *The Academy of Management Review, Vol.22, No.4*, pp.853-886

水村典弘（2004）『現代企業とステークホルダー―ステークホルダー型企業モデルの新構想』文眞堂

水尾順一（2004a）「ステークホルダー重視の CSR」水尾順一・田中宏司編著『CSR マネジメント―ステークホルダーとの共生と企業の社会的責任』生産性出版, pp.1-13

水尾順一（2004b）「戦略的 CSR マネジメント・システムと SMIX21」水尾順一・田中宏司編著『CSR マネジメント―ステークホルダーとの共生と企業の社会的責任』生産

性出版, pp.17-33
水尾順一（2004c）「戦略的 CSR マネジメントと企業経営」『日本経営倫理学会　CSR 研究部会レポート（1）』日本経済新聞社
日本経済新聞 HP: http://www.nikkei.co.jp/csr/pdf/enquiry/enquiry_n_csr_report01.pdf（2014.4.10 参照）
森本三男（1994）『企業社会責任の経営学的研究』白桃書房
森本三男（2002）「ステークホルダー・アプローチの展開と系譜」『創価経営論集』第 26 巻第 2 号, 創価大学経営学会, pp.35-45
森本三男（2004）「企業社会責任の論拠とステークホルダー・アプローチ」『創価経営論集』第 28 巻第 1・2・3 号合併号, 創価大学経営学会, pp.1-14
村上伸一（2000）「ステイクホルダー理論の基本問題」『北星学園大学経済学部北星論集』第 37 号, 北星学園大学, pp.19-32
村田啓子（2009）『サブプライム問題を経済学で考えると　投資家と投資銀行の「エージェンシー問題」とは？』日経ビジネスオンライン, 2009.3.12
日経ビジネスオンライン HP: http://business.nikkeibp.co.jp/article/money/20090305/188142/?P＝1（2013.2.17 参照）
長崎貴之（2006）「企業における戦略的環境マネジメント創出のための研究」『経営力創成研究』第 2 巻第 1 号, pp.85-98
内閣府消費動向調査『主要耐久消費財等の普及率（全世帯）（平成 16 年 3 月末現在）』内閣府
内閣府 HP: https://www.esri.cao.go.jp/jp/stat/shouhi/shouhi.html（2024.1.15 参照）
中野目純一・広野彩子（2011）「CSR の呪縛から脱却し,『社会と共有できる価値』の創出を―マイケル・ポーター米ハーバード大学教授が提示する新たな枠組み」『復興の経営学 ここから始まる企業再創造』日経ビジネスオンライン, 2011.5.16
日経ビジネスオンライン HP（再掲記事）: https://business.nikkei.com/atcl/seminar/19/00059/120900356/（2024.1.15 参照）
中野道雄（1982）「大気汚染現象と気象」『天気』第 29 巻第 3 号, pp.237-250
中谷巌（1981）『入門マクロ経済学』日本評論社
日本公認会計士協会（2013）『国際統合報告＜IR＞フレームワークコンサルテーション草案　コメント期間：2013 年 7 月 15 日迄』日本会計士協会
日本公認会計士協会 HP https://www.hp.jicpa.or.jp/specialized_field/files/0-3-0-2-20130517.pdf（2024.1.15 参照）
日本経済新聞社編（2002）『米国成長神話の崩壊―ニューエコノミーは死んだか』日本経済新聞出版社
日本版スチュワードシップ・コードに関する有識者検討会（2013）『「責任ある機関投資家」の諸原則（案）≪日本版スチュワードシップ・コード≫―投資と対話を通じて企業の持続的成長を促すために』金融庁
金融庁 HP: https://www.fsa.go.jp/news/25/singi/20131226-6/01.pdf（2024.1.15 参照）
日本環境衛生センター（2006）「第 5 章 国内外におけるアスベストに係る規制状況」『平成 17 年度アスベスト含有廃棄物の処理技術調査報告書』日本環境衛生センター, pp.65-69

環境省 HP: https://www.env.go.jp/recycle/report/h18-01/chpt5.pdf（2024.1.15 参照）
日経産業新聞社編（2010）『日経市場占有率（2011 年版）』日本経済新聞出版社
西剛広（2004）「パラドックス・アプローチに基づくスチュワードシップ理論とエージェンシー理論の統合可能性」『商学研究論集』第 21 号，明治大学大学院商学研究科，pp.287-304
西山茂（2012）「DCF 法による企業価値・株式価値評価の諸問題について―保有キャッシュの扱い，予測期間，残存価値における成長率を中心に」『早稲田国際経営研究』第 43 号，早稲田大学 WBS 研究センター，pp.43-54
小原久美子（2007）『現代組織文化論研究―経営学における組織文化論の過去・現在・展望』白桃書房
太田幸雄（2008）「大気汚染と酸性雨」『平成 20 年度北海道大学公開講座 持続可能な社会と北海道発見―地球環境と私たちのくらし』北海道大学，pp.19-23
奥野正寛（2008）『ミクロ経済学』東京大学出版会
大岡健三（2012）「会社役員が個人として負担する責任」『環境管理』第 48 巻第 11 号，pp.25-30
大月博司・高橋正泰（1986）『経営学―理論と体系』同文舘出版
大月博司・高橋正泰・山口善昭（2008）『経営学―理論と体系 第 3 版』同文舘出版
大津山厚（2007）「本業によるボランティアが地域と従業員の幸せと強固な経営基盤を作る」『第 19 回 SIF-J 定例勉強会講演録（詳細版）：（文責）吉田哲朗）』キッコーマン，2007.2.7
大津山厚（2008）『グローバルコンパクトへの取り組みと「企業の想い」の実践』2008 年グローバルコンパクトジャパンネットワークシンポジウム資料，キッコーマン，2008.11.19
GC-JPN HP: http://www.ungcjn.org/sympo2008sympo2008/4_2Kikkoman_Otsuyama.pdf
（2011.5.4 参照）
Palmer, K., Oates, W.E., and P.R. Portney (1995) "Tightening environmental standards: The benefit-cost or the no-cost paradigm?", *Journal of Economic Perspectives, Vol.9, No.4*, pp.119-132
Papasolomou-Doukakis, I., Krambia-Kapardis, M. and M. Katsioloudes (2005) "Corporate social responsibility: the way forward? Maybe not!: A preliminary study in Cyprus," *European Business Review, Vol.17, No.3*, pp.263-279
Porter, M.E. (1985) *Competitive advantage*: Creating and sustaining superior performance, Free Press
Porter, M.E. (1991) "America's green strategy," *Scientific American, Vol.264, No.4,* p.168
Porter, M.E. and C. van der Linde (1995) "Toward a new conception of the environment-competitiveness relationship," *Journal of Economic Perspectives, Vol.9, No.4*, pp.97-118
Porter, M.E. and M.R. Kramer (2002) "The competitive advantage of corporate philanthropy," *Harvard Business Review, Vol.80, No.12,* pp.56-68

Porter, M.E. and M.R., Kramer (2006) "Strategy and society: The link between competitive advantage and corporate social responsibility," *Harvard Business Review, Vol.84, No.12,* pp.78-92

Porter, M.E. and M.R., Kramer (2011) "Creating shared Value," *Harvard Business Review, Vol.89 No.1/2,* pp.2-17

リコー社会環境本部編（2010）『リコーグループ環境経営報告書 2010』リコー

リコー御殿場事業所（2005）『環境報告書 2005』リコー御殿場事業所

リコー御殿場事業所（2010）『環境報告書 2010』リコー御殿場事業所

斎藤正一・吉岡陽・田中太郎・永尾俊彦（2006）「特集：アスベスト問題と向き合う（前編）社会を揺るがす"負の遺産"」『日経エコロジー』2006 年 3 月号, pp.28-46

坂下昭宣（1992）『経営学への招待』白桃書房

坂下昭宣（2002）『組織シンボリズム論—論点と方法』白桃書房

桜井克彦（1976）「社会的責任の理論的考察」『經營と經濟』第 55 号第 4 号, 長崎大学経済学部研究会, pp.111-156

桜井克彦（1986）「『企業と社会』論についての一考察」『経営と経済』第 66 巻第 3 号, 長崎大学経済学会, pp.171-181

櫻井克彦（1991）『現代の企業と社会—企業の社会的責任の今日的展開』千倉書房

櫻井克彦（2002）「企業社会責任論と経営学研究」『經濟科學』第 49 巻第 4 号, 名古屋大学大学院経済学研究科, pp.1-7

櫻井克彦（2004）「社会的責任論の源流と A. マーシャルの経済的騎士道論」『創価経営論集』第 28 巻第 1・2・3 号合併号, 創価大学経営学会, pp.15-25

櫻井克彦編著（2006）『現代経営学—経営学研究の新潮流』税務経理協会

Sawyer, G.C. (1979) *Business and society: Managing corporate social impact*, Houghton Mifflin

関根雅則（2010）「戦略的 CSR とイノベーション」『高崎経済大学論集』, 第 53 巻第 1 号, 高崎経済大学経済学会, pp.35-48

Sheldon, O. (1923) *The philosophy of management*, Sir Isaac Pittman & Sons（シェルドン著, 田代義範訳（1974）『経営管理の哲学』未来社）

進藤勝美（1960）「全米自動車労組（UAW）の賃金政策—生産性向上成果の配分をめぐって」『彦根論叢』第 65・66・67 号, 滋賀大学経済学会, pp.185-200

篠田義一（2002）「動物実験　社会的合意のために」『学術の動向』第 7 巻第 9 号

資生堂（2013）『株式会社資生堂アニュアルレポート 2013』資生堂

資生堂 CSR 部（2004）『資生堂 CSR レポート 2004—人と社会と美しさのために』資生堂

資生堂企業文化部編（1993）『創ってきたもの伝えていくもの—資生堂文化の 120 年』求龍堂,

Shleifer, A. and R.W. Vishny (1989) "Management entrenchment: The case of manager-specific investments," *Journal of Financial Economics*, Vol.25, Issue1, pp.123-139

Simon, H.A. (1976) *Administrative behavior: A study of decision-making processes in administrative organization, 3rd ed.*, Free Press（サイモン著, 松田武彦・高柳暁・二村敏子訳（1989）『経営行動—経営組織における意思決定プロセスの研究』ダイヤ

モンド社）

Simon, H.A.（1997）*Administrative behavior, 4th ed.*, Free Press（サイモン著，二村敏子・桑田耕太郎・高尾義明・西脇暢子・高柳美香訳（2009）『新版　経営行動―経営組織における意思決定過程の研究』ダイヤモンド社）

Skudiene, V. and V. Auruskeviciene（2012）"The contribution of corporate social responsibility to internal employee motivation," *Baltic Journal of Management, Vol. 7, Issue1*, pp.49-67

社会経済生産性本部編（2004）『ミッション・経営理念　社是社訓―有力企業983社の企業理念・行動指針　第4版』生産性出版

首藤恵（2004）「英国における社会的責任投資の展開―日本への示唆」『証券アナリストジャーナル』第42巻第9号, pp.20-32

新谷大輔（2009）「企業の社会的責任とBOPビジネス」『アジ研ワールド・トレンド』第171号, pp.18-21

Stigler, G.J.（1966）*The theory of price, 3rd ed.*, Macmillan

Stiglitz, J.E.（2002）*Globalization and its discontents*, W.W Norton & Co,

鈴木由紀子（2005）「企業の社会的責任に関する一考察」『三田商学研究』第48巻第1号, 慶応義塾大学商学部, pp.187-197

鈴木幸毅・百田義治（2008）『企業社会責任の研究』中央経済社

Swanson, D.L.（1999）"Toward an integrative theory of business and society: A research strategy for corporate social performance," *Academy of Management Review, Vol.24 Issue3*, pp.506-521

Taghian, M., Polonsky, M.J. and C., D'Souza（2015）"Green marketing strategies," in D. Sarkar, R. Datta, A. Mukherjee and R. Hannigan（Eds.）, *An integrated approach to environmental management*, John Wiley & Sons, pp.231-249

高巌（2010）「経営理念はパフォーマンスに影響を及ぼすか」『麗澤経済研究』第18巻第1号, 麗澤大学, 経済学会 pp.57-66

高田馨（1970）『経営の目的と責任』日本生産性本部

高岡伸行（2002）「ステイクホルダーモデルの企業観とその論理構造」『経済科学』第49巻第4号, 名古屋大学大学院経済学研究科 pp.99-119

高岡伸行（2004）「ステイクホルダー思考の解明」『長崎大学経済学部研究年報』第20巻, 長崎大学経済学部, pp.37-51

高岡伸行（2009）「戦略的企業フィランソロピー構想の陥穽」『経済理論』第348号，和歌山大学経済学会, pp.31-57

高岡伸行・谷口勇仁（2003）「ステイクホルダーモデルの脱構築」『日本経営学会誌』第9号, pp.14-25

髙石雅樹・大嶋宏誌・浅野哲「足尾銅山が引き起こした鉱害における環境およびヒトへの影響」『国際医療福祉大学学会誌』第20巻第2号, 国際医療福祉大学学会, pp.59-69

高尾義明・王英燕（2012）『経営理念の浸透―アイデンティティ・プロセスからの実証分析』有斐閣

田村貞雄（2002）「Value for Money 経済学（市場原理主義）の経済観と福祉観」『ソシオサイエンス』第8巻, 早稲田大学大学院社会科学研究科, pp.69-93

田村貞雄（2003）「経済価値論の動態的変化の一考察―人間科学的視点からの経済価値論の評価」『早稲田社会科学総合研究』第3巻第3号，早稲田大学社会科学学会，pp.43-64

田中万里子（2006）「女性従業員・上司・企業がWin・Win・Winの関係になる資生堂の育児休業者復帰支援プログラムの開発とその実践」『第18回SIF-J定例勉強会講演録（詳細版）：（文責）吉田哲朗』資生堂，2006.11.27

谷口正次（2014）『自然資本経営のすすめ―経営の主体・環境論の根本問題』東洋経済新報社

谷口勇仁（2001）「ステークホルダー理論再考」『經濟學研究』第51巻第1号，北海道大学大学院経済学研究院，pp.83-93

Taylor, F.W.（1911）*The Principles of Scientific Management*, Cosimo classics,（テイラー著，有賀裕子訳（2009）『［新訳］科学的管理法―マネジメントの原点』ダイヤモンド社）

The International Integrated Reporting Council（2013）*Consultation draft of the international <IR> Framework, 2013,4,16*, The International Integrated Reporting Council
IFRS Foundation HP: https://integratedreporting.ifrs.org/wp-content/uploads/2013/03/Consultation-Draft-of-the-InternationalIRFramework.pdf（2024.1.15参照）

所伸之（2005）「環境経営とSRI」『創価経営論集』第29巻第3号，創価大学経営学会，pp.1-16

東洋経済新報社編（2010）「第4回CSR企業ランキング」『東洋経済統計月報』第70巻第4号，pp.12-16

東洋経済新報社編（2014）「CSR企業ランキング」『週刊東洋経済』2014年4月5日号pp.72-79

槌屋詩野（2009）「BOPビジネスにおける『成功』の考え方」『アジ研ワールド・トレンド』第171号，pp.6-9

Tucker, D.（2009）"How corporate social responsibility influences organizational commitment," *Journal of Business Ethics, Vol.89, Issue2*, pp.189-204

Turban, D.B. and D.W. Greening（1997）"Corporate social performance and organizational attractiveness to prospective employees," *Academy of Management Journal, Vol.40 Issue3*, pp.658-672

Turner, T.K., Pearce, D.W. and I. Bateman（1994）*Environmental economics: An elementary introduction*, Johns Hopkins Univirsity Press

上山静一・高巌・長谷川知子・長谷川俊明（2004）「座談会 なぜ今，CSRなのか」『予防時報』通号219号，pp.18-27

Vansteenkiste, M., Lens, W. and E. L. Deci（2006）"Intrinsic versus extrinsic goal contents in self-determination theory: Another look at the quality of academic motivation," *Educational Psychologist, Vol.41, No.1*, pp.19-31

Williamson, J.（1996）"Lowest common denominator or neoliberal manifesto? : The polemics of the Washington consensus," *Challenging the Orthodoxies*, Palgrave Macmillan

山田隆（2012）「ミクロ経済学の展開とエージェンシー理論—情報の経済学とガバナンス－」『ディスカッション・ペーパー』183号，中央大学経済研究所，pp.1-15
中央大学HP: https://www.chuo-u.ac.jp/uploads/2018/11/6334_31122discussno183.pdf（2013.8.30参照）

八頭司彰久（2014）「我が国における環境保険普及のための戦略」『洞窟環境NET学会紀要』第5号，pp.259-269

横川雅人（2010）「現代日本企業の経営理念—『経営理念の上場企業実態調査』を踏まえて」『産研論集』第37号，関西学院大学産業研究所，pp.125-137

寄本勝美（1994）「地球環境時代における市民，企業，行政のパートナーシップ」，寄本勝美編著『地球環境時代の市民，企業そして行政』ぎょうせい，pp.1-18

Yoshida, T.（2010）"Concept of universal CSR activities leaning on main business and effects through such activities," *Journal of Management Science, Vol.1*, pp.39-48

Yoshida, T.（2012）"Features and problems of the strategic CSR activities and the management to be required," *Journal of Management Science, Vol.3*, pp.13-22

吉田哲朗（2011）「普遍的CSR活動の概念・機能とその動態的マネジメントに関する考察—CSR活動をマネジメントする企業の立場から」『日本経営倫理学会誌』第18号，pp.147-161

吉田哲朗（2012）「普遍的CSR活動の効果と具体的なマネジメントに関する考察—日本のベストプラクティス企業3社のケーススタディから」『日本経営倫理学会誌』第19号，pp.113-128

吉田哲朗（2013a）「戦略的CSRの活動と具体的マネジメントに関する考察」『日本経営倫理学会誌』第20号，pp.147-161

吉田哲朗（2013b）「多様な価値をまとめる普遍的CSR活動とそのマネジメント」田中宏司・水尾順一編著『人にやさしい会社—安全・安心，絆の経営』白桃書房，pp.204-213

吉田哲朗（2014）「収益を目的に含まない普遍的CSR活動を行う意義とその効果」『日本経営システム学会誌』第31巻第1号，pp.9-14

吉田哲朗（2016）「第14章『道徳経済合一説』から学ぶ味の素」田中宏司・水尾順一・蟻生俊夫編著『渋沢栄一に学ぶ「論語と算盤」の経営』同友館，pp.204-213

吉田哲朗（2017a）「第4章　尊徳の勤労（その1）：従業員満足」田中宏司・水尾順一・蟻生俊夫編著『二宮尊徳に学ぶ「報徳」の経営』同友館，pp.89-101

吉田哲朗（2017b）「企業の社会的責任論の問題点とその解決に対する論考—権力と責任の均衡論の捨象と復権」『日本経営倫理学会誌』第24号，pp.57-92

吉田哲朗（2019）「第12章　石田神学と社会貢献」田中宏司・水尾順一・蟻生俊夫編著『石田梅岩に学ぶ「石門心学」の経営』同友館，pp.231-250

吉田哲朗（2020a）「企業組織の実務担当者がSDGs活動をマネジメントするための具体的方法論の考察」『日本経営倫理学会誌』第27号，pp.365-380

吉田哲朗（2020b）「SDGsマネジメントとESG評価の新たな関係性」『Disclosure & IR』Vol.15，pp.129-135

事項索引

さ行

た行

な行

は行

ま行

や行

ら行

わ行

数字

アルファベット

人名・組織名索引

●あ行

●か行

●さ行

●た行

●な行

●は行

●ま行

●や行

●数字

●アルファベット

■著者紹介

吉田 哲朗（よしだ・てつろう）

富士大学経済学部 教授

1961年生まれ。1986年早稲田大学社会科学部卒業後，複数の金融機関でファンドマネージャー等を歴任。信金中央金庫地域・中小企業研究所を経て，2019年4月より現職。2004年早稲田大学大学院社会科学研究科修士課程修了，2015年上智大学大学院地球環境学研究科後期博士課程資格取得満期退学。博士（環境学）。(NPO) 日本サステナブル投資フォーラム運営委員。

研究分野：

「企業と社会」論，組織論，地域活性化とSDGs，社会的責任投資

主要業績：

「SDGsマネジメントとESG評価の新たな関係性」『Disclosure & IR』2020年11月号 (vol.15), 2020年11月

“Benefit corporations (BCs) and their development in Japan,” *Pan-Pacific Management Science*, Vol.5, 2022, pp.13-20

など多数

■ 企業の社会的責任遂行論（きぎょうのしゃかいてきせきにんすいこうろん）

―社会的課題マネジメントの理論と実証

■ 発行日――2024年4月2日　　初版発行　　〈検印省略〉

■ 著　者――吉田（よしだ）　哲朗（てつろう）

■ 発行者――大矢栄一郎

■ 発行所――株式会社 白桃書房（はくとうしょぼう）

〒101-0021　東京都千代田区外神田5-1-15

☎03-3836-4781　FAX 03-3836-9370　振替00100-4-20192

https://www.hakutou.co.jp/

■ 印刷・製本――三和印刷

ISBN978-4-561-26786-7　C3034